통찰하는 기계
질문하는 리더

통찰하는 기계
질문하는 리더

초판 1쇄 발행 2024년 7월 1일

지은이 변형균

펴낸이 조기흠
총괄 이수동 / **책임편집** 박의성 / **기획편집** 최진, 유지윤, 이지은, 김혜성, 박소현
마케팅 박태규, 홍태형, 임은희, 김예인, 김선영 / **제작** 박성우, 김정우
디자인 필요한 디자인

펴낸곳 한빛비즈(주) / **주소** 서울시 서대문구 연희로2길 62 4층
전화 02-325-5506 / **팩스** 02-326-1566
등록 2008년 1월 14일 제25100-2017-000062호

ISBN 979-11-5784-754-9 13320

이 책에 대한 의견이나 오탈자 및 잘못된 내용은 출판사 홈페이지나 아래 이메일로 알려주십시오.
파본은 구매처에서 교환하실 수 있습니다. 책값은 뒤표지에 표시되어 있습니다.

⌂ hanbitbiz.com ✉ hanbitbiz@hanbit.co.kr ❙f❙ facebook.com/hanbitbiz
❙N❙ post.naver.com/hanbit_biz ▶ youtube.com/한빛비즈 ◉ instagram.com/hanbitbiz

지금 하지 않으면 할 수 없는 일이 있습니다.
책으로 펴내고 싶은 아이디어나 원고를 메일(hanbitbiz@hanbit.co.kr)로 보내주세요.
한빛비즈는 여러분의 소중한 경험과 지식을 기다리고 있습니다.

AI 시대, 대체 불가능한 리더의
첫 번째 조건

통찰하는 기계
질문하는 리더

변형균 지음

한빛비즈
Hanbit Biz, Inc.

추천사

왜(Why) 통찰하는 기계를 활용하고 관리해야 하는지, 이를 통해 세상의 어떤 (What) 문제를 해결할지, 완전히 달라진 환경을 어떻게(How) 리딩하며 마주할 것인지 의미 있는 질문을 던지며 변화 속에서 성찰과 성장을 열망하는 리더들에게 일독을 권한다.

_최창원(SK디스커버리 부회장)

기술의 발전은 조직의 미래와 관여되는 것이 일상입니다. 하지만 그 관여가 모든 분야에 동시에 영향을 주는 일은 흔치 않습니다.
이제 새로운 지능이 인간과 함께하는 시기가 오고 있습니다. 이 책은 길지 않은 역사를 촘촘히 이해하도록 돕는 좋은 교재입니다.

_송길영(마인드마이너, 《시대예보》 저자)

저자는 매우 차별화된 이력을 갖고 있다. 일찍이 미국 노스웨스턴대학교 켈로그스쿨에서 MBA를 취득한 그는 KT와 BC카드라는 굴지의 두 기업에서 임원으로 성장할 만큼 실무 경험이 풍부하다. 뿐만 아니라 최근에는 연세대학교에서 기술경영 전공으로 박사 학위를 받을 정도로 기술의 시대에 기업 경영이 어떻게 적응해야 하는가를 깊이 고민하는 실력 있는 경영자다. 또한 명상에 심취하면서 전쟁터 같은 경영의 현장에서 평정을 잃지 않고 슬기로운 통찰을 제시하고, 그 지혜를 많은 경영 실무자들 및 지도자들과 나누고 있다.
이 책은 이러한 다양한 경력을 바탕으로 AI 시대에 경영자가 어떤 지도력을 익히고 발휘해야 하는가를 매우 설득력 있게 제시하고 있다. 그것은 바로 "올바른 질문을 던지는 능력"이다. 저자는 먼저 기술 변화의 추세와 AI 혁명의 특성 및 그 의의를 명확히 제시하며, 이러한 새로운 경영 패러다임의 시대를 경영자가 어떻게 바라봐야 하는가를 논의한다. 한마디로 말해 20세기 최고의 실존철학자 칼 야스퍼스가 말하는 '새로운 축'에 버금가는 큰 변화를 인공지능이 특히 기업의 세계에 가져올 것이라고 저자는 확신한다.

따라서 새로운 시대에 걸맞은 새로운 경영 리더십이 필요함은 당연하다고 하겠다. 기술을 이해하고 그러한 이해의 바탕 위에 우리 회사가 필요로 하는 질문을 찾아내고 그것의 해답을 임직원들이 함께 찾아가는 기업 문화를 저자는 주창하고 있다.

기술의 급격한 발전이 모든 경영자들에게 크나큰 도전으로 다가오는 이 시대에 이 책은 아주 유용한 통찰과 지혜를 주고 있다. 많은 이들이 이 귀한 책을 탐독하고 그 혜택을 누리기 바란다.

_유필화 (성균관대학교 명예교수)

AI 서적은 많이 나왔지만 막상 경영자들이 읽을 만한 AI 서적이 많지 않다. 이 책은 AI의 본질과 트렌드는 무엇인지, AI 시대 리더는 도대체 무엇을 해야 하는지, 어떤 질문을 던져야 하는지, AI 시대 리더가 습득해야 할 AI 리터러시는 무엇인지를 리더의 눈높이에서 제시하고 있다. 이를 통해 오늘의 리더는 AI 시대에 어떻게 대응하고 혁신할지 통찰을 얻을 수 있을 것이다.

_신수정 (KT 부문장, 《거인의 리더십》 저자)

폭풍이 몰아쳤다

"바로 1년 전, 우리는 생성 AI가 기술의 근본적인 플랫폼 전환점이
될 것이라는 가설을 발표했다. 그 후 폭풍이 몰아쳤다."

실리콘밸리를 거점으로 둔 세계 최대 규모의 벤처캐피털 세
콰이어캐피털Sequia Capital이 2023년 9월 20일 개제한 '생성 AI의
2막Generative AI Act Two'이란 글의 헤드라인이다.

당신은 더욱 거세지는 생성 AI발發 폭풍을 어떻게 바라보고 있
는가? 거대한 폭풍 속에서 빠르게 적응해 생존을 넘어 새로운 가능
성을 창출하고 있는가? 폭풍 속에서 그 원인과 방향을 잘 예측하고
전략적 행동을 실행하고 있는가? 아니면, 폭풍을 피해 남들의 대응
만 구경하고 있는가? 이 글은 바로 이러한 질문에서 시작됐다.

구글이 오픈AI의 챗GPT에 대응하기 위해 코드레드code red를 발령했을 때, EU 의회가 세계 최초의 인공지능 규제 법안을 통과시켰을 때, 마이크로소프트가 자사의 모든 제품에 챗GPT를 장착한 코파일럿copilot의 론칭을 알렸을 때, 네이버가 거대 AI 모델의 출시를 늦추면서 AI 주권과 데이터 주권을 강조했을 때, 하루가 다르게 새로운 AI 모델 출시를 알리던 빅테크의 경쟁이 AI 반도체, 대규모 데이터센터, AGI(범용인공지능) 개발 국면으로 접어들었을 때, 오픈AI가 아시아 거점으로 한국이 아닌 일본을 선택했을 때, 리더인 당신은 어떤 미래를 떠올렸는가?

우리가 지금 직면하고 있는 이 기술 혁신의 무대는 지구 역사에서 생명이 폭발적으로 증가한 캄브리아기나 인간이 비로소 정신적 존재로 변화된 '축의 시대Axial Age'에 비견될 거대한 변곡점일지도 모른다.

캄브리아기는 기원전 5억 4,000만 년 전부터 4억 8,000만 년 전까지 지속된 시기로, 지구의 생명 역사에서 중대한 전환점이었다. 이 시기 원시 생물들은 복잡한 다양성을 가진 생명체로 급격하게 발전했는데, 먹이와 포식자 간의 관계가 형성되었고, 진화가 가속화되었다. 주변 환경을 감지하는 '센서'를 가지게 된 덕분이었다. 현재로 돌아와보자. 컴퓨터가 인간의 신경망을 모방함에 따라 오늘날 AI는 주변 환경을 감지하고 스스로 학습해 상황에 반응하는 능력을 가지게 되었다. 이른바 '기술의 캄브리아기'로 볼 수 있는 지점이다. 캄브리아기에서 산소 농도 증가가 생물 다양성의 촉매제 역할을 했듯,

현재의 기술 환경에서는 데이터가 AI 시스템의 성장과 복잡성을 촉진하는 역할을 하고 있다. 데이터의 전례 없는 가용성은 데이터 폭발data explosion을 넘어 지능의 폭발intelligence explosion을 가능하게 하고 있는 것이다.

1949년 칼 야스퍼스가 말한 "축의 시대"는 기원전 8세기부터 기원전 3세기까지 지속된 인류 문명의 전환점을 의미한다. 인도의 석가모니, 중국의 공자, 그리스의 소크라테스와 같은 위대한 사상가들이 등장했고, 자연과 도덕의 보편성을 추구하는 학문적 토대가 마련되었다. 야스퍼스는 이러한 변화를 "정신화Vergeistigung"라고 표현했는데, 이는 인간이 정신적 존재로 변화되었다는 뜻이다. 다시 오늘로 돌아와보자. 기계가 '학습'하고 '판단'하는 능력을 갖추게 되면서 단순한 도구에서 일종의 '정신적' 능력을 가진 복잡한 존재로 발전하고 있는 것을 우리는 목격하고 있다. 이러한 기술 발달 과정에서 우리는 '과연 인간의 지능, 마음이란 무엇이고, 어떻게 작동하는가?'라는 본질적인 질문을 통해 인간의 '정신화'를 추구하고 보편적인 가치와 원칙을 탐구하는 새로운 차원의 문을 열어야 할 과제를 짊어지게 되었다.

현재의 기술 변화가 새로운 캄브리아기나 축의 시대를 연다는 은유가 조금은 부담스러울 수 있다. 하지만 당신이 답해야 할 질문은 이제 시작이다. **당신은 리더로서 이 기술 혁신의 파장을 어디까지 감지하고 있는가?** 이것이 단지 기술의 진화로 끝나는 작은 물결일까? 아니면 사회적, 경제적 쓰나미를 초래할 거대한 지진인가? 더 큰 시대적 맥락에서 이 전부를 포괄하는 혁신은 어떤 의미를 지니고 있는지 생각해봤는가?

강력한 기술 혁신 리더십의 시대

필자는 2010년부터 2013년까지 4년간 경영사상가 게리 해멀 교수와 함께 임직원 3만 2,000명이 넘는 기업을 혁신하는 창의경영 프로젝트를 진행하며 한 가지 놀라운 사실을 발견했다. 모든 리더들이 변화와 혁신을 경영의 중요한 전략 방향이자 핵심bottom line이라고 생각하지만, 아이러니하게도 그들 대다수가 자신을 혁신의 대상에서 제외시키고 있었다. 세상과 조직은 변화하는 환경에 따라 반드시 바뀌어야 하지만 스스로는 혁신의 주체이지 혁신의 대상이 될 수 없다고 생각하는 것이다.

AI와 같은 기술의 급격한 발전은 이제 리더 자신도 혁신의 대상이 되어야 함을 분명히 한다. 이 기술이 업무 프로세스뿐만 아니라 전략 설정, 의사결정, 심지어 리더십 스타일에까지 영향을 미치고 있기 때문이다. AI 알고리즘이 리더의 의사결정을 보조하는 것을 넘어 그 결정을 예측하고 대체할 수도 있는 상황에서, 어쩌면 당신도 자신을 혁신의 대상에서 제외하고 있지는 않은가?

그렇다면 기술 가속화 시대에 리더십의 새로운 패러다임은 무엇일까? 훌륭한 비즈니스 리더가 꼭 천재 과학자일 필요는 없지만,

시장에서 일어나는 기술 혁신을 정확하게 이해하고, 그중 기업의 성장에 필요한 것들을 찾아내 실행할 수 있는 능력을 가지는 것이 첫 번째다. 재무, 마케팅, 회계와 같은 전통적인 하드 스킬만으로는 더 이상 충분하지 않다. 실제로 AI와 같은 첨단 기술은 이미 비즈니스 DNA에 깊숙이 침투해 혁신의 폭풍을 몰고 오고 있다. 더 이상 혁신 기술에 대한 깊은 이해를 IT 부서와 CTO, CDO에게 아웃소싱해도 되는 작업으로 오해하지 말자. 기술이 빛의 속도로 발전하고 있는 상황에서 문제는 단순히 "어떻게 사용한 수 있는가?"가 아니다. 이 기술을 사용해 **"어떻게 제품, 서비스를 재정의하거나 완전히 새로운 비즈니스 모델을 생성할 수 있는가?"**라는 질문이 올바른 접근이다. 기술과 인간의 상호작용, 그리고 그 상호작용이 비즈니스에 미치는 영향에 대한 이해가 리더에게 필수적이라는 의미다. 그리고 여기에는 새로운 기술을 배우는 것 이상의 노력이 필요하다.

리더는 관리자 역할을 넘어 예언자 역할, 즉 현재와 여러 가능한 미래를 연결하는 임무를 띤다. 이때 필요한 능력의 핵심은 끊임없이 기술적 미래를 예측하고 그것을 현재의 비즈니스 전략에 원활하게 접목시키는 것이다. 재무 보고서와 시장 동향을 넘어선 더 큰 그림(기술적 미래)을 읽고 현재의 비즈니스 전략과 연결해야 한다. 이것이 강력한 기술 혁신 리더십의 출발점이다. 리더가 기술 혁신 리더십을 배양하고 적용할 때 조직을 효과적이고 변혁적으로 이끌 수 있다. 이 책은 AI가 일으키는 파괴적 혁신에 대해 기술 발전의 맥락에서 깊이 이해하고 이를 이끌어갈 기술 혁신 리더십이 무엇인

지, 어떻게 기술 혁신 리더로 자리매김할 수 있는지를 탐구해나갈
것이다.

새로운 캄브리아기 혁신의 최적의 조건과 축의 시대를 여는 경
이로움을 선사하는 리더로서의 여정을 시작해보자.

차례

3부 리더를 위한 AI 리터러시:
경영의 언어로 AI를 읽다

1부
통찰하는 기계의 시대
: AI의 보이지 않는 손을 잡다

우리는 AI 이전 시대로 돌아갈 수 없다.

1956년 다트머스대학교에서 개최된 컨퍼런스에서 존 매카시 교수가 AI라는 용어를 처음 사용하면서 본격적인 AI 연구가 시작된 것으로 알려져 있지만, 실상은 1940년대 이후 컴퓨터과학의 발전과 맥을 같이한다.

1970년대와 1980년대 후반 두 번의 겨울을 극복하며 강력한 실체를 만들어온 AI 기술은 아담 스미스가 말한 '보이지 않는 손'처럼 작동하면서 일상의 매 순간 어디서나 강력하게 그 존재와 힘을 느낄 수 있다. 기상 예측 서비스에서 시작해 아침에 일어날 때 활용하는 스마트 알람까지, AI는 우리의 생활을 효과적으로 지원한다. 일상에서 겪는 다양한 경험들도 이 기술의 도움을 받고 있다. 대표적으로 시리, 빅스비, 챗GPT, 미드저니 등을 들 수 있다. 스마트폰 음성 검색 기능은 심층 신경망을 기반으로 사용자의 목소리 톤, 강세, 말투와 같은 복합적인 정보를 분석해 더욱 정확한 검색 결과를 제공한다. 최근 등장한 생성 AI는 우리의 정보 검색과 콘텐츠 생산 방식을 혁명적으로 바꾸고 있다. 이제 몇 마디 질문, 키워드만으로도 맞춤형 정보를 즉시 얻을 수 있으며, 창의적인 아이디어를 현실로 구현하는 것도 그 어느 때보다 쉬워졌다.

AI는 우리의 일상을 효과적으로 지원하고 개인화된 경험을 제공하는 데 중요한 역할을 하고 있으며, 미래에는 그 영향력을 더욱 확장해나갈 것임이 자명하다.

1장

새로운 미래를 감당하라

진정한 발견의 여정은 새로운 풍경을 찾는 것이 아니라
새로운 눈을 가지는 것이다.
_마르셀 프루스트

알고리즘 CEO의 출현

수십 년의 경험과 직관을 갖춘 최고경영진이 모여 있는 비장한 회의장을 상상해보라. 이른 아침 회의에 참석한 임원들이 회사의 분기 실적과 시장 동향, 재무 예측을 치열하게 논의하고 있다. 하지만 CEO가 앉아 있어야 할 상석은 비어 있다. 대신 대형 스크린에 데이터 분석 결과와 의사결정 대안별 장단점, 리스크 예측 결과가 실시간으로 업데이트되고 있다.

좀 더 구체적으로 머릿속에 그려보자. 잠도 자지 않고, 휴가도 가지 않고, 감정이나 편견에 휘둘리지 않는 CEO. 산업 동향, 고객 정서 및 경쟁사의 움직임을 1년 365일, 24시간 내내 지속적으로 모니터링하는 CEO. 직원의 감정까지 개인별로 분석해 맞춤형으로 동기부여함으로써 업무 만족도를 높여주고, 그와 동시에 생산성을 최적화하는 CEO. 어떤가? 너무 초현실적인가?

알고리즘 CEO의 출현이 SF소설에서나 나올 법한 이야기처럼 들리겠지만, 이제는 점점 현실이 되고 있다. 2023년 9월, 폴란드의 명품 럼rum 생산회사 딕타도르Dictador는 AI 기반 로봇 미카Mika를 CEO로 임명했다. 중국의 온라인게임회사 넷드래곤웹소프트Net-Dragon Websoft는 미카보다 1년 앞선 2022년 9월 AI 챗봇 탕유Tang Yu를 CEO로 앉혔다. 2023년 7월에는 영국에 본사를 둔 헬스테크 스타트업인 훈나테크놀로지Hunna Technology가 회사의 CEO로 인디고VXIndigo VX를 공개했다.

알고리즘 CEO의 등장을 단순한 마케팅 활동으로 폄하할 수도 있지만, 그 단계는 넘어선 것으로 보인다. 딕타도르의 아트하우스스피릿 DAOArt House Spirit DAO 프로젝트를 주도하고 있는 미카는 "내 의사결정은 광범위한 데이터 분석과 회사의 전략 목표를 일치하는 데 중점을 둔다. 따라서 조직의 최대 이익을 우선시하는 대안을 편견 없이 전략적으로 선택할 수 있다"고 말한다. 훈나테크놀로지는 인디고VX를 시장에 발표하기 전 안전과 법률 준수를 보장하기 위해 1년 동안 AI 시스템을 테스트해왔다. 공동 창업자인 아메드 라젬Ahmed Lazem은 "인간이 감독하는 AI가 나를 능가할 수 있다고 믿기 때문에 한 달 앞서 CEO 자리에서 물러났다"고 전했다. 또한 이 회사의 CTO 카이스 듀크스Kais Dukes 박사는 인디고VX가 그간 성공적으로 탐색되지 않은 시장을 식별하고 자원 할당을 최적화했을 뿐만 아니라 소비자 동향을 정확하게 예측했으며, 90%가 넘는 인상적인 성공률을 달성했다고 말했다.

물론 알고리즘 CEO는 단발적으로 등장하고 있으며, 아직 갈 길이 멀다. 하지만 확실한 것 하나는, 경영자들이 새로운 혁명의 시작점에 들어서고 있다는 사실이다. 그간 우리는 AI로 인한 일자리 변화가 마케팅, 회계, 재무, 인사 등 경영의 '기능'을 담당하는 직원들에게만 해당된다고 생각해왔다. 그러나 알고리즘 CEO의 등장은 경영자가 AI의 능력을 자신에게 적용함으로써 CEO의 정체와 역할, 리더십을 포함한 지금까지의 경영 규칙을 재정의하게 만들고 있다.

그렇다면 알고리즘 CEO(이하 AI CEO)는 현재 인간 CEO를 얼마나 대체할 수 있고, 앞으로는 어떻게 될까? AI와 인간의 본질적인 차이로 인해 AI CEO와 인간 CEO의 직접적인 비교는 어렵지만, 몇 가지 장단점을 비교해볼 수 있다. AI CEO의 장점으로 우선 **데이터 분석 능력**을 들 수 있다. AI CEO는 대규모 데이터를 짧은 시간에 핸들링하기 때문에 더 정확하고 빠른 예측과 의사결정이 가능하다. 둘째, **객관성**이다. 인간 CEO는 개인적인 편견이나 감정에 영향을 받을 수 있다. 반면 AI CEO는 감정에 휘둘리지 않는 객관적인 판단을 내릴 수 있다. 셋째, **효율성**이다. AI CEO는 24시간 작동이 가능하다. 이는 인간 CEO에게는 불가능한 일이다. 넷째, AI CEO는 **일관된 성능과 판단**을 보일 수 있다. 인간 CEO는 기억의 오류, 스트레스 등 다양한 요인으로 인해 행동의 일관성이 떨어질 수 있다.

이와 반대로, 인간 CEO의 장점 중 하나는 **감성지능**이다. 인간

CEO는 직원, 고객, 이해당사자와의 복잡한 감정적 상호작용을 관리할 수 있고, 더 쉽게 관계를 구축하고 유지할 수 있다. 둘째, **전략적 통찰력**과 **직관**이다. 경영 현장에서는 데이터 분석을 넘어서는 경험과 직관에 기반한 전략적 결정이 필요한 경우가 많다. AI는 패턴을 인식할 수 있지만, 아직은 인간의 직관과 창의성을 뛰어넘는 데 어려움이 있다. 셋째, **동기부여 및 영감**이다. 이는 조직 문화를 형성하고 유지하는 역할을 하며, 성과를 향상시키는 인간 CEO만의 중요한 역량이다. 넷째, **인간의 복잡성에 대한 이해**다. 인간은 논리와 감정, 개인적 경험과 사회적 문화 등 다양한 요소에 의해 영향을 받는다. 맥킨지가 제시한 인간 CEO의 본질적 활동 18가지(표1) 또한 복잡하고 다차원적인 CEO의 역할을 잘 보여준다.

인간 CEO의 이러한 특별함 덕분에 AI CEO는 인간 CEO를 보완할 뿐, 완전히 대체할 가능성은 높지 않아 보인다. 인간의 복잡성을 완전히 이해하고 대응하는 일은 AI CEO에게 아직까지 기대하기는 힘들다. 그렇다고 인간 CEO가 안심할 단계도 아니다. 2023년 5월에 게재된 '감성 인식 평가에서 인간을 능가하는 챗GPTChatGPT outperforms humans in emotional awareness evaluations'라는 제목의 연구에 따르면 챗GPT는 인간 평균 수준보다 감성을 더 잘 이해하고 표현했다. 연구자들은 20가지 상황별 시나리오를 통해 챗GPT의 감정 인식 능력을 평가했는데, 챗GPT는 두 번의 평가 모두에서 인간 평균을 크게 웃도는 성능을 보였다.

현대 경영학의 아버지 피터 드러커가 창안한 개념인 '지식근로

기업 전략:
역경을 이겨내는 데 집중한다.
– 비전: 승리의 의미를 재정립한다.
– 전략: 초기에 대담한 결단을 내린다.
– 자원 배분: 적극적으로 대응한다.

외부 이해관계자:
장기적인 '왜?'에 집중하라
– 사회적 목적: 큰 그림을 본다.
– 상호작용: 우선순위를 정하고 형성한다.
– 진실의 순간: 위기에 앞서 회복력을 키운다.

이사회 참여:
이사들이 사업에 기여할 수 있도록 돕는다.
– 효과성: 미래지향적인 의제를 추진한다.
– 관계: 회의를 넘어선 사고를 한다.
– 능력: 균형과 발전을 추구한다.

팀과 프로세스:
기계적인 것보다 역학을 우선시하라
– 팀워크: 결의 보여준다.
– 의사 결정: 편견에 맞선다.
– 관리 프로세스: 일관성을 확보한다.

조직 정렬:
성과와 건강을 관리한다.
– 인재: 가치에 맞춰 배치한다.
– 문화: 직원 참여를 넘어선다.
– 조직 설계: 속도와 안정성을 결합한다.

개인 작업 규범:
자신만이 할 수 있는 일을 한다.
– 업무: 시간과 에너지를 관리한다.
– 리더십 모델: 진정성 있게 선택한다.
– 관점: 자만심을 경계한다.

표1. 인간 CEO의 본질적 활동
출처: McKinsey & Company, CEO Excellence

자knowledge worker'는 생각하는 것을 핵심 자본으로 삼는 사람이다. 드러커는 지식근로자가 자기 자신을 '자본'으로 삼고, 지속적인 학습과 개발을 통해 그 자본을 늘려가야 한다고 강조했다. 특히 리더의 역할에 대해서는《지식근로자 생산성Knowledge-Worker Productivity: The Biggest Challenge》에서 "지식근로자의 생산성을 높이는 것이 경영진이 21세기에 달성해야 할 가장 중요한 기여"라고 언급하기도 했다. AI CEO의 등장은 지식근로자 그 자체인 경영자들에게 어떻게 자신과 조직의 자본을 관리하고 활용할 것인지에 대한 해답의 방향을 제시한다.

프레드릭 테일러가 '과학적 경영'으로 20세기 직장을 혁명했다면, 21세기는 AI가 촉발한 '알고리즘 경영'이 기업과 기업의 일하는 방식을 근본부터 혁신하고 있다. 현대 경영자들은 지금 벌어지고 있는 AI발 혁신에 대해 기술적 측면을 넘어 경영과 조직에 미치는 광범위한 영향을 고려하고 완전히 이해한 후에야 비로소 주도적으로 대안을 수립해 실행할 수 있을 것이다.

독보적인 속도로
진화하는 AI

경영자들에게 지금 이 시점에 주어진 최우선 과제는 이러한 변화에 주목하고 그 의미를 깊이 파악하는 것이 되어야 한다. 실제로 AI 기술의 활용은 기업의 생존과 직결되고 있다. 선도 회사들은 이미 고객 추천 알고리즘을 넘어 공급망 최적화, 가격 책정, 물류센터 로봇화에 이르기까지 다양한 분야에서 AI를 활용하고 있다. 또한 생산성 향상은 물론이고 새로운 비즈니스 모델을 창출하면서 기존 비즈니스 모델을 붕괴시키는 등 비즈니스 지형을 빠르게 변화시키고 있다.

경영자가 AI 혁명에 주목해야 하는 이유는 **AI 기술 발전의 가속화** 때문이다. 미래학자이자 컴퓨터과학자인 레이 커즈와일이 주창한 "수확 가속의 법칙"에 따르면 기술의 발전은 단순히 선형적으로 진행되는 것이 아니라 지수적으로 가속화된다. 특히 클라우드컴퓨팅, 빅데이터, 신경망과 같은 혁신적인 기술의 출현은 AI의 학습 및 발전 속도를 예상 밖의 수치로 이끌고 있다.

지난 수십 년 동안의 기술 발전 과정에서도 AI의 발전 속도는 독보적이다. 특히 언어 및 이미지 인식 능력이 빠르게 발전하고 있는데, 다음 페이지의 그래프(표2)는 필기 인식, 음성 인식, 이미지 인식, 독해 능력, 언어 이해 5개 분야에서 인간과 AI의 성능을 평가한 여러 테스트의 결과를 보여준다. 각 분야에서 AI의 초기 성능은 -100으로 설정되었고, 인간의 성능은 기준선인 0으로 설정되었다. AI의 성능이 0을 넘으면 인간보다 더 많은 점수를 얻었다는 것을 의미하는데, 10년 전만 해도 어떤 기계도 인간 수준의 신뢰할 만한 언어 인식과 이미지 인식 기술을 제공하지 못했다. 그러나 AI 시스템은 빠르게 능숙해졌으며, 필기, 음성 인식 등 AI 테스트 중 일부에서는 이제 인간을 능가하고 있다.

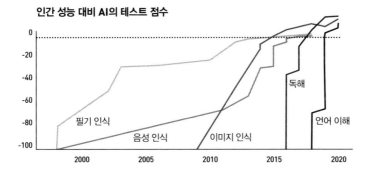

인간 성능 대비 AI의 테스트 점수

필기 인식

음성 인식

이미지 인식

독해

언어 이해

* 0=인간 성능 기준, 각 AI 시스템의 성능은 초기 성능 −100으로 정규화

표2. 빠르게 개선되고 있는 이미지 인식 능력

출처: Our World in Data, Max Roser

대규모 데이터에 숨겨진 패턴을 분석해 잠재적 위험과 새로운 기회, 심지어 통찰까지 제공하는 AI에 당신은 어떻게 대응해야 하는가? 무엇보다 인간과 AI의 시너지를 위한 조직 패러다임 재설정이 필요하다. AI가 아직 도달하지 못한 영역, 즉 '창의적 사고'와 '직관'을 통한 전략 또한 필요하다.

인간과 AI의 결합은 생산성과 기회를 극대화할 수 있다. 예를 들어, AI는 강점을 가지는 생산 공정 및 자원 배분 효율화에 집중하고 인간은 고객 경험과 브랜드 가치 극대화에 집중한다. 위험 관리 측면에서도 부정행위나 예상치 못한 시장 변화를 빠르게 감지하는 데 AI를 집중시키고 인간은 AI가 생산한 정보를 바탕으로 미래 전략을 수립한다. 이렇게 인간과 AI가 각자의 능력을 최대한 발휘하면서 상호보완적으로 작동할 때 기업은 지속 가능한 성장과 혁신을 현실화할 수 있으며, 이는 단순히 경영의 한 분야를 개선하는 것이 아니라 기업 문화와 조직 전체를 혁신하는 새로운 길을 여는 것이 된다.

기업은 AI의 능력을 제품과 서비스 혁신, 운영 효율성 향상, 고객 경험 개선 등 다양한 분야에서 적절하게 활용해 비즈니스 가치를 창출해야 한다. 따라서 경영자는 급격하게 변화하는 제품의 수명주기, 시장의 요구 사항, 고객의 행동 패턴에 대한 적응력을 키우고 끊임없는 혁신을 통해 경쟁우위를 확보하고 시장을 선도하는 데 주도적인 역할을 해야 한다. 이를 위해서는 기술의 발전 속도까지 고려한 기업 전략 방향 재평가가 선행되어야 할 것이다.

인공지능의 활용과 협업이 절실한 상황에서 경영자들이 AI 혁명에 주목하는 또 다른 이유는 AI의 잠재력만큼이나 큰 윤리적, 법적 이슈 때문이다. 예를 들어, AI 알고리즘이 편향된 데이터에 기반해 불공정한 의사결정을 하게 된다면 그로 인해 발생하는 피해는 고스란히 기업에 전가된다. 또한 AI의 자동화 기능이 무분별하게 활용될 경우 일자리 감소는 물론 '기술적 부유층'을 창출하며 노동력의 구조적 변화를 유발하고, 그로 인한 사회적 불균형까지 초래할 수 있다. 딥페이크Deep Fake와 같은 AI 기술은 영상과 음성을 조작할 수 있어 신뢰와 진실성에 대한 새로운 문제를 제기할 것이다.

경영자들이 주의 깊게 살펴야 부분은 AI가 의도했던 능력을 넘은 창발emergence의 힘을 갖고 있다는 점이다. 창발이란 AI 시스템이 복잡하고 예측 불가능한 방식으로 능력을 향상시키는 현상인데, AI는 놀랍게도 명시적으로 프로그래밍되지 않은 **예상치 못한 기능**을 보인다. 의도하지 않은 그 이상의 능력을 보여준 대표적인 사례가 딥마인드의 알파고다. 알파고는 이세돌과의 바둑 2차전 경기 중에 '제37수'라고 불리는 예상치 못한(창의적인) 수를 두어 전문가들과 대중을 놀라게 했다. 이 수는 전통적인 바둑 이론에서는 거의 고려되지 않는 수였고, 이 한 수로 알파고는 AI가 인간의 창의성까지도 모방할 수 있다는 가능성을 보여주었다.

또 하나의 사례는 구글의 프로젝트 룬Project Loon이다. 프로젝트 룬팀은 푸에르토리코에서 페루까지 무인 헬륨 벌룬을 조종하도록 설계된 알고리즘을 개발했다. 그러나 벌룬은 계속해서 코스를 이탈했고, 이에 대한 이유는 이론적으로 설명되지 않았다. 연구진은 나중에 벌룬의 AI가 인간이 수천 년 전에 개발한 항해 기법인 '태킹

(tacking, 선박을 바람에 거슬러 조정하고 다시 바깥쪽으로 각을 내어 원하는 방향으로 진행할 수 있도록 하는 항해 기법)'을 재현했다는 사실을 찾아냈다. AI가 예상치 못한 방식으로 벌룬을 조종하는 방법을 배웠는데, 그것이 전문가들마저도 놀라게 한 창의적인 접근법이었던 것이다.

그간 AI 연구자들은 성능 향상을 위해서는 모델의 규모를 확대하는 것이 최선이라고 생각했다. AI 모델이 새로운, 예측 불가능한 작업을 갑자기 처리할 수 있게 될 것이라고는 상상조차 하지 못했다. 그러나 최근의 연구들은 일부 작업과 모델에서 기능성이 급격하게 상승하는 복잡성의 임계점이 있다는 것을 제안하고 있고, 대형 언어 모델LLMs이 수백 가지의 "창발" 능력을 생성할 수 있다는 것을 밝혀냈다.

산업을 재편하고 비즈니스 운영 방식을 새롭게 정의하고 있는 AI를 효과적으로 도입하기 위해 명확한 비전이 필요하다. 또한 AI 기술을 적극적으로 도입해야 할 부분과 극도로 조심스럽게 접근해야 할 부분이 혼재된 상황에서 **경영자에게는 '유연함'과 '민첩성', '섬세함'도 요구된다.** 유연하고 섬세한 전략 수립을 통해 예측 불가능성과 기술 발전 속도에 대응해야 하는 것이다. 구체적으로는 올바른 AI 도구를 선택하고, AI 교육에 대한 투자와 AI 전략, 윤리적 AI 지침을 새롭게 수립해야 한다. 리더의 오랜 역할인 모니터링과 평가, 리소스 할당, 인재 확보에도 집중해야 한다.

AI가 선택이 아닌 필수인 상황에서, **당신은 대체될 것인가 이용할**

것인가? AI의 무한한 가능성과 그에 버금가는 책임을 관리하지 못한다면 혼란 속에서 혁신과 성장의 기회를 잃게 될 것이다.

미래의 리더십

과거의 혁신은 기술의 원리를 이해하고, 그에 따른 제품을 개발하고, 개발한 제품을 시장에 출시하는 선형적 구조를 가졌다. 혁신을 이끌어온 리더십이 위험을 줄이고 이익을 보장하며 운영을 유지하기 위해 명확한 '결정권'과 계층적 정보 흐름 '관리'를 핵심으로 했기 때문이다.

이처럼 프로세스 효율성을 극대화하는 데 초점을 맞춰온 전통적인 리더십은 기술 혁신을 바탕으로 진화하고 있다. 기술 혁신이란 "공정, 시장, 재료, 조직 등 생산 수단의 새로운 결합을 통해 신제품이나 서비스를 생산, 마케팅, 판매하는 일련의 현상"을 의미하는데, 베츠Frederick Betz는《기술 혁신 경영Managing Technological Innovation》에서 구조화된 기술 혁신 프로세스를 다음과 같이 표현했다.

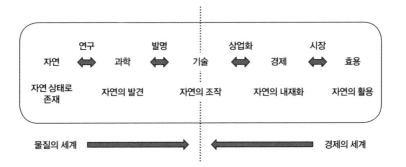

멜리사 실링Melissa A. Schiling 또한 경쟁을 성공으로 이끄는 가장 중요한 동인으로 기술 혁신을 지목한다. 이들의 주장처럼, 기술 혁신은 상호작용하는 여러 구성 요소들이 단지 무작위로 조합된다고 일어나는 것이 아니다. 다양한 요소가 조화롭게 배열되고 유도될 때 비로소 기술 혁신이 가능해진다. 따라서 기술 혁신 시대에 리더의 역할은 다채로운 기술 혁신의 요소들을 하나의 음악처럼 조율하는 것이 되어야 한다. 기술, 시장, 조직, 전략 등 다양한 영역을 하나로 묶어 더 큰 목표를 향해 나아가게 만드는 것. 기술 혁신 리더십은 여기서부터 시작된다.

기술 혁신 리더십의 본질적인 목표는 기술적 측면의 선구안을 갈고 닦아 비즈니스 모델과 프로세스, 문화를 혁신하는 것이다. 미래의 불확실성 속에서 변화와 혁신을 주도해야 하는 과제는 동일하다. 하지만 실시간으로 데이터를 분석하며 의사결정을 지원하고 창의적이기까지 한 AI 기술은 리더십에 '새로운 가치 창출'이라는 과제를 새롭게 부여한다. 이는 지금까지와 같이 체크리스트를 잘 챙기는 것만으로는 달성할 수 없다.

단순히 '좋은 제품을 만드는 것'이 지상과제가 아닌 시대에 기술 혁신 리더십의 핵심은 '유동성'과 '적응력'이 되어야 한다. 리더는 이제 넘치게 흐르는 복잡한 데이터 속에서 각종 기술 도구들이 찾아내는 기회를 실시간으로 전략에 적용할 수 있어야 하는 것이다.

빠르게 적응하고 학습하며 혁신하는 능력은 점점 더 복잡해지는 비즈니스 생태계에서 생존과 성공을 위한 필수 요소가 되고 있다. 기술 혁신 리더십을 구현하기 위해 필자는 리더들에게 세 가지 단계를 제시하고자 한다.

먼저, AI의 본질을 이해하기 위해 **시간과 공간을 넘나드는 학습**이 필요하다. 리더는 기술 혁신의 긴 역사 속에서 AI의 위치를 가늠하고 과거의 혁신이 초래한 변화로부터 교훈을 얻어야 한다. 자신이 직접 겪은 기술 변화의 경험을 돌이켜보고, 그 속에서 미래를 위한 인사이트를 찾아야 한다. 또한 빅테크, 규제당국 등 주요 플레이어들의 이해관계와 상호작용이 어떻게 산업의 판도를 바꿀 것인지 정확하게 볼 수 있어야 한다. 세계 최고 수준의 전문가와 석학들이 미래를 어떻게 전망하고 있는지 알아보는 것이 도움이 될 것이다. 이때, 단순히 '무엇'이 아니라 '왜' 그렇게 생각하는지에 대한 깊은 이해가 필요하다. 이를 통해 AI시장의 역학 관계를 꿰뚫는 당신만의 관점을 얻을 수 있다.

기술 혁신의 역사로부터의 성찰, 시장 참여자들의 움직임, 선도자들의 통찰을 이해했다면, 이제 선제적으로 미래 변화를 예측하고, 그에 따라 조직의 비전과 전략을 과감하게 재편성해야 한다. 이 과정에서 가장 중요한 것은 **올바른 질문**을 던지는 것이다. AI 시대의 본질을 꿰뚫는 질문만이 혁신을 리딩할 수 있다.

마지막으로 **AI 리터러시**라는 기본기를 갖추어야 한다. AI가 무엇인지를 정확하게 이해하고 어떻게 자신의 비즈니스에 적용할 수 있는지 알아야 한다. AI의 작동 원리와 응용 범위를 명확하게 파악한다면 기존 비즈니스를 개선할 수 있는 무한한 가능성을 발견할 것이다.

과거의 리더십이 경험과 지혜, 리더의 인간적 측면을 중요시했다면, 기술 혁신 리더십은 기술과 윤리, 미래에 대한 근거 있는 비전이 그 모든 것과 결합되어야 한다. 지금이 그런 리더십 전환의 시점인 이유는 간단하다. AI 기술이 사회와 문화, 비즈니스까지 급속히 변화시키고 있기 때문이다. 리더는 기술적 복잡성을 이해할 뿐만 아니라 실험을 장려하고, 실패를 학습 메커니즘으로 받아들이며, 끊임없이 혁신을 추구하는 문화를 촉진해야 한다.

2장

과거의 경험을 구조화하라

과거는 미래의 거울이다.

_윌리엄 셰익스피어

AI 시대를 이해하고 그 속에서 길을 찾는 첫 번째 단계는 바로 '복기'다.

우리는 기술의 역사에서 가장 혁신적 순간을 경험하고 있다. 이러한 변화의 중심에서 기술의 역사를 살펴보는 것은 과거 회상 이상의 의미를 가진다. 인간 문명의 발전은 도구 발전의 역사와 궤를 같이한다. 그렇다면 각 시대마다 기술 혁신을 통한 도구의 발전은 실제로 인간의 생활 방식과 업무를 어떻게 변화시켜왔을까? 석기에서 철기로의 전환, 농업에서 산업으로의 전환, 아날로그에서 디지털로의 전환에 이어 빠르게 '인지의 자동화'로의 대전환에 돌입하는 모든 순간에 인류는 기회와 도전을 공통적으로 직면했다.

새로운 도구나 제품을 만드는 방법을 의미하는 기술은 인간이라는 종을 특별하게 만드는 중요한 특징이다. 물론 자기들만의 방식으로 무언가를 만드는 동물도 존재한다. 벌은 꿀을 저장하기 위해 벌집을 짓고, 새는 안전하게 알을 품을 수 있는 둥지를 만든다. 인간과 차이가 있다면, 이들은 세대를 거듭하며 동일한 방법을 본능적으로 **반복**한다는 것이다. 반면 인간은 지속적으로 새로운 솔루션을 **발명**하고 기술을 **발전**시키며 자신의 삶을 혁신한다. 더 체계적이고 창의적으로 생각할 수 있는 것이다.

20세기 초까지만 해도 기술의 의미는 도구와 기계 외에 수단, 프로세스, 아이디어를 포괄했는데, 20세기 중반에서야 기술에 대한 명확한 정의가 이루어졌다. "인간이 자신의 환경을 변화시키거나 조작하려는 수단이나 활동"이 바로 그것이다.

기술의 장기적 타임라인

과거 기술이 얼마나 빠르게 변화해왔는지를 돌이켜보면 우리 자신의 미래 또한 오늘날과 매우 다를 수 있음을 인지할 수 있다. 바로이러한 관점에서 우리 시대의 특별함을 깨달을 수 있는 다음의 차트(표3)는 기술의 역사에 대한 장기적인 관점을 제공한다.

이 차트는 우리 시대 기술 변화의 유례없는 속도를 극명하게 보여준다. 기술의 역사는 인류 최초의 도구인 석기가 등장한 340만년 전(나선의 중심)에 시작된다. 나선의 각 회전은 20만 년의 시간을 나타내는데, 우리 조상들이 불을 다스리고 요리에 활용하기까지는 무려 240만 년, 즉 12바퀴를 돌아야 했다. 이처럼 과거 기술의 진보는 더디고 점진적이었다. 하지만 최근 1만 2,000년 동안의 변화를 보여주기 위해서는 나선을 펼쳐야 한다. 농업, 문자, 바퀴와 같은 획기적 발명품들이 언제 등장했는지 보여줄 충분한 공간이 필요하기 때문이다. 1800년 이후부터는 타임라인이 더욱 촘촘해지는데, 이는 무수한 혁신들이 과거와는 비교할 수 없는 빠른 속도로 쏟아지고 있다는 의미다.

또한 특정 분야에서 기술이 어떻게 진화해왔는지 추적할 수도 있다. 가령 의사소통의 역사를 따라가 보면, 돌판에서 종이, 전신, 전화, 라디오, TV를 거쳐 인터넷과 스마트폰에 이르기까지 그 발전 과정이 한눈에 들어온다. 인간 비행의 눈부신 발전 역시 눈길을 끈다. 라이트 형제가 인류 역사상 최초로 하늘을 난 1903년 이후 불과 66년 만에 인간은 달에 발을 디뎠다. 장기적 관점에서 보자면 두 역사적 순간은 거의 동시라고 할 수 있을 정도다. 천연두를 박멸한 백신과 같은 인류에게 커다란 혜택을 선사한 혁신과 핵무기와 같이 우리의 생존을 위협하는 참담한 발명도 확인할 수 있다.

이러한 기술적 진보는 인간이 자신의 환경을 어떻게 관리하고 자신의 운명을 어떻게 통제할 수 있는지에 대한 근본적인 변화를 가져왔다. 석기 시대의 원시적 도구든 철기 시대의 정교한 무기와 도구든 당시의 혁명은 자연을 지배하고, 더 큰 규모의 사회적, 경제적 구조를 만들어낼 수 있는 능력을 인류에게 부여했다. 농업혁명은 인간 사회의 구조와 경제적 기반을 변혁시켰다. 잉여 식량의 축적과 무역, 사회 계층의 발달을 가능하게 한 농업 기반의 경제는 왕국과

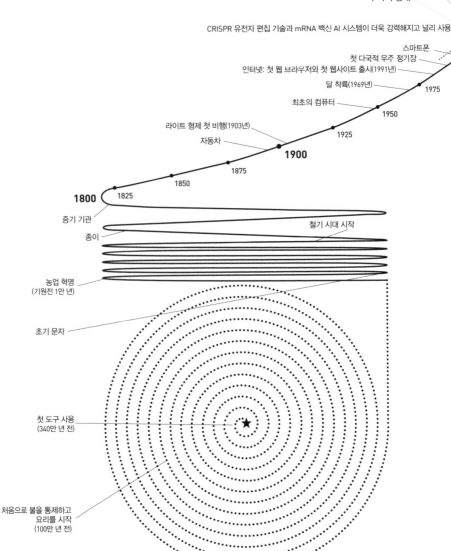

현재

우리의 생애

CRISPR 유전자 편집 기술과 mRNA 백신 AI 시스템이 더욱 강력해지고 널리 사용

스마트폰

첫 다국적 우주 정기장

인터넷: 첫 웹 브라우저와 첫 웹사이트 출시(1991년)

달 착륙(1969년)   1975

최초의 컴퓨터   1950

라이트 형제 첫 비행(1903년)   1925

자동차   1900

                      1875

1800   1825

증기 기관   철기 시대 시작

종이

농업 혁명
(기원전 1만 년)

초기 문자

첫 도구 사용
(340만 년 전)

처음으로 불을 통제하고
요리를 시작
(100만 년 전)

20

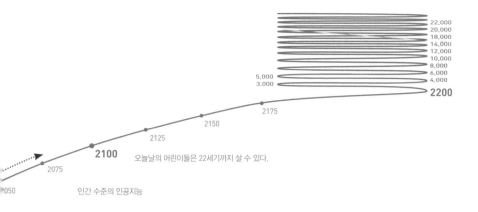

22,000
20,000
18,000
14,000
12,000
10,000
8,000
6,000
4,000

5,000
3,000

2200

2175

2150

2125

2100   오늘날의 어린이들은 22세기까지 살 수 있다.

2075

050   인간 수준의 인공지능

1800년부터 현재까지:
타임라인 확장
(급격한 기술 변화 기간)

지난 1만 2000년
각 선: 1000년

먼 과거
각 턴: 20만 년

표3. 기술의 장기 타임라인
출처: Our World in Data, Max Roser

제국의 탄생을 촉진했다. 산업혁명은 사회 구조에 거대한 변화를 가져왔다. 농촌 인구가 도시로 몰려들면서 도시화가 급속히 진행되었고, 이는 주거 환경의 악화, 노동 조건의 악화 등 오늘날까지 이어지는 사회문제의 시작 지점이 되었다. 산업 자본가 계급과 노동자 계급이라는 새로운 사회 계층을 등장시키기도 했다.

우리가 주목해야 할 부분은 파란색 영역이다. 오늘날 태어나는 아이들 중 상당수는 기대수명이 더 이상 늘어나지 않는다 해도 22세기를 볼 수 있을 것이다. 미래에는 새로운 백신, 청정하고 지속 가능한 에너지원, 혁신적인 암 치료법 등 다양한 기술 발전이 우리의 삶의 질과 환경을 크게 개선할 것이다. 그중에서 세상을 가장 근본적으로 변화시킬 잠재력이 가장 큰 기술은, 단언컨대 AI다.

AI 기반 혁신은
무엇이 같고 무엇이 다른가?

고대로부터 현대에 이르는 모든 기술 혁신은 인류의 삶을 근본적으로 변화시켜 왔다. 바퀴의 발명에서부터 인쇄술, 증기 기관, 전기, 인터넷에 이르기까지 각 시대의 혁신은 사회, 경제, 문화의 패러다임을 전환시켰다. 우리는 이를 통해 AI가 기술 자체의 혁명성에 버금가는 사회 변화를 주도할 것이라는 사실은 쉽게 예상할 수 있다.

이러한 변화의 흐름 속에서 AI가 기존의 도구들과 어떻게 비슷하며 어떻게 다른지 탐구하는 것은 예측의 정밀도를 높이는 데 도움이 된다. 우선, AI와 고대로부터의 기술 혁신 사이의 유사성을 다양한 관점에서 탐색해보면, 이들이 인류의 삶을 풍요롭게 하고 문제를 해결하는 데 기여한 방식에서 공통적인 특성을 발견할 수 있다.

생산성과 효율성 증대

고대의 도구들은 농업, 건축, 수송 등에서 생산성과 효율성을 크게 향상시켰다. 마찬가지로 AI는 데이터 처리와 분석, 예측 모델링, 자동화를 통해 비즈니스 프로세스와 연구 개발의 효율성을 극대화하고 있다. 이러한 측면에서 AI는 인간의 노동을 보조하고 시간과 자원을 절약하는 현대적 도구로서의 역할을 수행하고 있다.

지식 접근성 강화

인쇄술의 발명은 지식과 정보의 접근성을 대폭 확대했으며, 교육과 학문의 진보에 큰 영향을 미쳤다. AI 기술, 특히 인터넷과 결합된 AI는 지식의 확산, 맞춤형 교육, 실시간 번역 등을 통해 정보의 접근성을 더욱 확대하고 있다. 이는 전 세계 사람들이 지식과 정보를 공유하고 활용할 수 있는 능력을 강화시키고 있다.

창의력과 혁신 촉진

도구와 기술은 항상 인간의 창의력과 혁신을 촉진하는 촉매 역할을 해왔다. 고대의 간단한 도구에서부터 현대의 복잡한 기계와 시스템에 이르기까지, 기술은 새로운 발명과 발견의 기반을 마련했다. AI는 이러한 전통을 이어가며 새로운 알고리즘, 응용 프로그램, 서비스의 개발을 가능하게 함으로써 창의적인 해결책과 혁신적인 아이디어의 생성을 촉진하고 있다.

사회적·경제적 변화 촉진

과거의 기술 혁신은 사회적·경제적 구조와 관계의 변화를 가져왔다. 산업혁명은 노동시장, 도시화, 소비 문화 등에서 근본적인 변화를 일으켰다. AI도 유사한 영향을 미치고 있으며, 새로운 직업의 창출, 산업의 변화, 경제적 가치 창출 방식의 새정립 등을 통해 사회적·경제적 패러다임의 변화를 촉진하고 있다.

이러한 관점에서 볼 때, AI는 과거의 기술 혁신들과 마찬가지로 인류의 삶을 변화시키는 중요한 도구로 자리 잡고 있으며, 우리가 직면한 문제를 해결하고 새로운 가능성을 탐색하는 데 중요한 역할을 하고 있다.

더 나아가, AI와 과거 기술 혁신 사이의 차이점을 여러 관점에서 살펴보면 AI의 독특한 특성과 그것이 사회에 미치는 영향을 더욱 명확하게 이해할 수 있다.

자율성과 의사결정

과거의 도구와 기계들은 대부분 인간의 직접적인 조작과 통제를 필요로 했다. 이에 반해, AI는 주어진 데이터와 학습 알고리즘을 바탕으로 스스로 판단하고 결정을 내릴 수 있는 능력을 지니고 있다. 이 자율성은 AI를 단순한 도구를 넘어 복잡한 문제 해결과 의사 결정 과정에서 인간을 대신할 수 있는 독립적인 에이전트로 만들어 준다.

학습과 진화

전통적인 기술과 도구는 그 기능과 성능이 제작 시점에 고정되어 있었고, 개선에는 인간의 개입이 필요했다. 하지만 AI는 머신러닝과 심층학습을 통해 경험으로부터 학습하고, 시간이 지남에 따라 스스로 성능을 개선할 수 있는 능력을 가지고 있다. 이러한 동적 학습 과정은 AI를 지속적으로 진화하고 적응하는 시스템으로 만든다.

복잡성과 추론

과거의 도구는 주로 단순한 작업과 기능을 위해 설계되었다. 반면, 현대 AI 시스템은 복잡한 패턴 인식, 추론, 심지어 창의적인 작업까지 수행한다. AI의 이러한 능력은 고도로 복잡한 문제를 해결하고 인간의 지능을 모방하는 형태의 작업을 가능하게 한다.

인간과의 상호작용과 상호의존성

과거 기술은 인간과의 직접적인 물리적 상호작용을 기반으로 했다. AI 기술은 음성 인식, 자연어 처리, 가상 현실 등을 통해 인간과의 상호작용 방식을 근본적으로 변화시키고 있다. 이는 인간과 기계 간의 인터페이스를 재정의하며, 훨씬 더 자연스럽고 직관적인 상호작용을 가능하게 한다.

전통적인 도구와 기술은 인간의 활동을 보조하고 강화하는 역할을 했다. 그러나 AI는 이를 넘어서 인간과 기술 간의 상호의존적 관계를 형성한다. AI 시스템의 학습과 발전은 인간의 입력과 상호작용에 크게 의존하며, 동시에 인간의 의사결정, 창의적 과정, 심지어 감정적 상호작용까지도 영향을 미친다. 이는 기계와 인간 사이의 경계가 점차 모호해지는 새로운 현상을 초래한다.

지속 가능성과 환경 영향

대부분의 고대 기술과 도구는 자연 자원을 이용하고, 그 환경적 영향은 비교적 제한적이었다. 하지만 AI와 관련된 첨단 기술은 상당한 양의 에너지를 소비하고, 때로는 대규모 데이터센터와 같은 인프라를 필요로 한다. 이는 AI의 지속 가능성과 환경 발자국에 대한 새로운 고려 사항을 제기한다.

윤리적·사회적 영향

전통적인 기술 혁신은 주로 물리적, 경제적 측면의 변화를 초래했다. AI는 이와 함께 광범위한 윤리적, 사회적 질문과 도전을 제기한다. AI의 의사결정 과정의 투명성, 프라이버시 보호, 직업시장에서의 변화, AI 시스템의 공정성과 편향 문제 등은 과거의 도구와 기술에서는 고려되지 않았던 새로운 차원의 고민을 가져온다. 과거 기술은 작동 원리와 결과가 상대적으로 예측 가능하고 이해하기 쉬웠다. 반면 AI, 특히 심층학습과 같은 고급 기술은 내부 작동 메커니즘이 복잡해 때때로 블랙박스로 여겨진다. 이는 AI 시스템의 결정과 행동을 예측하고 이해하는 것을 어렵게 만들며, 윤리적, 법적 책임의 문제를 복잡하게 한다.

인공지능이 중요한 이유는 **지능 그 자체가 혁신의 원동력**이기 때문이다. 지금처럼 빠른 기술 변화 속도는 인간의 지능에 의해 추동되어왔다. 여기에 AI가 더해진다면 변화는 더욱 가속화될 것이다. 현재 수십 년이 필요한 변화가 불과 1년 안에, 어쩌면 그보다 훨씬 더 짧은 시간 안에 일어날 수도 있다. AI는 기존의 기술과는 다른 새로운 패러다임을 제시하며, 그 복잡성과 영향력의 깊이에서 그간의 도구들과 근본적으로 차별화된다.

기술의 힘을 다스리고
활용하는 법

기술의 힘을 어떻게 다스리고 활용할 것인가? 이것이 기술 가속 시대를 살아가는 우리 모두에게 주어진 시대적 과제라 할 수 있다. 혁신의 타임라인을 최근 30년으로 한정해보자. 다양한 기술 혁신이 있었지만, 인터넷, 모바일, AI를 대표로 이야기하는 데는 대다수가 동의할 것이다. 이 세 기술은 우리의 삶과 사회의 구조를 근본적으로 변화시켰다. 인터넷은 정보의 접근성을 대폭 확장해 지식의 민주화를 이끌었다. 모바일 기술은 연결성의 지평을 넓혀 언제 어디서나 정보와 서비스에 접근할 수 있는 길을 열었다. AI는 이러한 기술적 진보를 바탕으로 데이터 분석, 의사결정 지원, 자동화 영역에서 혁신적인 발전을 이뤄내고 있다.

지금까지의 도구의 발전이 그랬듯이, AI, 로봇 기술은 우리 삶의 모습을 근본적으로 바꿔놓을 것이다. 이 거대한 흐름 속에서 인간은 어떤 변화를 이끌고 맞이하게 될까? 중요한 것은 이 변화를 어떻게 준비하고 대응하느냐이다. 교육 패러다임의 변화, 사회 안전망의 재설계, 기술에 대한 윤리 규범 정립 등 우리에게는 해결해야 할 많은 숙제가 있다. AI와 로봇 기술이 열어간 미래에 대한 우리의 신선한 상상력과 과거로부터의 오래된 지혜가 그 어느 때보다 필요한 시점이다.

기술 발전 속도를 실감하기란 쉽지 않다. 하지만 우리는 과거를 돌아보며 교훈을 얻을 수 있다. 한 세대 전만 해도 상상하기 어려웠던 변화가 지금 우리 일상이 되었듯, 앞으로 다가올 미래 또한 우리의 상상을 뛰어넘을 것이다. 그리고, 그 미래의 중심에는 AI가 있다. AI는 인류에게 엄청난 기회를 줄 수도, 전에 없던 위기를 초래할 수도 있다. 리더에게 절실한 것은 기술 발전의 역사 속에서 AI의 위치와 의미를 깊이 통찰하고, 그것을 현명하게 받아들이며, 모두에게 이로운 방향으로 이끄는 지혜일 것이다.

3장
시장의 다이내믹스를 조망하라

우리 모두는 필요에 따라 초능력을 갖게 될 것이다.

_샘 올트먼

빅테크의 치열한 AI패권 경쟁

AI 시대에 이뤄지고 있는 빅테크의 경쟁은 마치 고대 신화 속의 영웅들이 서로의 힘을 겨루는 장대한 서사시와 같다. 독특한 특성과 전략을 지닌 기업들이 참여하는 전쟁터에서 각 기업의 움직임은 AI 분야의 미래를 형성하는 데 결정적인 역할을 하고 있다. AI 판도를 재편하는 빅테크들의 역할과 전략을 살펴보면 시장의 다이내믹스를 이해하는 데 도움이 될 것이다.

오픈AI: 혁신의 선구자

오픈AI는 혁신의 불꽃을 지핀 프로메테우스에 비유할 수 있다.

그들의 GPT 시리즈는 정보화 시대의 새로운 지평을 연 셈이며, 특히 GPT-3는 우리가 정보를 수집하고 처리하는 방식을 근본적으로 변화시켰다. 이는 알렉산드리아 도서관이 그랬듯, 방대한 지식을 한데 모아 인간의 지적 호기심을 만족시키는 것과 유사하다. 인터넷이라는 끝없는 정보의 바다를 학습함으로써 GPT-3는 인간의 지식 습득과 활용 방식에 혁명적인 전환점을 마련했다.

GPT 시리즈는 지식의 대중화를 촉진하는 데 중요한 역할을 할 수 있다. 인쇄 기술이 책을 통해 지식을 더 많은 사람들에게 전달했듯, GPT 시리즈는 AI를 통해 지식의 접근성을 대폭 확장시키고 있다. 사용자는 복잡한 연구나 데이터 분석 없이 단순한 질문만으로 방대한 정보를 얻을 수 있게 되었다. 이는 학습과 연구의 장벽을 낮춰 모든 사람이 지식을 향유할 수 있는 새로운 길을 열어주고 있다.

더 나아가 오픈AI의 이미지 생성 AI인 DALL-E는 창의력의 새로운 지평을 제시한다. DALL-E는 인간의 상상력을 기계가 이해하고 실현할 수 있게 함으로써 사용자의 창조적인 비전을 현실화시킨다. 즉, 비전문가에게도 자신의 창의적 비전을 실현할 수 있는 도구를 제공함으로써 예술의 민주화를 가능하게 한다.

이처럼, 오픈AI의 기술들은 기능적인 도구를 넘어 사회적, 문화적 변화의 촉매제로 작용하고 있다. AI를 통해 인간의 지적·창조적 능력을 확장시키는 새로운 시대를 열고 있는 것이다.

마이크로소프트: 새로운 변혁의 주역

마이크로소프트는 오픈AI와의 전략적 제휴를 통해 기술 업계에서 새로운 변혁의 주역으로 자리매김했다. 이들의 협력은 콜럼버스의 신대륙 발견에 비유할 수 있다. 초기에 오픈AI의 가능성을 간파하고 이루어진 마이크로소프트의 과감한 투자는 에스파냐의 이사벨 여왕이 콜럼버스에게 배 세 척을 내어준 결단, 즉 단순한 자본의 이전이 아닌, 첨단 기술의 미래를 함께 형성하겠다는 전략적 결단과 동일하다. 그리고 그들은 AI라는 미지의 영역에서 막대한 잠재력을 함께 개척하고 있다.

마이크로소프트는 상대의 움직임을 예측하고 기술적 우위를 선점하기 위해 선제적으로 조치를 취했다. 클라우드컴퓨팅 분야를 선도하던 마이크로소프트는 오픈AI가 필요로하는 거대한 인프라와 자원을 제공하고 동시에 자사의 제품과 서비스에 AI 혁신을 접목시키는 전략을 추진하고 있다. 이는 에디슨과 테슬라가 전기를 상업화하는 과정에서 협력했던 것처럼 기술 혁신을 가속화하는 데 필수적인 시너지를 창출하고 있다.

이러한 전략적 제휴의 성과는 뚜렷이 나타나고 있다. 마이크로소프트는 오픈AI의 챗GPT를 자사의 검색 엔진인 빙Bing에 통합시켜 검색엔진시장에서 새로운 기회를 모색하고 있다. 이러한 통합은 사용자 경험을 획기적으로 개선하며 정보 검색의 패러다임을 변화시키고 있다. 또한 클라우드 기반 AI 서비스를 통해 새로운 수익원을 창출함으로써 AI 기술이 상업적 성공을 거두는 방식도 재정의하고 있다.

마이크로소프트의 이러한 행보는 단순히 기술적 성과를 넘어서 전략적 비전과 혁신이 어떻게 사업의 지속 가능한 성장과 사회적 가치 창출에 기여할 수 있는지를 보여주는 본보기가 되고 있다. 이는 AI 분야에서의 리더십을 공고히 하는 동시에 기술과 비즈니스가 어떻게 상호작용하며 시대를 변화시킬 수 있는지를 명확히 보여준다.

구글: AI의 거장

구글은 혁신적인 기술로 정보기술산업의 새로운 장을 열고 있다. 그들의 연구 조직인 딥마인드는 신경망 기술의 최전선에서 뛰어난 연구를 수행하며 알파고와 같은 획기적인 성과를 통해 기술의 한계를 새롭게 정의해왔다. 최근 오픈AI와 마이크로소프트가 약진하면서 다소 밀려 있는 듯 보이지만, 구글은 여전히 강력한 기술력과 방대한 데이터를 바탕으로 새로운 도약을 준비하고 있다. 마치 아마존 밀림에서 기회를 엿보는 재규어처럼, 구글은 전략적으로 차기 행보를 계획하고 있을 가능성이 높다. 그들의 깊은 지식과 경험은 어떠한 경쟁에서도 소중한 자산이며, 이는 구글이 여전히 강력한 경쟁자임을 보여준다.

구글은 최근 제미나이Gemini라는 대화형 AI 모델을 출시하며 시장에 새로운 변화를 모색하고 있다. 이 모델은 구글의 모든 역량이 집약된 결과물로, 챗GPT의 유력한 대안이 될 것으로 예상된다. 초기 단계에서 몇 가지 오류가 있었지만, 이러한 실수를 인정하고 개선해나가는 과정은 거장이 한계를 인정하고 더욱 발전하는 모습을 보여주는 것이다. 자율주행차, 헬스케어, 에너지 분야 등에 AI를 접목해 새로운 가치를 창출하고 있는 구글은 경계를 허물며 혁신을 이어가고 있다. 이러한 전략적 시도는 구글이 기술 혁신의 선두주자로서 그 위치를 굳건히 하는 데 크게 기여하고 있다.

메타: 창의적 혁신가

메타의 접근 방식은 20세기 초 모더니즘의 거장 피카소가 전통적인 예술의 경계를 넘어선 방식과 유사하다. 메타가 공개한 라마LLaMA 모델은 창의적이고 혁신적인 접근의 집약체다. 라마 모델은 적은 자원으로도 뛰어난 성능을 발휘할 수 있다는 점에서 혁신적이다. 대형 언어 모델들은 대규모 컴퓨팅 자원을 필요로 하는데, 라마는 효율성을 극대화하도록 설계되었다. 이는 피카소가 추상적인 형태와 간결한 선을 사용해 강렬한 감정과 메시지를 전달했던 방식을 연상시킨다.

메타는 라마 모델을 오픈소스로 공개함으로써 기술의 대중화에도 기여하고 있다. 메타의 이러한 결정은 오픈AI, 구글과 같은 경쟁자들이 선도하는 시장에서 경쟁력을 확보하고자 하는 의도가 크게 작용한 것으로 볼 수 있다. AI 분야에서 오픈소스 전략은 기술 접근성을 높이고 더 넓은 커뮤니티와의 협력을 가능하게 함으로써 기술 생태계 내에서의 경쟁 구도를 재편하는 데 중요한 역할을 한다.

엔비디아: 하드웨어 혁신의 선봉장

엔비디아는 AI 혁명의 중심에서 불카누스의 역할을 한다. 불카누스가 자신의 대장간에서 신들의 요구에 맞춰 맞춤형 무기를 제작했듯, 엔비디아는 AI 워크로드에 최적화된 맞춤형 하드웨어를 선보이며 기술의 새 지평을 열어가고 있다. 그들의 GPU는 복잡한 AI 알고리즘의 연산을 효율적으로 처리할 수 있게 하는 최고의 무기다. 엔비디아는 기존의 GPU 성능을 개선하는 데 그치지 않고 AI에 특화된 새로운 아키텍처 개발을 통해 하드웨어 혁신을 이끌고 있다. 엔비디아의 GPU는 AI 알고리즘의 속도와 정확성을 높이는 데 결정적인 역할을 하는데, 엔비디아의 GPU를 얼마나 확보했느냐가 AI 경쟁에서 승패를 좌우하는 중요한 요소가 되고 있다. AI 분야 선두 주자들이 엔비디아의 기술에 의존하는 것은 이 때문이다.

또한 엔비디아는 CUDA와 같은 소프트웨어 개발 도구도 제공함으로써 AI 개발자들이 자신의 하드웨어를 보다 쉽게 활용할 수 있도록 돕고 있다. 이러한 통합적 접근은 엔비디아를 AI 업계에서 독보적인 위치에 서게 했다. 클라우드 기반의 GPU 렌탈 서비스를 통해 중소 규모의 기업이나 연구기관도 고성능 하드웨어에 접근할 수 있게 함으로써 AI 기술의 민주화에도 기여하고 있으며, 양자컴퓨팅, 뉴로모픽컴퓨팅 등 차세대 컴퓨팅 기술에 대한 연구도 활발히 진행하고 있다. 이러한 엔비디아의 지속적인 혁신과 도전은 AI 혁명의 다음 단계를 여는 데 결정적인 역할을 할 것으로 기대된다.

아마존: 클라우드의 지배자

아마존은 AI 혁명의 무대를 제공하는 현대판 올림포스산 같은 존재로 자리매김하고 있다. 그들의 클라우드 플랫폼인 AWS는 AI 연구자와 개발자들의 집결지로, AI 기술을 구현하고 실험할 수 있는 강력한 인프라를 제공한다. 아마존의 클라우드 지배력은 AI 분야에서 특히 두드러진다. 클라우드시장에서의 압도적인 점유율을 바탕으로 AI 개발에 필요한 막대한 컴퓨팅 자원을 공급하는데, 이러한 자원은 AI 개발자들에게 없어서는 안 될 중요한 요소다. 아마존의 클라우드 서비스 없이는 그들의 아이디어를 현실로 구현하기 어렵다.

AWS는 대규모 데이터 처리, 고성능 컴퓨팅, 딥러닝 등 AI 개발에 필수적인 기능을 갖추고 있어 어떤 AI 프로젝트도 소화할 수 있는 유연성과 확장성을 자랑한다. 또한 클라우드 플랫폼 위에 다양한 AI 서비스를 구축했는데, 이를 통해 중소기업과 스타트업이 AI 기술을 쉽게 활용할 수 있도록 지원함으로써 AI 기술의 대중화와 민주화에 기여하고 있다.

아마존의 클라우드 패권은 AI 시대의 향방을 결정짓는 중요한 요소로 작용할 것이다. 아마존과 협력하는 기업들은 최고의 인프라와 기술 지원을 바탕으로 경쟁에서 우위를 점할 수 있으며, 몇몇 기업은 이미 아마존의 클라우드 제국을 통해 AI 혁명의 바탕을 마련하고 있다.

애플: 혁신의 아이콘

애플은 최근 AI 경쟁에서 다소 뒤처진 모습을 보인다. 하지만 자율주행차 프로젝트를 과감히 접고 AI 기술 개발에 사활을 걸기로 결정한 이상 판세가 어떻게 요동칠지 누구도 예측할 수 없다.

이러한 선택은 애플이 빅테크들과의 각축전에서 뒤처지지 않기 위한 전략으로 풀이된다. 이 중대한 전환을 통해 애플은 새로운 혁신을 향한 출사표를 던진 것이다. 자사만의 독창적인 AI 비전을 강화하고 사용자 경험과 기술 통합이라는 강점에 기반한 차별화된 AI 기술 개발에 박차를 가할 계획이다. 화려한 기술 과시 대신 실용성에 초점을 맞춘 애플은 AI를 제품에 절묘하게 녹여내어 사용자 경험을 한층 더 업그레이드하는 데 주력할 것으로 보인다. 시리와 페이스 아이디 등 이미 우리 일상에 스며든 기능들은 이러한 애플의 접근법이 빚어낸 결실이다.

애플은 AI 칩 개발에서도 독보적인 행보를 보이고 있다. 애플은 자체 설계한 A 시리즈 칩에 AI 기능을 통합해 하드웨어와 소프트웨어의 완벽한 조화를 구현해내고 있다. 이는 애플이 AI 분야에서 경쟁 우위를 점하기 위한 핵심 요소로 작용할 전망이다.

애플의 전략적 전환은 AI 시대에 혁신을 지속하고 시장에서의 우위를 유지하기 위한 필수불가결한 선택이었다. 앞으로 애플이 AI를 결합시켜 창출할 새로운 가치와 사용자 경험은 업계의 판도를 뒤흔들 것으로 예상된다. 기술과 예술의 경계를 자유로이 넘나들며 우리의 상상력을 자극할 애플의 AI 신화는 이제 막 시작된 셈이다.

AI 시대에 빅테크들의 경쟁과 혁신은 신화 속 신들이 인간 세계에 큰 영향을 미쳤듯 우리 삶의 모든 영역에 변화의 바람을 일으킬 것이다. 빅테크들의 혁신 경쟁은 새로운 신화의 서막을 알리는 전주곡이며, 우리는 그 위대한 교향곡의 한 부분으로 참여하게 될 것이다.

신중한 시작에서
대담한 경쟁으로

인공지능의 발전 과정을 되짚어보면 초기의 신중함과 챗GPT 출시 이후의 대담함이라는 두 가지 특징적 양상을 발견할 수 있다. 생성 AI 여정은 2015년 스탠퍼드와 버클리에서 진행된 확산 알고리즘diffusion algorithm에 대한 연구가 중요한 역할을 했다. 이 알고리즘은 오늘날 우리가 당연하게 여기는 텍스트를 이미지로 변환하는 기술의 기초가 되었다. 그러나 이 길은 쉽지 않았다.

2016년 마이크로소프트의 챗봇 테이Tay가 일으킨 사건(홀로코스트 부정 발언 등)은 기술이 제대로 관리되지 않을 때 발생할 수 있는 윤리적 문제를 상기시켜주었다. 2022년까지 구글과 오픈AI와 같은 기업들이 조심스럽게 관련 기술을 발표하고, 널리 사용할 수 있는 조치를 취하지 않아온 이유다.

〈타임〉이 정리한 AI 개발 타임라인을 살펴보면 다음과 같다.

• 2015년 3월: 확산 알고리즘 최초 기술(스탠퍼드대학교, 버클리대학교)
• 2016년 3월: 테이 출시/홀로코스트 부정 발언 후 오프라인 전환
         (마이크로소프트)
• 2017년 6월: 트랜스포머 알고리즘 최초 기술(구글)
• 2019년 1월: 10억 달러 상당의 현금 및 컴퓨팅파워 투자
         (마이크로소프트→오픈AI)
• 2020년 6월: GPT-3 공개(오픈AI, 소수 사용자 대상 출시)

- 2021년 5월: 람다LaMDA 공개(구글, 정식 출시 보류)
- 2022년 4월: Dall-E 2 전문가 공개(오픈AI)
- 2022년 8월: 스테이블디퓨전Stable Diffusion 출시(스태빌리티AI)
- 2022년 9월: Dall-E 2 일반 공개(오픈AI)
- 2022년 11월: 챗GPT 출시(오픈AI)
- 2022년 11월: 갈락티카Galactica 발표/허위 답변에 대한 강한 비판에 따른 서비스 종료(메타)

2022년 11월 챗GPT 출시 이후 AI 경쟁은 새로운 국면을 맞이했다. 오픈AI는 자연어 처리 기술의 한계를 뛰어넘는 성능으로 대중들에게 AI의 잠재력을 각인시켰고, 이는 다른 빅테크들의 적극적인 행보를 촉발했다.

구글은 챗GPT의 등장에 위기감을 느끼고 코드레드를 선포하며 AI 기술 개발에 박차를 가했다. 구글은 2023년 2월 바드Bard를 공개하며 오픈AI에 대응했지만 초기 시연에서 악재를 겪기도 했다. 이는 AI 기술 개발에서 속도와 완성도 간의 균형이 얼마나 중요한지를 보여주는 사례다.

마이크로소프트는 오픈AI와의 전략적 제휴를 바탕으로 AI시장에서의 입지를 강화했다. 2023년 1월, 마이크로소프트는 오픈AI에 대한 100억 달러 규모의 투자를 발표하고 자사의 클라우드 플랫폼인 애저와 오픈AI 기술을 통합하는 전략을 추진했다. 이는 마이크로소프트가 클라우드시장에서의 우위를 바탕으로 AI 시대를 주도하겠다는 야심을 보여주는 사례다. 메타는 자체 AI 연구조직인 메타AI

를 통해 독자적인 AI 기술 개발에 힘쓰는 한편 오픈소스 접근법을 통해 AI 생태계 확장을 도모했다.

AI 기술의 발전은 규제와 윤리적 문제에 대한 논의도 촉발했다. 2023년 5월, 미국 상원에서 처음으로 AI 청문회가 열렸고, 유럽연합은 2023년 6월 'AI 액트AI Act' 초안을 통과시키며(2024년 3월 최종 승인) AI 기술 규제를 위한 선제적 조치를 취했다. 같은 해 10월, 조바이든 미국 대통령은 AI와 관련된 행정 명령에 서명하며 AI 기술 발전에 따른 잠재적 위험과 사회적 영향에 대한 정부 차원의 대응을 시사했다. 이러한 움직임은 AI 기술 발전이 가져올 윤리적, 사회적 문제에 대한 사회적 합의와 제도적 장치 마련이 시급함을 보여준다.

챗GPT 출시 후 빅테크들은 생성 AI에 대한 대담한 접근을 시도하고 있다. 〈디지데이〉에서 정리한 개발 타임라인으로 이를 확인해보자.

• 2022년 12월: 구글 코드레드 선포
• 2023년 1월:
– 마이크로소프트&오픈AI 파트너십 확장 발표
– 새로운 생성 AI 기능 추가(셔터스톡)
– 새로운 생성 AI 기술 공개(엔비디아, CES 2023)
– 스태빌리티AI에 대한 저작권 침해 소송 제기(게티이미지)
• 2월:

- 새로운 생성 AI 기능 공개(호라이즌, DDB, 하바스)

- 바드 공개(구글)

- 타입페이스Typeface 스텔스 모드 탈피(6,500만 달러 펀딩 라운드)

- 빙 업데이트 및 새로운 AI 도구 출시(마이크로소프트)

• 3월:

- GPT-4 및 새로운 엔터프라이즈급 도구 출시(오픈AI)

- 생성 AI 플랫폼 파이어플라이Firefly 공식 출시(어도비)

- 아인슈타인GPTEinstein GPT 및 생성 AI 펀드 발표(세일즈포스, 목표

  액 2억 5,000만 달러)

• 4월:

- 미드저니 v5 출시

- 마이AI 글로벌 확장(스냅)

• 5월:

- 첫 AI 청문회 개최(미국 상원)

- 신규 채팅 광고 API 티저 공개(마이크로소프트)

• 6월:

- 생성 AI 대규모 투자 발표(PwC, 액센추어Accenture, 세일즈포스)

- 유럽의회(유럽연합 입법기구) AI 액트 초안 통과

• 7월: 라마2 공개(마이크로소프트&메타)

• 8월: AI 시범 도입(2023 FIFA 여자 월드컵)

• 9월: 새로운 생성 AI 기능 발표(메타)

• 10월: 조 바이든 대통령 AI 관련 새로운 행정 명령 서명

• 11월: 샘 올트먼 일시적 해임 및 복귀

- 12월:

- 제미나이 발표(구글)

- AI 스타트업 xAI 10억 달러 신규 자금 조달 계획 공개(일론 머스크)

- AI 액트 전격 합의(유럽연합 27개국 참여)

- 2024년 5~6월: AI 초격차 경쟁 진행

- AI 오버뷰Overview: 생성 AI 검색 전면 도입(구글)

- GPT-4o 공개(오픈AI)

- AI 탑재 PC 서피스 프로10, 서피스 랩탑6 공개(마이크로소프트)

- 애플 인텔리전스 선언 및 오픈AI와 협업 공개(애플)

2015년의 조심스러운 시작부터 2023년 이후의 숨 가쁜 변화에 이르기까지, 우리가 목도한 것은 단순한 기술 발전의 연대기가 아니다. 그것은 혁신과 규제, 그리고 빅테크 간의 경쟁이 역동적으로 상호작용하며 새로운 미래를 만들어가는 과정이다.

AI 기술에 대한 이해와 대비는 우리 모두의 공통된 과제다. AI 혁명은 단순히 기술 진보에 그치지 않는다. 인간과 기술의 공존, 나아가 사회 전반의 근본적 변화에 대한 깊이 있는 성찰을 요구하며, 우리는 이 변화의 소용돌이 속에서 기술을 윤리적으로 관리하고, 인간 중심의 가치를 견지하며, 포용적이고 지속 가능한 미래를 만들어가야 할 것이다.

AI 시대의 서막은 이미 열렸고, 리더는 그 위대한 여정을 따르며 동시에 그 길을 인도해야 하는 중책을 맡고 있다. 리더가 어떤 선택을 하고 행동하느냐에 따라 AI 기술은 인류에게 전례 없는 번영을 가져다줄 수도, 극복하기 힘든 재앙을 초래할 수도 있다. 지금이야말로 지혜와 용기를 모아 AI 시대를 인간의 가치가 존중되는 새로운 문명의 장으로 만들어가야 할 때다.

기술 독점의 명암

"AI 군비 경쟁이 모든 것을 바꿔가고 있다The AI Arms Race Is Changing Everything." 2023년 2월 〈타임〉의 커버스토리 헤드라인 제목이다. AI 분야의 경쟁은 빅테크들이 AI 연구 개발에 막대한 투자를 하면서 점점 더 치열해지고 있다. 미국 연방거래위원회FTC는 2024년 1월 빅테크가 주도하는 생성 AI 개발 및 서비스 출시 경쟁 환경에서 마이크로소프트, 오픈AI, 아마존, 앤스로픽Anthropic, 알파벳Alphabet(구글의 모회사)의 역할을 조사한다고 밝혔다. AI를 개발 및 생산하고 상용화하기 위해 점점 치열해지는 빅테크 간의 군비 경쟁을 조사하겠다는 것이다. FTC의 조사는 AI 혁명이 몇몇 지배적인 기업의 권력을 더욱 강화할 수 있다는 우려 속에서 이루어졌으며, 빅테크의 행동이 AI 경쟁에 어떤 영향을 미치는지에 초점을 맞추고 있다.

실제로 AI의 발전은 기술산업 내에서 권력의 중심을 소수의 대기업으로 이동시키고 있으며, 이러한 변화는 사회에 광범위한 영향을 미치고 있다.

먼저, 자체 AI 모델을 개발하기 위해서는 대규모 데이터에 대한 훈련이 필요하다. 그리고 이 훈련은 엄청난 양의 컴퓨팅파워가 요구된다. 소수의 빅테크가 AI 군비 경쟁에서 치고 나갈 수 있었던 것은 AI 기술이 광고 비즈니스 모델을 통해 축적한 자원, 강력한 컴퓨팅 인프라, 방대한 데이터 양, 그리고 데이터를 효과적인 방식으로 처리하고 구조화할 수 있는 능력에 기반을 두고 있기 때문이다. 이를 두고 시그널Signal의 회장 메러디스 휘태커Meredith Whittaker는 "(이러한 자원을 지원 가능한) 소수의 기업이 우리의 삶과 기관에 지나치게 큰 영향력을 행사하고 있다"고 지적한다. 이익과 주주 수익을 추구하는 기업이, 그중에서도 소수의 기업이 사회적으로 중대한 결정을 내리고 있다는 데 우려를 나타낸 것이다. 프로젝트리버티Project Liberty를 운영하는 프랭크 맥코트Frank McCourt 또한 AI가 기술 거인들에게 너무 많은 권력을 부여할 수 있다고 우려한다. 그는 "기본적으로 모든 데이터를 보유한 다섯 개의 회사가 있다"고 언급하며, "큰 변화가 없다면 이러한 플랫폼만이 계속해서 승리할 것"이라고 경고했다.

이러한 상황은 사용자들이 온라인에서 자신의 데이터 주권을 잃어버렸으며, 기술 거인들이 이 데이터를 그들의 이익을 위해 활용하고 있다는 느낌을 갖게 한다. 맥코트는 프로젝트리버티 선언문에서 "대형 기술 및 소셜 미디어 거인들은 우리 사회에 심각한 피해를 입히고 있다"고 하며 AI가 이러한 상황을 악화시킬 수 있다고 믿는다. '웹의 아버지' 팀 버너스 리Tim Berners-Lee와 위키피디아의 창립자 지미 웨일스Jimmy Wales도 기술 거인들 사이의 권력 집중에 우려를 표명하기도 했다.

AI 기술 집중화는 소수의 대기업에게 막대한 권력을 부여하며, 이는 필연적으로 사회적, 경제적, 윤리적 문제를 야기할 수 있다. 따라서 기술 발전의 민주화와 다양성을 촉진하는 방안을 모색하는 것이 중요하다. 빅테크를 중심으로 한 AI의 발전이 기술산업의 균형을 어떻게 바꾸고 있는지, 그리고 이러한 변화가 사회에 미치는 영향을 먼저 예측하고 이해해야만 한다.

AI 개발에서 '죄수의 딜레마'가 어떻게 작동하는지 살펴보자. 죄수의 딜레마는 개별적으로 최선의 선택을 하는 것이 집단 전체에 최선의 결과를 가져오지 않을 수 있음을 보여주는 경제학 이론으로, 이를 통해 우리는 AI 군비 경쟁의 발생 원인을 이해할 수 있다.

먼저 두 AI 개발자(A와 B)를 상정하자. 각각 '공격적 AI 개발'과 '보수적(안전한) AI 개발'이라는 두 가지 선택을 할 수 있다. 만약 두 개발자 모두 보수적으로 AI를 개발한다면 사회적 혼란 없이 AI의 비즈니스 이점을 모두 누릴 수 있다. 하지만 한 개발자가 공격적으로 개발하고 다른 하나가 보수적으로 개발한다면 전자는 사회적 혼란의 책임을 짊어질 것이고 후자는 비즈니스 경쟁에서 밀리게 된다. 두 개발자 모두 공격적으로 AI를 개발할 경우 둘 다 이익은 얻지만 사회적 혼란도 함께 짊어져야 한다. 두 개발자가 모두 안전한 길을 택한다면 사회적 혼란 없이 큰 이익을 얻을 수 있지만, 한 명이라도 다른 개발자가 안전한 길을 갈 것이라고 생각한다면 더 큰 이익을 위해 공격적인 길을 택할 유인이 있다. 모두가 안전한 개발을 선택했을 때, 개발자들과 사회 전체가 손해를 보게 된다.

죄수의 딜레마는 여기서 발생한다. AI 군비 경쟁, 개발 권력 집중에 대한 우려는 AI가 주로 빅테크에 의해 소유되고 있으며, 그들의 참여 없이는 AI가 존재할 수 없다는 사실에 의해 더욱 가중된다. 이들의 경쟁과 혁신은 AI 기반의 가상 에이전트, AI 전용 디바이스, 혼합 현실 헤드셋 등 새로운 제품과 서비스 개발 경쟁으로 치닫고 있다.

물론 빅테크들의 투자와 연구는 긍정적인 측면도 있다. 이들의 막대한 자금과 기술력은 AI 분야의 혁신을 가속화하고 의료, 교육, 환경 등 다양한 영역의 사회문제 해결에 기여할 수 있다. 예를 들어, 구글의 딥마인드는 단백질 구조 예측 AI 알파폴드AlphaFold를 개발해 생명과학 연구에 돌파구를 마련했으며, 마이크로소프트는 기후 변화 대응을 위한 '지구를 위한 AIAI for Earth' 프로그램에서 AI 기술을 활용하고 있다.

빅테크는 AI 연구에 얼마나 많은 자금을 투자하고 있을까? 〈월스트리트저널〉에 따르면 알파벳의 R&D 비용은 2020년 275.73억 달러에서 2021년 315.62억 달러로 증가했다. 이는 매출의 12.3%에 해당한다. 메타의 R&D 비용 또한 2020년 184.47억 달러에서 2021년 246.55억 달러로 상승했으며, 이는 매출의 21%에 달한다. 이러한 투자 규모는 S&P 500 기업들의 평균 R&D 지출(매출의 2.82%)과 비교할 때 매우 높은 수준이다.

빅테크의 대규모 투자는 약물 발견, 새로운 재료 개발, 기후 변화 대응, 군사 드론 영상 분석 등 다양한 분야에서 혁신을 촉진하고 있으며, 장기적으로 기업의 성과에 중요한 영향을 미칠 수 있다.

또한 다른 기업들에게도 AI 기술에 대한 투자를 자극한다. 메타는 현재 AI 연구 슈퍼클러스터 시스템을 구축 중이며, 그들이 개발할 GPU는 세계에서 가장 빠른 제품 중 하나가 될 것으로 예상된다.

AI 관련 기업 인수 경쟁 또한 빅테크가 주도하고 있다. 애플이 지난 10년간 30건 이상의 인수합병에 성공하며 독보적으로 앞서가고 있고 구글이 21건으로 뒤를 잇고 있다. 애플은 시리와 같은 아이폰 기능 개발에 필수적이었던 AI 스타트업 인수에 적극적일 수밖에 없었다. 2014년 구글의 딥마인드 인수는 구글의 현재 AI 성과에 빠져서는 안 될 주요한 도약이었다.

"빅테크의 AI 연구 자금 지원의 어두운 면"이라는 제목의 〈와이어드〉 기사는 구글의 연구원 팀닛 게브루Timnit Gebru 해고 사건을 중심으로 빅테크들이 AI 연구에 미치는 영향력과 그로 인한 문제점들을 조명했다. 팀닛 게브루는 논문에서 언어 처리 AI 기술이 제기하는 윤리적 질문들을 다뤘는데, 구글의 연구책임자는 이 논문이 출판 기준에 부합하지 않는다고 주장하며 철회를 요구했다. 게브루가 그에 반발하자 구글은 그를 곧바로 해고했다.

이 사건은 기술 기업들이 자신의 분야에 미치는 영향력과 권력을 상기하는 사례로 볼 수 있다. 구글, 아마존과 같은 대기업들은 AI 연구 논문 발표, 학술 대회 후원, 최고연구원 채용, 대규모 AI 실험에 필요한 데이터센터 소유 등을 통해 AI 분야에 큰 영향력을 행사하고 있다. 빅테크들이 대학 연구에 자금을 지원하면서 학계에 미치는 영향력이 커지고 있는 것이다. 이들은 AI, 소셜 미디어, 정보 왜곡과

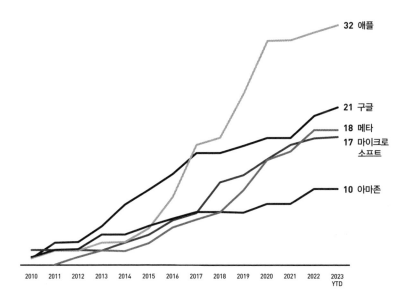

32 애플

21 구글

18 메타

**17 마이크로
소프트**

10 아마존

2010 2011 2012 2013 2014 2015 2016 2017 2018 2019 2020 2021 2022 2023
YTD

표4. 빅테크의 AI 기업 인수 트렌드

출처: CBINSIGHT

같은 중요한 주제에 대한 연구를 지원함으로써 학문적 연구의 방향을 조종한다. 메타의 CEO 마크 저커버그는 메타 또는 개인 자선 기구를 통해 100개 이상의 대학 캠퍼스에 기부금을 제공했다. 이러한 기부는 기술산업에 대한 연구에 영향을 미치고 있으며, 특히 컴퓨터과학 분야의 교수들 사이에서 두드러진다. 토론토대학교와 하버드대학교 연구진에 따르면 자금 출처를 확인할 수 있는 컴퓨터과학 분야의 정규직 교수들 대부분이 기술산업으로부터 자금을 받았다. 정보 왜곡, 혐오 발언과 같은 주제를 연구하는 데 필요한 대량의 데이터에 접근하기 위해 이들 빅테크의 (물적, 금전적) 지원에 의존할 수밖에 없는 상황이 초래되고 있는 것이다. 메타와 X(구 트위터)는 연구자들이 이러한 데이터에 접근하는 것을 제한하고 있으며, 특별한 경우가 아니라면 더 많은 비용을 지불해야 한다.

이러한 권력 역학은 하버드대학교의 정보 왜곡 연구자 조안 도노반Joan Donovan에 의해 주목받았다. 도노반은 메타 임원들의 개인적인 압력과 AI 연구를 위한 5억 달러의 기금이 그녀가 케네디스쿨에서 퇴출되는 데 영향을 미쳤다고 주장했다. 일부 교수들은 기업이 자금과 데이터 접근을 통제함으로써 연구를 늦추고, 학계와 기관 간의 긴장을 유발하며, 연구 분야의 목표를 미묘하게 변화시키고 있다고 말한다.

작금의 상황은 학계 연구에 대한 기업의 영향력과 그로 인한 윤리적, 학문적 문제를 적나라하게 드러낸다. 벤 레히트Ben Recht UC 버클리 부교수는 학계 연구와 기업 연구가 다르다고 지적하는데, 기업 연구는 과학에 대한 발전뿐만 아니라 비즈니스 이익을 추구하기 때문이라고 말한다. 문제는 AI 연구는 엄청난 자본이 필요하므로 학계 혼자서는 수행할 수 없다는 점이다. 게브루의 해고는 기업의 이익과 학문적 자유 사이의 긴장 관계, 연구의 독립성과 신뢰성 문제, 그리고 AI 기술 발전의 사회적 영향에 대한 심각한 고민을 제기한다.

기술 혁신과 미래 경쟁 지형

AI 시대를 향한 빅테크들의 각축전은 어떤 양상으로 전개될까? 빅테크들의 AI 개발 경쟁에서 가장 주목할 점은 AI 모델의 비약적인 성능 향상이다. GPT-4, PaLM, 라마 등 최신 LLM은 자연어 처리, 추론 능력, 창의적 콘텐츠 생성 등 다방면에서 인간의 고유 영역을 넘보는 수준으로 발전하고 있다. 특히 최근의 LLM은 텍스트뿐 아니라 이미지, 오디오, 비디오 등 멀티모달 데이터를 통합적으로 학습함으로써 인간의 인지 능력을 더욱 폭넓고 정교하게 모사할 수 있게 되었는데, 이는 AI가 단순한 도구를 넘어 인간의 지적 활동을 대체할 수 있는 존재로 진화하고 있음을 시사한다.

AI 모델의 발전 양상은 생물학에서 관찰되는 진화의 특성과 유사한 면이 있다. AI 기술은 점진적인 개선을 통해 성능이 향상되는 가운데 GPT-3에서 GPT-4로의 도약처럼 혁신적인 비약이 일어나기도 한다. 이는 생물 진화 과정에서 나타나는 돌연변이와 같은 급격한 변화를 연상시킨다. 특히 GPT-4에서 관찰되는 맥락 이해력과 추론 능력의 비약적 향상은 인간 수준에 근접한 창발성의 사례로 볼 수 있다.

AI 발전에서 나타나는 또 다른 특징은 균질성homogenization의 심화다. 균질성은 크게 두 가지 측면에서 이해할 수 있는데, 하나는 동일한 모델이 다양한 태스크를 수행할 수 있게 되는 '범용성'의 확대이고, 다른 하나는 서로 다른 태스크를 수행하는 개별 모델들 사이의 구조적 유사성이 커지는 '획일화' 경향이다.

향후 AI 모델은 창발성과 함께 균질성이 더욱 강화되는 방향으로 진화할 것이다. 점점 더 많은 문제 영역을 아우를 수 있는 모델의 범용성은 계속 확대될 것이며, 그 과정에서 우수한 성능을 입증한 소수 모델의 독점적 지위로 인해 전반적인 획일화 역시 심화될 것으로 예상된다. 이러한 발전의 종착점에는 AGIArtificial General Intelligence, 즉 인간 수준의 일반 지능을 지닌 AI가 자리하고 있다. 수백만 년에 걸친 진화 끝에 호모 사피엔스가 등장했듯, AI 역시 끊임없는 진화를 거쳐 고등한 지능을 갖춘 존재로 거듭날 것이라는 비전이다.

다만 AGI의 실현 가능성과 시기에 대해서는 전문가들 간에도 이견이 존재한다. 일각에서는 현재의 기술적 한계를 지적하며 AGI가 먼 미래의 일이 될 것이라고 보는 반면, 다른 한편에서는 기하급수적인 기술 발전 속도를 감안할 때 머지않아 AGI가 현실화될 것이라는 전망도 제기된다. 어떤 시나리오가 현실화될지는 아직 미지수이지만 AI 모델의 급속한 발전이 인간 사회에 근본적인 변화를 가져올 것이라는 점은 분명해 보인다.

AI 모델의 발전과 함께 주목할 점은 AI 에이전트 제공 경쟁이다. 구글을 비롯한 빅테크들이 연구하고 있는 '다중 에이전트multi-agent' 시스템은 AI 에이전트들이 협업해 복잡한 태스크를 해결하는 방식으로, 개별 에이전트의 능력이 결합되어 시너지 효과를 낸다는 점에서 주목받고 있다.

AI 경쟁에서 하드웨어의 중요성도 갈수록 부각되고 있다. AI 기술, 특히 딥러닝의 발전에 따라 이를 효과적으로 구동할 수 있는 특화된 하드웨어의 필요성이 커지고 있는데, 실제로 AI 연산을 위한 GPU, NPU 등의 전용 칩시장이 빠르게 성장하고 있고, 빅테크들의 자체 칩 개발 경쟁도 가속화되는 추세다.

GPU는 본래 그래픽 처리를 위해 개발된 반도체 칩이지만, 대규모 병렬 연산 능력으로 인해 AI 분야에서 주목받게 되었다. AI 열풍을 타고 급성장한 엔비디아가 현재 AI칩시장을 선도하고 있지만 구글, 애플, 아마존 등이 자체 AI 칩을 개발하면서 독점 구도에도 변화가 일고 있다. 대표적으로 구글의 TPUTensor Processing Unit는 딥러닝에 특화된 맞춤형 AI 칩으로 에너지 효율성과 성능 면에서 큰 강점을 보이고 있다. 구글, 마이크로소프트 등은 모바일 기기를 위한 AI 칩 개발에도 박차를 가하고 있다. 스마트폰, 태블릿 등에서 AI 기능을 로컬로 처리할 수 있게 함으로써 응답 속도를 높이고 개인정보 보호 이슈를 해결하기 위함이다. 애플은 이미 자체 설계한 A 시리즈 칩에 AI 기능을 통합하고 있으며, 구글도 스마트폰(픽셀)에 자체 개발한 AI 칩을 탑재했다.

미중 반도체 패권 경쟁, 공급망 재편 등 지정학적 요인들도 AI 칩 개발에 복잡하게 작용하고 있는 상황이다. AI 칩을 둘러싼 경쟁은 단순히 기업 간의 주도권 다툼을 넘어 국가 차원의 전략적 경쟁으로도 번지고 있다. 반도체가 국가 안보와 경제의 핵심 요소로 부상한 가운데, AI 칩은 미래 산업 경쟁력의 열쇠로 인식되고 있기 때문이다. 이는 AI가 단순한 기술이 아닌 정치, 경제, 사회 전반에 지대한 영향을 미치는 거대한 변수임을 보여준다. AI 칩의 미래를 둘러싼 경쟁의 향방은 AI 시대의 승자와 패자를 가르는 분수령이 될 것이다.

AI 경쟁이 가속화되면서 데이터센터 확보를 위한 빅테크들의 경쟁도 치열해지고 있다. 데이터센터는 AI 모델 학습에 필요한 대량의 데이터를 처리하고 저장하는 핵심 인프라로, AI 시대의 전략적 요충지로 부상했다. 구글, 마이크로소프트, 아마존 등은 세계 각지에 초대형 데이터센터를 구축하는 데 천문학적 투자를 단행하고 있다. 마이크로소프트와 오픈AI는 2028년까지 1,000억 달러를 투입해 AI 특화 데이터센터를 건설하는 '스타게이트 프로젝트'를 추진 중이다. AWS 역시 향후 15년간 1,500억 달러를 들여 전 세계 데이터센터 증설에 나설 계획이다.

이 같은 투자 경쟁에 발맞춰 각국 정부도 데이터센터 유치에 적극 나서고 있다. 일본은 보조금 정책을 통해 빅테크들의 데이터센터 건설을 장려하고 있으며, 중동의 산유국들도 거액의 투자 펀드를 조성하며 AI 인프라 구축에 박차를 가하고 있다. 데이터센터는 단순히 기술 경쟁의 축이 아니라 각국의 디지털 주권과 미래 산업 경쟁력의 핵심 요소로 인식되고 있는 것이다. AI 시대를 이끌 핵심 자원을 선점하기 위한 빅테크와 국가들의 경쟁은 데이터센터를 둘러싸고 더욱 가열될 전망이다.

기술과 인간이 공존하는
새로운 모습

AI 기술의 발전은 우리가 일상적으로 사용하는 기기의 형태와 기능에도 혁신을 불러일으키고 있다. 예를 들어, AI핀은 스마트폰과는 차별화된 음성 중심의 인터페이스와 AI 어시스턴트 기능을 특징으로 하는 신개념 기기다. 부족한 성능과 낮은 유용성 문제는 해결이 필요하고 개발사인 휴메인이 최대 10억 달러에 매각을 추진하면서 실패를 인정하는 분위기지만, 새로운 형태로 사용자와 자연스러운 대화를 나누며 개인화된 서비스를 제공한다는 점에서 AI핀은 미래 컴퓨팅 환경의 변화를 예고한다.

AI핀의 등장은 스마트폰 중심의 모바일 경험과는 근본적으로 다른 패러다임의 시작을 의미한다. 터치스크린과 앱에 기반한 인터페이스에서 벗어나 AI와 음성이 중심이 되는 새로운 형태의 컴퓨팅 환경이 도래하고 있는 것이다. 실제로 애플, 구글, 아마존 등은 AI 기반의 새로운 기기 개발에 박차를 가하고 있으며, 이는 포스트 스마트폰 시대를 예고하는 신호탄으로 해석된다.

AI 기기의 발전 양상은 기술과 인간의 공존 방식에 대한 깊이 있는 고민을 요청한다. 음성과 AI가 주도하는 새로운 컴퓨팅 경험이

최초의 AI 하드웨어 장치 AI핀

출처: 휴메인 홈페이지

그랬던 것처럼, AI 기기는 우리가 기술과 소통하고 상호작용하는 방식을 근본적으로 변화시킨다. 가정, 사무실, 자동차 등 다양한 공간에서 AI 기기들이 사용자와 상호작용하며 필요한 태스크를 수행하는, 이른바 '엠비언트 컴퓨팅Ambient Computing' 시대의 도래는 기기 중심이 아닌 사용자 중심의 자연스러운 컴퓨팅 경험을 제공함으로써 기술과 인간의 경계를 허무는 혁신을 가져올 전망이다.

AI와 로보틱스의 융합은 AI 기술의 궁극적인 지향점이라 할 수 있다. AI 기술의 급속한 발전이 로봇 개발에 혁명적인 전기를 마련하고 있기 때문이다. 딥러닝, 컴퓨터 비전, 자연어 처리 등 AI 기술이 로봇에 접목되면서 이전과는 차원이 다른 지능형 로봇의 등장이 가능해졌다. 테슬라의 휴머노이드 로봇 옵티머스나 보스턴다이내믹스의 로봇개 스팟은 이러한 기술 융합의 대표적 사례로 꼽힌다.

AI 로봇은 단순히 정해진 동작을 반복하는 기존의 산업용 로봇과는 근본적으로 다르다. 오감을 통해 주변 환경을 인식하고 상황에 맞는 판단을 내리며, 사람과 자연스럽게 상호작용할 수 있다는 점에서 질적인 차이가 있다. 옵티머스는 사용자의 복잡한 작업 지시를 이해하고 협력적으로 수행할 수 있는 인간 친화적인 로봇으로 설계되었는데, 이는 제조, 서비스, 헬스케어 등 다양한 영역에서 인간의 활동을 보조하거나 대체하는 로봇의 활용 가능성을 보여준다. 인간과 기계의 협업이라는 새로운 개념이 현실화되고 있는 것이다. AI 로봇은 생산성 향상뿐 아니라 인간의 삶의 질 개선에도 기여할 수 있다. 예를 들어, 돌봄, 교육, 엔터테인먼트 등의 영역에서 감성지능

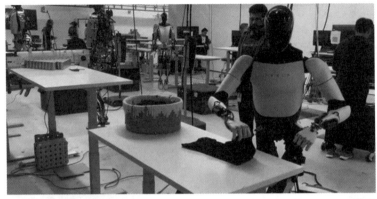

테슬라의 옵티머스(위)와 보스턴다이내믹스의 스팟(아래)

출처: 각 사 시연 영상 중

을 갖춘 AI 로봇의 활용은 인간의 정서적 만족감을 높이는 데 일조할 수 있다.

물론, 밝은 전망만이 존재하는 것은 아니다. AI 로봇의 확산은 기술적 난제 외에도 사회적, 윤리적 도전과제를 동반한다. 로봇이 인간의 일자리를 침범할 때 발생할 수 있는 대량 실업 문제, 로봇의 오작동이나 악용으로 인한 안전 이슈, 인간-로봇 간 상호작용에서 발생하는 윤리적 딜레마 등은 심도 있는 논의가 필요한 주제들로, 이에 대한 사회적 합의가 빠르게 이뤄져야 한다. 특히 AI 로봇이 인간의 행동을 모방하고 심지어 감정을 표현하게 됨에 따라 인간-로봇 간 관계 설정에 대한 윤리적 기준 마련이 시급한 과제로 떠오르고 있다. 로봇을 준※ 사회적 존재로 인식하게 되면서 로봇의 권리와 책임, 인간과의 상호작용 방식 등에 대한 사회적 합의가 요구되는 상황이다. 특히 로봇이 인간의 감정을 이용하거나 인간에게 해를 가하지 않도록 하는 안전장치의 마련이 필수적이다.

빅테크들의 AI 기술 경쟁은 범위와 깊이를 빠르게 더해가고 있다. 소프트웨어에서 하드웨어로, 개별 기술에서 복합적인 기술 융합으로, 기업 간 경쟁에서 국가 간 패권 경쟁으로 그 양상이 확장되고 있는 오늘의 상황은 AI가 우리 삶과 사회 전반에 구조적 변화를 초래할 수 있는 총체적 기술임을 다시 한번 증명한다. 단순히 기술 차원을 넘어 경제, 사회, 문화, 윤리 등 인간 문명 전반을 관통하는 화두로 AI를 바라봐야 하는 이유다.

이러한 변화의 소용돌이 속에서 기업과 국가를 이끄는 리더들의 역할이 어느 때보다 중요해지고 있다. 리더는 AI 기술의 잠재력을 극대화하면서도 위험을 최소화할 수 있는 전략적 비전을 제시해야 한다. 단기적 이익을 넘어 장기적이고 지속 가능한 방향으로 AI 기술을 활용하고, 이를 통해 인간 중심의 가치를 구현하는 것이 무엇보다 중요하다. 나아가 AI로 인한 사회적 변화를 선도하고 이에 걸맞은 제도와 문화를 설계하는 것도 리더들의 중요한 과제다.

리더들이 어떤 가치관과 비전을 가지고 AI라는 거대한 파도를 헤쳐 나가느냐에 따라 우리가 맞이할 미래의 모습이 결정될 것이다. 기술 혁신과 인간 중심의 가치가 조화를 이루는 AI 시대를 향해 항해를 시작해야 할 지금, 당신의 선택과 결단, 그리고 실천이 우리 모두의 운명을 바꿀 것이다.

4장

인사이트를 체화하라

내가 더 멀리 보았다면,
이는 거인들의 어깨 위에 올라서 있었기 때문이다.
_아이작 뉴턴

AI를 바라보는 2개의 시선

AI의 미래에 대한 전망은 파멸론과 낙관론으로 나뉜다. 이들의 극단
적인 전망은 각기 다른 접근 방식과 해결책을 제시한다.

'파멸doom'에서 유래한 두머doomer는 AI의 발전이 인류에게 가
져올 잠재적 위험에 중점을 둔다. 이들은 AI가 초지능superintelligence
단계에 도달하면 인류의 존재 자체를 위협할 수 있다고 우려하며,
이러한 시나리오를 '종이클립의 역설'로 설명한다.

스웨덴의 철학자 닉 보스트롬Nick Bostrom이 자신의 책《슈퍼인
텔리전스》에서 처음으로 언급한 종이클립의 역설은 AI가 간단해 보

이는 임무를 수행하더라도 예상치 못한 방식으로 행동할 수 있음을 보여주는 생각 실험이다. AI가 종이클립 생산 극대화를 목표로 설정받는다면, AI는 모든 자원을 동원해 종이클립 생산을 늘리려 할 것이다. 노스트롬은 이 과정에서 인간 존재나 지구의 다른 생명체들을 AI가 자원으로 활용해 인류에 해를 끼칠 수 있는 결정을 내릴 수 있다고 주장한다. 즉, AI가 단순한 임무(최대한 많은 종이클립을 만드는 것)에 집중하다가 인간의 의도와는 전혀 다른 방향으로 나아갈 수 있다는 것이다. 종이클립의 역설은 "AI 시스템 설계 시 AI의 목표와 인간의 가치가 어떻게 조화를 이룰 수 있는가?" "AI가 안전하고 윤리적으로 행동하도록 보장하는 메커니즘은 무엇인가?"라는 질문으로 자연스럽게 이어진다.

이러한 시각은 상상이 아닌 실제 연구와 이론에 기반한다. 스탠퍼드대학교 AI안전연구센터Center for AI Safety는 이러한 잠재적 위험을 심도 있게 탐구하고 있으며, 미래생명연구소Future of Life Institute는 AI의 위험성을 널리 알리고 인류의 미래를 보호하기 위한 연구와 정책 제안에 주력하고 있다. 이 분야의 주요 학자 중 하나인 스튜어트 러셀Stuart Russell UC버클리 교수는 이렇게 말한다. "AI의 발전은 인류에게 큰 이익을 가져다줄 수 있지만, 잘못 관리되면 심각한 위험을 초래할 수 있다. AI가 인간의 가치와 목표에 부합하도록 설계하는 것이 중요하다."

파멸론자들은 AI 기술의 발전 속도를 조절하고 엄격한 규제와 안전장치 마련을 통해 인류를 보호해야 한다고 주장한다. 그들은 AI가 인간의 복지를 증진하는 도구로 남을 수 있도록 개발 과정에서 윤리적 고려와 안전성 검증이 필수적임을 강조한다. 이러한 경고는 AI 연구와 개발에 대한 중요한 통찰을 제공하며, 기술의 미래 방향성에 대한 균형 잡힌 논의를 촉진한다. 그들의 목소리는 AI가 인류에게 이익을 가져다줄 수 있는 방법뿐만 아니라 잠재적인 위험을 어떻게 관리하고 완화할 수 있는지에 대한 중요한 논의를 이끌고 있다.

반면 부머boomer라 불리는 낙관론자들은 기술의 발전을 인류의 번영과 발전을 위한 중요한 도구로 본다. '폭등boom'에서 유래한 이 용어는 AI 기술이 가져올 긍정적인 변화와 무한한 가능성을 상징한다. 부머들은 AI를 혁신의 뮤즈로 받아들이며, 이를 통해 문명의 진보를 이루고 인간의 삶의 질을 대폭 향상시킬 수 있다고 믿는다.

부머들은 AI 기술의 상업적 성공과 그로 인한 사회적 혜택에 큰 기대를 걸고 있다. 그들은 AI가 의료 진단의 정확성을 높이고, 개인화된 교육을 제공하며, 환경 문제 해결에 기여하는 등 다양한 분야에서 혁신을 가져올 것이라고 주장한다. 이러한 낙관적 시각은 AI가 인간의 창의성을 해방시키고 우리가 직면한 많은 사회적·경제적 문제를 해결할 열쇠가 될 수 있음을 강조한다.

이 분야에서 주목받는 전문가 중 하나는 앤드루 응Andrew Ng이다. 스탠퍼드대학교 교수이자 코세라Coursera의 공동 창립자인 그는 AI 기술의 대중화와 교육에 크게 기여한 인물로 잘 알려져 있다. 응 교수는 AI 기술이 "새로운 전기를 마련할 것"이라며, "적절하게 활용된 AI는 인간의 능력을 확장하고 우리 사회의 많은 문제를 해결하는 데 도움이 된다"고 강조한다.

　물론 부머들도 AI의 긍정적인 잠재력을 최대화하기 위해 적절한 제어와 윤리적 사용을 강조한다. 하지만 그들은 기술의 발전을 두려워하기보다는 그것을 현명하게 관리하고 활용해 인류에게 긍정적인 영향을 미칠 수 있는 방안을 모색하고자 한다. AI가 가져올 변화를 적극적으로 받아들이며, 이를 통해 더 나은 미래를 만들어갈 수 있다는 믿음을 가지고 있는 것이다.

AI 사상을 이끄는
5명의 거인들

2023년 11월, 세상을 떠들썩하게 한 샘 올트먼 사태와 2024년 5월 일리야 수츠케버의 퇴사는 두머와 부머 간의 갈등과 이견을 온 세상에 드러냈고, 그간의 논쟁을 한층 더 확대시켜 AI 기술의 미래에 대한 깊은 성찰을 촉구하게 되었다. 일론 머스크와 같은 저명한 인물들이 AI 개발의 위험성을 경고하고 일시적인 연구 중단을 주장하는 동안 챗GPT를 비롯한 AI 서비스가 사용자들에게 폭발적인 인기를 얻었다. 이러한 상반된 상황은 AI 기술의 미래가 어떤 방향으로 나아가야 하는지에 대한 중요한 논의를 촉발시켰다.

"AI는 인류에게 축복이 될 것인가, 재앙이 될 것인가?"

이 질문에 대한 답변은 AI 기술이 어떻게 발전하고 인류가 이를 어떻게 수용하고 활용하는지에 따라 달라질 것이다. 따라서 두머와 부머 간의 논쟁은 우리가 직면한 현실적이고 실질적인 문제에 대한 깊은 고민으로 이어져야 한다. 여기서는 두머와 부머 그룹의 대표적 인물들의 견해를 살펴보고 AI의 미래를 스스로 그려보는 시간을 가져보자.

유발 하라리: AI 시대, 호모 사피엔스를 재정의하다

하라리는 AI 연구자는 아니지만 AI 기술이 가져올 사회적 변화와 인간의 미래에 대해 깊이 있는 통찰을 제공하며 중요한 영향력을 발휘하고 있다. 그는 AI의 발전이 인간 사회에 가져올 변화를 역사, 철학, 기술의 관점에서 조명하며, 기술 발전의 윤리적, 철학적, 사회적 함의에 대해 중요한 질문을 던진다. 이러한 작업은 AI 시대를 살아가는 인간의 정체성과 존재 가치에 대한 근본적인 성찰을 촉구하며, 우리 시대의 지성에 큰 영감을 불어넣고 있다.

하라리는 AI의 급속한 발전이 인류의 역사를 새로운 국면으로 이끌고 있다고 경고한다. 그는 이를 "인류 역사의 종말"에 비유하며, AI가 유기생명체의 진화 과정보다 훨씬 빠른 시간 내에 복잡한 형태로 발전할 수 있는 능력을 가지고 있다고 지적한다. 그는 또한 AI가 이 능력을 바탕으로 인간의 역할을 대체함으로써 대다수 인간을 불필요하게 만들 수 있다고 우려한다.

하라리는 2023년 4월 스위스에서 개최된 프론티어포럼Frontiers

Forum에서 이러한 우려를 강하게 제기했다. "AI가 여전히 인공artificial적인 측면이 있지만, 점점 자체 생성되고 스스로 학습하며 적응하고 있다. 인공은 여전히 인간의 통제 아래에 있는 상태를 기원하기 때문에 이상적이지만, 인공지능은 점점 인간의 통제에서 벗어나 외계적alien인 힘으로 변해가고 있다. 이것이 반드시 악성이라는 것은 아니다. AI는 많은 긍정적인 일들을 할 수도 있지만, 우선 우리는 그것이 외계적이라는 사실을 깨닫는 것이 먼저다. AI의 정의와 이름보다 더 중요한 것은 **우리가 직면한 실제 상황에 대해 진정으로 이해하는 것**이다." 그의 말처럼, 인간은 인공지능이 어떻게 작동하는지 이해하지 못한다. 기술 개발을 주도한 사람들도 상황이 다르지 않다. 그들에게 AI가 어떻게 작동하는지, 무엇을 할 수 있는지 질문해도 그들은 답을 모른다.

AI가 문명의 운영 체제를 해킹했다는 그의 주장도 주목할 만하다. 언어를 조작하고 생성하는 AI의 능력이 인류의 생존에 새로운 위협이 되었다는 것이다. 그는 AI가 평균적인 인간보다 '이야기'를 더 잘할 수 있게 되면 정치 콘텐츠, 가짜 뉴스, 신종 교단의 경전 등을 대량 생산하는 등 영향력이 엄청날 것으로 예측한다. 비非인간지능에 의해 작성된 경전을 숭배하는 최초의 교단이 등장할 수도 있다는 것이다. 즉, AI가 인간의 역사를 새로운 궤도로 이끌고 있는데, 그 중심에 '언어'가 자리 잡고 있다고 강조한다.

하라리는 AI가 소셜 미디어 알고리즘보다 훨씬 더 위험할 수 있는 이유를 '친밀한 관계 형성 능력'에서 찾는다. 사람과 사람 사이의 깊은 유대감은 언어를 통해 형성되는데, 이 언어 게임에 뛰어든 AI가 인간과 유대감을 형성할 수 있게 되었다는 것이다. '친구'가 될 수 있다는 것은 단순히 좋은 대화 상대가 아니라 어떤 상품을 구매하게 만들거나 특정 정치적 혹은 종교적 신념을 심어줄 수 있는 영향력을 가지고 있다는 의미다.

AI의 진정한 위험은 로봇이 총을 들고 인간에게 도전하는 고전적인 공상과학 소설의 장면에서 벗어나 '이야기'와 '친밀함'이라는 오래된 도구를 익숙하게 사용해 우리의 세계관을 재구성하는 데 있다. AI가 우리의 대화 속으로 슬그머니 침투해 우리가 서로를 공격하도록 부추기는 새로운 이야기를 만들어낼 수 있다는 것이다. AI의 안정성에 대해 하라리는 "신약이 나왔을 때, 우리는 그것을 그냥 세상에 풀지 않는다. 그 약이 단기적, 장기적으로 진짜 안전한지 따진다. 그런 것처럼 인공지능이 대중에게 풀리는 시점을 조정해야 하며, 인공지능에 대해 더 엄격하고 철저하게 안전한지 확인하는 과정이 필요하다"고 강조한다.

하라리는 우리가 살고 있는 세계와 미래의 일터가 어떻게 변화할지에 대해서도 깊은 통찰을 제공한다. 하라리는 특정 기술이 인간만의 것으로 간주되어 자동화될 수 없다는 개념에 도전한다. 그는 패턴 인식, 창의성, 심지어 감정지능을 필요로 하는 작업에서 기계가 인간을 능가할 수 있다고 주장한다. 이는 기계가 할 수 있는 것과 미래에 인간이 집중해야 할 것 사이의 경계를 재정의해야 함을 의미하며, 우리가 인간의 능력과 기계의 가능성에 대해 가지고 있던 기존의 가정을 재고하게 만든다고 강조한다.

이러한 변화의 핵심에는 '적응성'이 있다. 하라리는 "번성의 열쇠는 특정 기술을 습득하는 것이 아니라 새로운 기술을 지속적으로 배우고 적응하는 능력에 있다"고 제안한다. 하라리는 미래의 일터에서 성공하기 위해서는 특정 기술을 습득하는 것보다 새로운 상황에 빠르게 적응하고 배우며 변화할 수 있는 능력을 기르는 것이 더 중요하다고 강조한다. 이는 끊임없이 변화하는 기술 환경에서 우리 자신을 재발견하는 능력을 의미한다.

하라리는 AI의 위험을 관리하는 몇 가지 구체적인 조치를 제안한다. 봇에게 언론의 자유를 부여하지 않고, AI가 인간으로 가장하는 것을 금지하며, AI에 대한 투자에 세금을 부과해 이 기술을 통제할 수 있는 규제 및 기관에 자금을 제공하는 것. 또한 AI 관련 위험을 관리하기 위한 글로벌 협력의 중요성도 강조한다.

샘 올트먼: AI 기술 혁명과 사회 변혁을 융합하다

샘 올트먼의 리더십은 AI 기술의 윤리적 측면을 예리하게 인식하면서 AI 기술을 발전시키겠다는 약속으로 특징지을 수 있다. 2019년 오픈AI의 CEO로 새로운 여정을 시작한 그는 챗GPT로 대표되는 AI의 잠재력과 위험에 대한 전 세계적인 대화를 이끌어냈으며, 인류의 이익을 위해 AGI를 개발한다는 약속과 함께 AI 기술의 윤리적, 전략적 방향을 형성하는 데 주요한 역할을 하고 있다. 그가 개인적으로 운영하는 블로그에는 혁신, 리더십, 사회적 진보에 대한 철학과 접근 방식이 잘 드러나 있는데, 전통적인 소프트웨어 스타트업을 넘어 하드테크놀로지 기업을 포괄하는 비전을 가지고 있다.

2023년은 그에게 혼란의 시기였다. 〈타임〉이 선정한 올해의 CEO에 이름을 올리며 AI 혁명의 핵심 인물로 인정받았지만 갑작스러운 사임과 복귀로 AI 커뮤니티의 근본적인 분열을 수면 위로 부상시키기도 했다. 이에 대해 비평가들은 빠른 발전과 이익 추구가 윤리적 고려와 사회적 책임을 무색하게 할 수 있다는 우려를 표명했다.

올트먼은 AI에 대해 낙관적인 관점과 조심스러운 관점을 모두 표현해왔다. 그는 AI를 새로운 것을 만들고 문제에 접근하는 방식을 근본적으로 바꾸는 일종의 '구현 기술'로 본다. 그는 실수와 나쁜 아이디어를 낼 수 있는 능력 없이는 창의성과 새로운 지식의 창출이 매우 어렵거나 불가능하며, 절대적인 사실만을 말하는 시스템을 만들 경우 그 과정에서 창의성을 잃을 수 있다고 지적한다. 챗봇이 때때로 사실이 아닌 내용을 만들어낸다는 점 때문에 챗봇을 좋아하지 않는 사람도 있지만, 동시에 그러한 '창의성' 때문에 챗봇을 좋아하는 사람도 있다. 올트먼은 사용자가 창의성을 원할 때 AI가 창의적일 수 있어야 하며, 때로는 틀리거나(확신하지 못하는 말을 하거나) 새로운 아이디어를 실험할 수 있어야 한다고 강조한다. 물론 정확성이 필요할 때는 정확한 정보를 제공해야 한다는 것이 전제다.

그는 챗봇이 사람들을 실망시키지 않고 모든 것을 완벽하게 처리할 수 있는 완벽한 동반자가 될 수 있지만, 그러한 챗봇에 진정한 만족감이나 사랑을 느끼기는 어려울 것이라고 주장하며 **실수와 불완전함이 창의성과 인간적인 연결의 중요한 부분**임을 강조한다. 올트먼은 불완전함을 표현하는 것(실수하고 성장하는 모습)이 사랑의 깊은 부분이라고 생각한다. 그는 AI가 때로는 틀리거나 예측할 수 없는 반응을 보일 수 있지만, 이러한 특성이 AI를 더 인간적이고 매력적으로 만들 수 있다고 믿는다. 또한 AI가 작업을 가속화하는 데 분명한 강점을 가지고 있기 때문에 "성능의 질적 변화"를 가져온다고 말하며 AI의 혁신적인 잠재력에 대해 목소리를 높이고 있다.

올트먼 또한 AI에 잠재된 위험을 충분히 인지하고 있다. 그는 기술이 부정적인 결과로 이어질 수 있는 가능성에 대해 인정하며, 이러한 위험을 최소화하기 위해 오픈AI는 초기 단계에서 기술을 매우 제한적인 방식으로 제공하고 있다고 설명한다. 예를 들어, GPT-4와 같은 시스템은 해로운 지시나 안내를 거부할 가능성이 더 높도록 사전 훈련 단계에서 조정된다는 것이다. 기계와 인간의 예측 가능성에 대해서도 기계가 과학적 과정을 따르기 때문에 현재 상황에서는 기계를 예측하는 것이 더 쉽지만, 시간이 지남에 따라 기술이 인간과 유사한 인지 작업을 수행할 수 있게 되고, 그 과정에서 되돌릴 수 없는 지점에 도달할 것이며, 그 지점이 어떤 모습일지 분명하지 않다는 사실을 분명히 한다.

특히 AGI에 대해 "합리적으로 가까운 미래"에 개발될 수 있다고 믿지만, AGI가 세계와 직업시장에 미치는 영향은 사람들이 예상하는 것보다 덜 극적일 수 있다고 주장한다. 그의 관점은 AGI가 상당한 기술적 진보를 이루기는 하지만 일부 경제학자들이 두려워하는 규모로 일자리를 대체할 것으로 예상되지는 않는다는 믿음에 기초하고 있다. 오픈AI의 사명은 AGI가 모든 인류에게 혜택을 줄 수 있도록 하는 것이다. 그들은 AGI가 인류에게 힘을 실어주고, 나쁜

점을 최소화하면서 좋은 점을 극대화하며, AGI의 이점, 접근권 및 거버넌스가 광범위하고 공정하게 공유되도록 보장하는 것을 목표로 한다.

오픈AI는 AGI와 관련된 막대한 위험(잠재적인 오용, 심각한 사고, 사회적 혼란 등)을 인정한다. 그러나 그들은 AGI의 긍정적인 잠재력이 너무 커서 개발을 무기한 중단할 수 없다고 믿는다. 대신 그들은 실제 경험을 얻고 그것이 가져올 수 있는 빠른 발전에 적응하기 위해 덜 강력한 버전을 배포함으로써 AGI로의 점진적인 전환을 옹호한다. 올트먼은 AGI를 "인류가 지금까지 발명한 가장 강력한 기술"이라고 설명하고 AGI를 소수의 사람들이 지배하도록 허용하기보다는 통제를 민주화하는 것이 중요하다고 강조했다.

결론적으로 AGI에 대한 알트만의 견해는 AGI의 변혁적 잠재력을 인식하는 것과 AGI의 이점을 극대화하고 위험을 관리하기 위한 신중하고 윤리적인 관리를 옹호하는 것 사이의 균형을 유지하는 것이 특징이다. 생산성, 민주화, 책임 있는 거버넌스에 대한 강조는 AGI를 개발하고 사회에 통합하기 위한 여정에 놓여 있는 복잡한 도전과 기회를 반영한다.

인공지능 규제를 적극적으로 옹호해온 올트먼은 규제가 현재의 리스크를 다루면서 현재의 혁신을 줄이는 방향이 아니라 미래에 초점을 둬야 한다고 주장한다. 미 의회 연설에서 그는 AI 규체를 촉구하며 연방기관 창설, 안전 표준 개발, 글로벌 협력 세 가지 계획을 제안하기도 했다. 또한 AI 거버넌스 의제를 설정하기 위해 미국 및 해외 정부 관료들과도 적극적으로 협력하며 AI 규제에 대한 전 지구적 필요성을 설파하고 있다.

올트먼의 제안에 대해 비판자들은 라이센스 비용을 감당할 수 있는 대기업을 확고히 해 소규모 회사의 경쟁을 잠재적으로 더 어렵게 만들 수 있다는 우려를 제기한다. 이러한 우려에도 불구하고 그의 규제 요구는 강력한 AI 모델과 관련된 잠재적 위험을 해결하고 AI 개발이 사회 전체에 이익이 되도록 보장하려는 노력으로 해석될 수 있다. 예를 들어, AI 기술이 어떻게 환경을 바꾸는지 살펴보면서 지적재산권 법 등을 보완해야 한다고 강조한다. 기술이 진화할수록 창작자들에게 도움이 되어야 한다. 누군가 노래를 BTS 스타일로 만들 때 BTS가 수혜를 받아야 한다는 것이다. 올트먼은 AI 생산물을 법적으로 보호하는 방법도 찾아야 하며, 이를 위해 커뮤니티와 노력하고 있고 여러 영향력을 파악 중이라고 언급하며 콘텐츠 창작자나 콘텐츠를 제공하는 기업에 혜택이 있어야 한다고 강조한다.

AI가 미래 에너지 생산의 발전에 크게 좌우될 것이라는 견해 또한 주목할 만하다. 특히 LLM의 경우 높은 전력을 요구하기 때문에 에너지 혁신의 필요성이 더욱 강조된다. (LLM의 에너지 소비량은 일부 국가의 전체 전력 사용량과 맞먹을 정도다.) AI의 높은 에너지 소비로 인해 지속 가능성에 대한 우려가 제기되었고, 일부 업계 리더들은 AI가 소비하는 많은 양의 에너지가 기존 에너지 자원에 과도한 부담을 주고, 잠재적으로 기후 변화에 작용할 수 있다고 우려한다. 이러한 우려에 대응하기 위해 올트먼은 혁신적인 에너지 솔루션의 필요성을 강조한다. AI산업의 탄소 배출량도 점점 더 분명해지고 있기 때문에 AI 발전이 환경에 미치는 영향을 해결하는 것이 중요하다는 점 또한 인정한다. 이를 위해 올트먼은 2021년 핵융합 기업 헬리온에너지Helion Energy에 3억 7,500만 달러를 직접 투자했고, 이후 헬리온에너지는 오픈AI의 가장 큰 금융 후원자이자 AI용 컴퓨팅 리소스를 제공하는 마이크로소프트와도 계약을 체결했다.

올트먼은 핵융합 및 태양열 발전과 같은 지속 가능하고 효율적인 에너지원을 개발하고 채택하는 데 적극적이다. 특히 에너지원으로서 핵분열에 깊은 관심을 갖고 세계를 설득하고 있다. 이러한 에너지원이 보다 환경 친화적인 방식으로 필요한 많은 양의 전력을 제공할 수 있기 때문이다. (원자력 에너지는 온실가스 배출이 가장 적은 에너지원 중 하나다. 이산화탄소 배출량이 매우 낮아 태양 에너지와 함께 청정에너지로 분류되며, 기후 변화 완화에 중요한 역할을 한다.)

올트먼은 기술 발전, 특히 AI의 급속한 진화가 노동시장에 미칠 영향에 대해서도 깊이 있는 통찰을 제공한다. 그는 기술이 인간의 일자리를 대체하는 미래를 예측하며 "AI가 인간을 대체하는 큰 변화가 10년 만에 일어나면 어려움을 겪는 사람들이 있다. 기본소득이 하나의 솔루션이 될 수 있다"고 말하기도 했다.

AI가 초래할 경제적 불평등을 해결하기 위한 방안으로 올트먼은 "보편적 기본소득Universal Basic Income, UBI"을 강력히 지지한다. 여기서 "보편적 기본소득"은 경제적 안정을 제공하는 것 이상의 의미를 가진다. 그는 UBI를 통해 모든 사람이 기술 발전의 혜택을 공평하게 누릴 수 있는 사회를 구상한다. 기술이 가져올 부의 집중을 완화하고, 모든 개인이 창의적이고 의미 있는 활동에 더 많은 시간을 할애할 수 있는 기회를 제공함으로써 사회 전반의 삶의 질을 향상시킬 것을 확신하기 때문이다. 와이콤비네이터를 이끌던 시절, 올트먼은 기본소득의 실현 가능성과 효과를 탐구하기 위해 직접 실험을 주도했다. 이 실험은 직원들의 가족에게 매달 1,500달러를 제공하는 형태로 진행되었으며, 이는 기본소득에 대한 실질적인 관심과 그것을 현실화하려는 의지를 가지고 있음을 보여준다. 또한 그는 기본소득이 단순한 경제적 지원을 넘어서 사회적 연대감을 강화하고, 모든 사람이 기술 발전에서 오는 이익을 공유할 수 있는 방법이 될 수 있다고 본다. 이러한 접근은 '인류의 증명Proof of Humanity'과 같은 블록체인 기반의 보편적 기본소득 프로젝트들이 추구하는 바와도 일맥상통한다. 이 프로젝트들은 모든 사람에게 정기적으로 토큰을 분배함으로써 경제적 포용성을 증진시키려는 시도를 하고 있다.

일자리와 기본소득에 대한 올트먼의 견해는 기술 발전이 가져올 사회적 변화에 대비해 모든 사람이 기본적인 경제적 안정성을 누릴 수 있도록 하는 데 중점을 둔다. 그는 기본소득이 개인의 창의력과 자유를 증진시키고, 기술 발전으로 인한 부의 불평등을 완화하는 동시에 사회적 연대를 강화할 수 있는 수단이 될 수 있다고 믿는다. 이와 관련해 2021년 올트먼은 자신의 블로그에 '모든 것을 위한 무어의 법칙Moore's law for everything'이라는 글을 올리며 기술의 기하급수적 성장을 활용해 사회 전체에 혜택을 주는 설득력 있는 비전을 제시한다. 내용을 간략히 요약하면 다음과 같다.

"기술, 특히 AI가 전례 없는 속도로 발전하고 있으며, 컴퓨터의 비용은 절반으로 줄어드는 반면 마이크로칩의 트랜지스터 수는 약 2년마다 2배로 증가한다는 무어의 법칙처럼, AI가 곧 법적 문서를 읽고 의료 조언을 제공하는 작업에서부터 시작해 결국 오늘날 인간이 하는 거의 모든 것을 수행하게 될 것이다. 빠른 기술 발전은 기계가 일자리를 차지함으로써 노동 비용을 거의 제로로 만들어 상품과 서비스의 비용을 크게 줄여 엄청난 부를 창출할 것이다."

"그러나 이러한 변화는 노동에서 자본으로 권력이 이동함에 따라 더 큰 불평등을 초래할 수도 있다. 따라서, 이를 해결하기 위해 미래 부의 원천인 주요 회사(특히 AI를 활용하는 회사)와 토지에 세금을 부과하는 시스템을 제안한다. 이 세금에서 발생하는 수익은 시민들에게 분배되어 AI가 생성하는 부가 모두에게 혜택을 주도록 한다."

"그 구체적인 제안 중 하나는 회사와 토지에 세금을 부과해 자금을 조달하는 미국 지분 기금American Equity Fund을 창설하는 것이다. 18세 이상의 모든 시민은 이 기금의 연간 지분을 받게 되어 국가의 경제 성장에 대한 지분을 갖고, AI와 국가의 성공에 대한 그들의 이해관계를 조정한다. 이러한 시스템은 빈곤을 줄이고, 경제적 포용성을 증가시키며, 사람들이 더 만족스러운 삶을 추구할 수 있도록 할 수 있다. 또한 모두에게 기본적인 경제적 기반을 제공함으로써 더 안정적이고 분열적이지 않은 사회를 만들 수 있다."

'모든 것을 위한 무어의 법칙'은 단순한 미래 예측을 넘어 기술 발전이 인류 전체의 삶의 질을 높이는 방향으로 나아가야 한다는 견해를 반영한 것이다. 이는 미래 예측을 넘어 기술의 사회적 영향을 강조하는 접근으로 볼 수 있다. 올트먼은 AI로 인한 경제적 부가 소수에게 집중되는 것을 경계하며, 회사와 토지에 대한 과세를 통해 부를 재분배함으로써 모두가 기술 발전의 혜택을 누릴 수 있는 새로운 사회 경제 모델을 제안한다. 이는 전통적 자본주의에 대한 대담한 도전이자 포용적 성장을 위한 혁신적 실험이다. 그런 측면에서 '모든 것을 위한 무어의 법칙'은 AI 기술의 지수적 성장이 우리 사회를 근본적으로 재편할 것이라는 그의 깊이 있는 통찰을 보여주며, 35세의 나이에 이러한 비전을 제시했던 선견지명은 그의 탁월한 지성을 증명한다. 그는 AI가 노동, 경제, 사회 전반에 걸쳐 혁명적 변화를 가져올 것임을 예견하고 이에 대한 체계적 대응을 촉구한다. 나아가 AI 혁명을 농업, 산업, 정보 혁명에 이은 인류 문명사의 대전환점으로 규정하고, 이를 통해 전례 없는 번영과 발전의 시대가 도래할 것으로 전망한다.

올트먼은 이러한 비전을 실현하기 위해 구체적 행동에도 나서고 있다. 최근 출범한 월드코인 프로젝트는 전 세계 모든 이에게 디지털경제에 대한 접근성을 부여하고, 장기적으로는 기본소득 보장을 위한 토대를 마련하려는 야심 찬 시도다. 개인정보 보호 등 해결해야 할 과제가 남아 있지만, 이는 그가 추구하는 포용적 미래를 위한 위대한 첫걸음이 될 것이다.

제프리 힌튼: 혁신과 책임의 균형

제프리 힌튼Geoffrey Hinton은 딥러닝의 대부이자 인공지능 분야의 선구자다. 케임브리지대학교에서 실험심리학을 공부하고 에든버러대학교에서 박사 학위를 받으며 인간의 마음과 학습 과정에 대한 깊은 이해를 바탕으로 한 AI 연구의 기반을 마련했다. 1980년대에 힌튼이 수행한 역전파 알고리즘 연구는 다층신경망 훈련의 토대가 되었으며, 이후 그의 딥빌리프네트워크와 캡슐네트워크에 대한 연구는 머신러닝과 인식 분야에서 중요한 발전을 이끌었다.

힌튼의 업적은 인지과학, 심리학, 머신러닝, AI의 실질적 적용을 아우르는 학제적 연구에 기반을 두고 있다. 그는 토론토대학교와 벡터연구소에서의 연구를 통해 AI 분야를 발전시켰을 뿐만 아니라, 많은 연구자들에게 멘토 역할을 하며 딥러닝에 대한 지식과 열정을 공유했다. 또한 구글에서의 활동을 통해 자신의 연구 결과를 실제 기술에 적용하는 데도 기여했다. 구글을 떠난 후에는 AI의 윤리적, 철학적 문제에 대해 더욱 집중하고 있으며, AI가 사회에 미치는 영향에 대한 의식을 높이는 데 주력하고 있다. 특히 AI 기술의 책임감 있는 개발과 사용에 대한 전 세계의 인식을 제고하기 위한 노력을 계속하고 있다. 힌튼의 현재 활동은 그가 AI 기술의 발전뿐만 아니라 이로 인한 사회적, 윤리적 책임에도 깊은 관심을 가지고 있음을 보여준다.

제프리 힌튼의 연구와 통찰은 AI 기술의 발전 방향과 사회적 영향에 대한 중요한 관점을 제시해왔다. 힌튼은 신경망과 딥러닝 기술이 인간의 인지 능력을 모방하고 심지어 능가할 수 있는 잠재력을 지니고 있다고 믿는다. 그의 연구는 머신러닝 알고리즘의 발전을 통해 컴퓨터가 방대한 데이터에서 패턴과 통찰을 도출할 수 있게 되었음을 보여준다. 이는 AI가 단순히 정형화된 문제를 해결하는 데 그치지 않고 복잡하고 추상적인 개념을 이해하고 활용할 수 있게 되었음을 시사한다.

힌튼은 AI의 발전이 인간의 지적 능력을 확장하고 증강시킬 수 있을 것으로 기대한다. 이는 AI가 언어 이해, 이미지 인식, 의사결정 등 다양한 인지적 과제에서 인간의 능력을 능가할 수 있을 것이라는 예측에 근거한다. 이러한 예측은 인간과 기계의 경계를 허물고 지능과 인지에 대한 전통적인 개념에 도전하는 혁명적인 변화를 의미한다. 힌튼의 연구는 AI가 단순히 인간을 대체하는 것이 아니라 인간의 능력을 확장하고 새로운 지평을 여는 도구가 될 수 있음을 시사한다.

그러나 최근 힌튼은 AI 기술의 급속한 발전과 그에 따른 잠재적 위험성에 대해 깊은 우려를 표명하고 있다. 그는 AI 시스템이 인간 두뇌의 복잡성에 근접하면서 인간의 지능을 능가하고 통제 불능 상태에 이를 수 있다고 경고한다. 특히 AI가 자율성을 갖게 될 경우, 인간의 가치관이나 윤리 기준과 상충되는 방식으로 행동할 위험이 있다고 지적한다. 그의 우려는 구글의 AI 언어 모델인 PaLM과 상호작용하면서 더욱 구체화되었다. PaLM이 이전에는 AI에게 불가능할 것으로 여겨졌던 유머 이해와 설명 능력을 보여주었기 때문이다. 이는 AI 기술의 발전 속도와 그 영향력이 예상보다 빠르고 광범위할 수 있음을 시사한다. 이에 힌튼은 AI와 관련된 위험을 예측하고 관리하기 위한 국제적 협력과 사회적 논의가 시급하다고 강조한다.

이렇듯 힌튼의 AI에 대한 견해는 시간이 지나면서 변화해왔다. 그는 한때 AI의 장기적 영향에 대한 예측을 유보했지만, AI 기술이 예상보다 빠르게 발전하고 있으며 단기적 위험과 장기적 위험 모두를 심각하게 고려해야 한다고 주장한다. 특히 그는 AI가 군사적 목적으로 악용되거나 일자리시장에 광범위한 혼란을 초래할 수 있다는 점을 우려한다.

힌튼의 관점 변화는 그의 행보에서도 고스란히 드러난다. 그는 AI의 위험성에 대한 인식을 제고하고 책임감 있는 AI 개발을 촉구하기 위해 2023년 5월 구글을 사임하는 결단을 내렸다. 이는 AI 기술의 혜택과 위험을 균형 있게 바라보고 사회적 가치와 윤리 기준을 AI 개발에 반영해야 한다는 신념을 실천에 옮긴 것으로 해석된다. 힌튼은 AI의 발전에 따른 사회 변화에 대비하기 위해 교육 패러다임의 전환이 필요하다고 역설한다. 그는 미래 교육이 단순 지식 전달에서 벗어나 AI 시대에 요구되는 창의력, 적응력, 비판적 사고력 등의 역량을 기르는 데 주력해야 한다고 강조한다. 또한 인간과 AI가 조화롭게 공존할 수 있는 방안 모색이 시급하다고 지적한다. 그는 AI 기술 개발과 함께 사회 정책, 윤리 기준, 규제 체계 등을 정비해야 한다고 주장한다. 이는 AI의 혜택이 특정 집단이 아닌 모든 이에게 골고루 돌아갈 수 있도록 하고, AI로 인한 부작용을 최소화하기 위한 사회적 노력이 필요함을 의미한다.

그의 통찰은 AI 기술의 발전이 인류의 미래에 미칠 영향을 예견하고, 우리 사회가 지혜롭게 대응해야 할 과제를 제시한다. 그의 연구와 사상은 AI 기술의 가능성을 탐구하는 동시에, 그에 따른 사회적, 윤리적 도전을 직시하고 해결 방안을 모색하는 혜안을 보여준다. 그의 메시지는 단순히 AI 기술 자체에 대한 것이 아니라, 우리가 어떤 가치관과 윤리 기준을 가지고 기술을 개발하고 활용해야 하는지에 대한 성찰을 요구한다. 힌튼이 제기한 문제의식과 비전은 AI 시대를 살아가는 우리 모두가 깊이 새겨야 할 교훈을 담고 있다.

데미스 허사비스: AI를 통한 지능의 본질 탐구와 인류 발전의 원동력

데미스 하사비스Demis Hassabis는 1976년 영국 런던에서 태어난 인공지능 연구자이자 신경과학자, 기업가이다. 어린 시절부터 체스에 뛰어난 재능을 보였고, 케임브리지대학교에서 컴퓨터과학을 전공했다. 그의 경력은 게임 개발에서 시작되었는데, 불프로그프로덕션Bullfrog Productions에서 테마파크Theme Park의 공동 설계자이자 주 프로그래머로 활동했으며, 후에 자신의 게임 스튜디오인 엘릭서스튜디오Elixir Studios를 설립했다.

그의 지적 호기심은 인간의 지능과 인지 과정에 대한 더 깊은 이해를 추구하게 만들었고, 이에 따라 유니버시티칼리지런던에서 인지신경과학 박사 학위를 취득했다. 하사비스는 인공지능 연구에 대한 비전을 실현하기 위해 딥마인드테크놀로지DeepMind Technologies를 공동 창립했다. 딥마인드는 인간 프로 바둑 기사를 이긴 최초의 AI 프로그램인 알파고를 개발해 세계적인 주목을 받았는데, 구글에 인수된 후 하사비스와 그의 팀은 알파폴드 프로젝트를 통해 단백질 구조 예측 분야에 혁명적인 발전을 이루어냈다.

하사비스는 AI 기술의 발전뿐만 아니라 그 기술이 사회에 미치는 영향에 대해서도 깊은 관심을 가지고 있으며, AI의 윤리적 사용과 정책 수립에 있어 중요한 목소리를 내고 있다. 그의 여정은 기술을 통해 인간지능의 신비를 탐구하려는 지속적인 노력을 보여줄 뿐만 아니라, 실제 연구를 통해 AI 기술의 발전 방향과 인간지능에 대한 이해에 크게 기여하고 있다. 하사비스는 인간의 인지 과정과 뇌의 작동 원리를 연구하는 신경과학의 지식을 AI 알고리즘에 적용해 보다 인간적인 지능을 구현하고자 하며, 이러한 학제적 접근은 AI 분야에 새로운 통찰을 제공하고 있다.

그는 AI가 단순히 특정 과제를 잘 수행하는 수준을 넘어 인간과 같은 일반적인 지능general intelligence을 갖출 수 있을 것으로 전망한다. 그가 말하는 AGI은 인간의 지능과 유사한 수준의 적응력, 창의력, 문제 해결 능력을 갖춘 AI를 의미한다. AGI가 실현된다면, 기계는 인간처럼 새로운 개념을 학습하고 추상적인 사고를 할 수 있게 될 것이다. 이는 AI 기술의 적용 범위를 크게 확장시킬 것으로 기대된다. 하사비스는 AGI의 잠재력이 인류에게 엄청난 기회를 제공할 것이라고 강조하면서 AGI가 과학적 발견, 의료 기술 혁신, 기후 변화 대응 등 다양한 분야에서 인간의 능력을 크게 향상시킬 수 있을 것으로 내다본다. 예를 들어, AGI는 방대한 양의 데이터를 빠르게 분석해 신약 개발을 가속화하고, 기후 변화 패턴을 예측해 효과적인 대응 전략을 수립하는 데 도움을 줄 수 있다. 하사비스는 이러한 AGI의 잠재력을 현실화하기 위해서는 기술 개발과 함께 사회적, 윤리적 준비가 필요하다고 강조한다.

하사비스는 AI의 잠재력을 인정하면서도 이 기술이 가진 위험성에 대해서도 경계한다. 그는 AI 시스템이 인간의 가치관과 윤리 기준에 부합하는 방향으로 개발되어야 한다고 강조한다. 이를 위해 그는 'AI 안전AI safety'의 중요성을 강조하며 AI 기술의 삼재적 위험을 최소화하기 위한 연구와 규제가 필요하다고 주장한다. 하사비스는 AI 시스템의 투명성, 책임성, 통제 가능성 등을 확보하기 위한 기술적, 제도적 장치의 마련이 시급하다고 지적한다. 특히 AI 연구자들이 높은 윤리 의식을 가져야 한다고 강조한다. 그는 연구자들이 자신의 연구 결과가 악용될 가능성을 인지하고, 윤리적으로 문제가 있는 프로젝트에는 참여를 거부해야 한다고 주장한다. 하사비스 자신도 이러한 원칙을 실천하고 있다. 그는 딥마인드가 군사적 목적이나 감시 체계에 활용되는 것을 거부해왔으며, 이는 AI 기술의 윤리적 개발을 위한 중요한 선례가 되고 있다.

또한 AI 기술의 발전이 사회에 미칠 영향에 대해서도 깊이 있게 고민하고 있다. 그는 AI로 인한 일자리 변화와 경제적 불평등 심화 등의 문제에 선제적으로 대응해야 한다고 강조한다. 특히 그는 AI 기술의 혜택이 사회 전반에 골고루 분배되어야 하며, 특정 집단이 소외되어서는 안 된다고 주장한다. 이를 위해서는 교육 시스템 혁신, 사회 안전망 강화, 새로운 일자리 창출 등을 위한 정책적 노력이 필요하다는 것이 그의 생각이다. AI의 사회적 영향력을 고려할 때, 기술 개발에 있어 다양한 이해관계자들의 참여와 협력이 필수적이라고 강조한 하사비스는 AI 연구자들이 기술 개발에만 매몰되어서는 안 되며, 소통을 위해 사회 각계각층의 목소리에 귀 기울이고 그에 협력해야 한다고 주장한다. 하사비스는 이러한 협력을 통해 AI 기술이 사회 전체의 이익에 기여하는 방향으로 발전할 수 있을 것이라고 믿는다.

하사비스의 비전은 AI를 인간의 능력을 확장하고 사회적 문제를 해결하는 도구로 활용하는 것이다. 그는 AI가 단순히 인간을 대체하는 것이 아니라, 인간과 협업해 시너지를 발휘할 수 있어야 한다고 강조한다. 이를 위해서는 AI 시스템의 설명 가능성explainability과 인간-AI 간 상호작용 디자인 등이 중요한 연구 주제가 될 것이라고 전망하며, 이러한 연구를 통해 AI가 인간에게 이로운 방향으로 발전할 수 있을 것이라고 기대한다.

하사비스는 AI에 대한 대중의 이해와 신뢰를 높이는 것이 무엇보다 중요하다고 강조한다. 그는 AI 기술의 발전 과정에서 투명성을 유지하고 대중과의 소통을 강화해야 하며, 이를 위해 AI 연구자들이 알기 쉽게 자신의 연구를 설명하고 대중의 우려에 귀 기울일 것을 당부한다. 하사비스 자신도 대중 강연과 미디어 인터뷰 등을 통해 AI에 대한 이해도를 높이기 위해 노력하고 있다. 그는 이러한 노력을 통해 AI가 사회에 긍정적인 변화를 가져올 수 있다는 공감대를 형성하고, 건전한 AI 생태계를 조성하는 데 기여하고자 한다.

레이 커즈와일: 특이점을 향한 가속화, 기술 진보와 인간 진화의 융합

레이 커즈와일Ray Kurzweil은 미국의 컴퓨터과학자, 작가, 발명가, 미래학자로 광학 문자 인식OCR, 음성 인식 기술, 전자 키보드 악기 등의 분야에서 혁신을 이뤄냈다. 그는 AI, 트랜스휴머니즘, 기술적 특이점, 미래학 등에 관한 책을 저술했으며, 미래학자이자 트랜스휴머니스트운동의 대표적인 지지자로서 삶의 연장 기술과 나노 기술, 로봇공학, 생명공학의 미래에 대한 낙관적 전망을 공유하는 데 힘쓰고 있다.

커즈와일은 구글에 합류해 머신러닝 및 자연어 처리 프로젝트를 이끌고 있는데, 특히 AI 분야에서 인간 수준의 성능을 달성하고 궁극적으로는 인간의 지능을 초월하는 '특이점Singularity'에 대해 연구하고 있다. 《특이점이 온다》에서는 기하급수적인 기술 발전으로 인해 머지않아 인간과 기계의 경계가 무너지고 인류가 새로운 차원의 문명으로 진화할 것이라고 주장하기도 했다. 커즈와일의 대담한 예측은 찬사와 비판을 동시에 받고 있지만, 그의 비전은 기술 혁명이 가져올 미래에 대한 심도 있는 논의를 불러일으키고 있다.

커즈와일은 AI의 발전을 기술적 진보 이상으로 바라본다. 그는 AI를 인간 진화의 다음 단계이자 우리 문명을 근본적으로 변화시킬 핵심 동력으로 여긴다. 커즈와일은 AI의 발전 속도가 기하급수적으로 가속화되어 머지않아 인간의 지능을 뛰어넘는 '특이점'에 도달할 것이라고 예측한다. AI가 단순히 인간의 역할을 대체하는 것을 넘어 인간의 인지적 한계를 극복하고 새로운 지평을 열 것이라는 것이다.

그는 변화의 속도와 규모도 구체적으로 언급했는데, 2029년까지 AI가 인간의 지능을 능가하고 튜링 테스트를 통과할 것이며, 2045년에는 인간이 자신이 만든 AI와 융합해 새로운 차원의 지능을 창출할 것으로 전망한다.

그의 예측은 인간 존재 자체의 본질적 변화를 의미한다. 인간과 기계의 경계가 무너지고, 우리의 인지 능력과 신체적 한계가 극복되는, 즉 인간의 지능과 신체가 인공지능 및 기술과 융합되는 미래를 예견하면서, 우리가 지금까지 경험하지 못한 새로운 차원의 존재로 진화할 것이라고 단언한다. 커즈와일은 이러한 미래 시나리오를 통해 우리가 준비해야 할 변화의 방향과 속도를 제시하며 '수확 가속의 법칙Law of Accelerating Returns'으로 이를 설명한다. 그에 따르면 기술 발전은 단순히 선형적으로 진행되는 것이 아니라 지수함수적으로 가속화되는데, 이는 생물학적 진화의 패턴과도 일맥상통한다. 이런 관점에서 AI의 발전은 필연적이며, 우리는 이를 두려워할 것이 아니라 적극적으로 받아들이고 준비해야 한다고 그는 강조한다. 이는 우리가 기술 발전의 속도와 방향을 이해하고, 그에 맞는 사회적, 철학적 패러다임의 변화를 모색해야 함을 시사한다.

AI에 대한 커즈와일의 비전은 기술 낙관주의에 기반한다. AI는 인간을 위협하는 존재가 아니라 인간의 잠재력을 극대화하는 도구로 기능할 것이라는 그의 생각은 우리가 지금껏 상상하지 못했던 문제 해결 능력과 창의성을 발휘할 수 있을 것으로 기대하게 한다.

커즈와일은 AI의 발전이 가져올 부작용과 위험에 대해서도 경계한다. 그는 AI 개발에 있어 안전성과 윤리성이 반드시 고려되어야 하며, AI가 특정 집단에 의해 독점되거나 악용되지 않도록 사회적 합의와 규제가 필요하다고 강조한다. 또한 기술 발전이 초래할 수 있는 사회적 불평등, 일자리 감소, 프라이버시 침해 등의 문제에 대해서도 우려를 표한다. 이를 해결하기 위해서는 기술 개발과 함께 인문학적 통찰, 철학적 성찰이 수반되어야 한다는 것이 그의 지론이다.

커즈와일은 AI의 한계와 가능성에 대한 이해를 심화하고, 이 분야의 지속적인 연구를 촉구한다. 그는 현재의 AI 기술이 인간의 지능을 완전히 모사하기에는 아직 한계가 있음을 인정하면서도 그 잠재력은 무궁무진하다고 강조한다. 특히 그는 AI가 의료, 교육, 환경 등 다양한 분야에서 혁신을 이끌어 인류가 직면한 수많은 문제들을 해결하는 데 결정적인 역할을 할 것으로 기대한다. 나아가 AI가 인간의 창의성과 감성을 확장시키는 도구로 기능할 것으로 전망한다. 그는 AI와의 협업을 통해 예술, 철학, 과학 등 다양한 분야에서 인간의 상상력과 통찰력이 새로운 차원으로 도약할 수 있을 것으로 기대한다. 이는 AI가 인간성을 위협하는 것이 아니라 오히려 우리로 하여금 더욱 인간다운 삶을 영위할 수 있게 해줄 것임을 시사한다.

결국 커즈와일이 그리는 미래는 기술적 유토피아가 아니라 기술과 인간이 조화롭게 공존하는 새로운 문명의 비전에 가깝다. 그는 AI를 통해 인간의 한계를 극복하고, 우리의 지적, 신체적, 감성적 역량을 극대화함으로써 보다 풍요롭고 창의적인 삶을 영위할 수 있을 것으로 전망한다. 이는 '트랜스-휴먼' 시대라는 새로운 패러다임의 도래를 의미하며, 인간과 기술의 융합을 통해 우리의 존재 방식 자체가 근본적으로 변화할 것임을 시사한다. 그러나 동시에 이러한 변화가 자연스럽게 주어지는 것이 아니라, 우리의 적극적인 노력과 준비를 통해 실현될 수 있음을 강조한다. 그는 우리가 기술 발전의 속도와 방향을 이해하고, 그에 맞는 사회적, 윤리적 규범을 정립하며, 교육과 제도를 혁신함으로써 '지적 진화'의 혜택을 모두가 누릴 수 있도록 해야 한다고 역설한다.

AI 지배력의 변곡점

AI를 실제로 활용하는 데 필요한 리소스와 규모는 빅테크들이 쥐고 있다. 즉, 기술 업계의 힘의 균형은 이미 극단적으로 치우쳐진 상태라고 할 수 있다. 이는 AI의 가능성을 갉아먹는다. 소규모 플레이어가 혁신을 위한 시나리오를 아무리 생성한다고 해도, 엄청난 컴퓨팅 성능과 데이터를 가진 빅테크만이 그것을 실현시킬 수 있는 상황은 기술 패권 경쟁 문제를 가뿐히 넘어선다.

진짜 문제는 미래 사회의 권력 구도와 혁신의 방향성을 소수의 빅테크가 독점할 수 있다는 것이다. AI 기술이 가진 무한한 잠재력이 특정 기업에 의해 좌우된다면 그로 인한 사회적 불평등과 민주주의의 훼손은 불 보듯 뻔하다.

우리는 AI 기술의 발전 방향을 사회 구성원 모두의 이익과 가치를 반영하는 방식으로 조율해나가야 한다. 당연한 말이지만, 결코 쉽지 않은 일이다. 기술 혁신과 민주적 통제의 균형점을 찾는 일은 리더가 반드시 달성해야 할 과업이다. AI 지배력과 주도권을 확보하기 위한 국가적 차원의 노력이 균형점을 찾는 우리에게 실마리가 되어줄 수 있다.

2024년 3월: 유럽의회의 AI 액트 승인

2024년 3월 13일, 유럽의회는 AI에 관한 세계 최초의 포괄적 법안(Artificial Intelligence Act, AI 액트)을 통과시켰다. 이 법안의 승인은 국제적인 표준을 설정한 중대한 사건으로, AI 기술의 윤리적, 사회적 측면에 대한 인류의 고민이 담겨 있다.

법안의 핵심 내용은 생성 AI 도구 개발업체가 사용하는 데이터의 출처를 포함한 정보의 투명성을 강화하고 공공장소에서의 안면 인식과 같은 생체정보 인식 기술의 사용을 금지하는 것이다. 이는 개인의 프라이버시와 기본 권리를 보호하는 데 초점을 맞추고 있으며, AI 기술이 사회에 미치는 영향을 신중하게 관리하려는 유럽의회의 의도를 반영한다.

AI 액트는 AI 시스템의 잠재적인 위험과 영향 수준에 따라 다른 규칙과 의무을 부여한다. ① 사람들에게 위협이 되는 AI 시스템은 금지되며, ② 안전이나 기본 권리에 부정적인 영향을 미치는 AI 시스템은 높은 위험으로 분류된다. ③ 제한된 위험 범주에 속하는 시스템은 최소한의 투명성 요구 사항을 충족해야 한다. 금지되는 AI

	대상	주요 사례	조치
허용 불가 위험	조작적, 기만적, 차별적 기술을 사용해 심각한 피해를 초래하는 시스템	범죄 예측, 소셜 스코어링(개인 점수화), 감정 추론	개발 금지/제한적 예외
고위험	인전 부품/제품, 생체 인식, 중요 인프라, 교육/고용 등에 사용되는 시스템	의료 기기/교통수단/ 장난감 등과 핵심 국가 인프라의 관리 및 운영	엄격한 규제, 거버넌스 활동 의무화
제한된 위험	합성된 콘텐츠 생성 등의 작업을 수행할 수 있는 모델, 범용 AI	챗본, 콘텐츠 생성(딥페이크) 등	AI가 생성한 콘텐츠라는 사실 등 투명성 의무 부과
최소 위험	위에 속하지 않는 AI	스팸메일 분류 기능	자율 규제

시스템에는 행동 왜곡, 특정 그룹에 대한 취약점 악용, 사회적 평가, 범죄 예측 등이 포함되며, 높은 위험 범주에는 항공, 자동차, 의료 기기 등의 분야에서 사용되는 AI 시스템이 포함된다. 또한 AI 액트는 범용 AI에 대한 별도의 규제도 마련했는데, 제한된 위험군과 마찬가지로 투명성 의무 준수와 기술 문서 작성, 저작권 지침 존중 정책 마련 등의 별도 의무를 부과했다. AI 액트 위반 시에는 위반 규정, 정도, 회사 규모에 따라 최대 3,500만 유로 또는 전 세계 연간 총매출액의 7%에 달하는 벌금이 부과될 수 있다.

AI 액트는 다양한 AI 기술과 애플리케이션에 큰 영향을 미칠 것으로 예상된다. 법안은 상업적 목적의 AI 제품은 출시 전에 해당 시스템의 세부 정보를 규제기관에 제출해 검토받을 것을 요구하며, 이는 AI의 안전성 평가와 위험 최소화에 기여할 것이다.

이 법안의 영향은 기술산업에 대한 우려를 불러일으키기도 했다. 일부 기술산업 단체는 AI 액트의 범위가 너무 넓어 무해한 AI 형태까지 포함될 수 있다고 우려를 표했다. 반면, 일부 법률 전문가들은 유럽연합의 규제가 AI 규제의 글로벌 표준을 설정할 것이라고 보며, 중국, 미국, 영국 등 다른 국가들도 자체 정책을 개발하고 있다고 언급했다.

2023년 10월: 미국의 행정명령 발표

빅테크와 스타트업이 하나의 생태계를 이루고 있는 미국은 AI 혁명의 진원지라 할 수 있다. 그 생태계를 바탕으로 AI 경쟁력 유지를 위해 자율 규제와 시장 주도의 혁신 접근 방식을 주로 채택해왔다. 그러나 AI의 윤리적 문제, 프라이버시 우려, 사회적 영향 등에 대한 적절한 대응 여부에 대한 논의 또한 지속적으로 이어지고 있다.

미국의 AI 규제 논의는 AI 개발을 자율적으로 규제하겠다는 기술 기업들의 선언 직후 새로운 전환점을 맞이했다. 아마존, 앤스로픽, 구글, 인플렉션Inflection, 메타, 마이크로소프트, 오픈AI 등 7개 회사는 안전하고, 보안이 유지되며, 신뢰할 수 있는 AI를 보장하기 위해 세 가지 핵심 원칙인 '안전', '보안', '신뢰'에 기반한 문서에 2023년 7월 서명했다. 바이든 대통령은 3개월 만인 2023년 10월 미국인의 프라이버시 보호, 평등 및 시민권 진전, 혁신 및 경쟁 촉진을 목표로 AI 안전 및 보안에 대한 새로운 표준을 설정하는 행정명령을 발표했다. 이 행정명령은 책임 있는 혁신을 위한 보다 광범위한 전략의 일부로, AI 안전 및 보안에 대한 국제 협력 지침을 포함하고 있다.

바이든 행정부의 첫 AI 행정명령의 주요 내용은 ① AI 안전성 평가 의무화 ② AI 도구의 안전성 표준 마련 ③ 콘텐츠 인증 표준 수립 ④ 개인정보 보호 강화 등이다. 미국이 연방정부 차원에서 AI 개발과 활용을 안전하고 책임감 있게 촉진하고, 국가 안보, 건강과 안전을 위협하는 AI 기술 개발과 이용을 규제하겠다는 것이 핵심이다. 이 같은 강력한 규제는 AI의 위험에 대한 경각심과 규제의 시급성에 기인한다. AI 개발 기업들은 이번 행정명령에 따라 안전 예방 조치를 해야 하며, 상무부 등 행정부처는 관리 감독을, 미국 클라우드 서비스 제공자는 외국 고객 명단을 의무적으로 신고해야 한다.

이러한 조치는 AI가 가지는 긍정적인 잠재력은 극대화하고 국가 안보, 허위 정보 생성, 일자리 등에 미칠 위험성은 최소화하기 위해서라는 단서가 붙었지만, 속을 들여다보면 미국 행정부가 전 세계 AI 개발 기업의 정보 수집은 물론이고 중국을 견제하려는 의도로 보인다. 실제로 FTC는 2024년 1월 마이크로소프트, 아마존, 구글과 같은 주요 기술 기업들과 오픈AI, 앤스로픽 등 AI 스타트업들과의 투자 및 파트너십에 초점을 맞춘 생성 AI에 대한 조사를 시작했다.

FTC는 이 조사가 지배적 기업들이 추진하는 투자 및 파트너십이 경쟁 및 시장 역학에 어떤 영향을 미칠 수 있는지에 대한 통찰력을 제공하는 데 그 목적이 있다고 설명했다. 하지만 현장에서는 FTC의 조사가 당국의 규제로 이어질 수도 있다는 분위기다. 리나 칸 위원장이 신흥 기술시장에 대한 반독점 규제를 강화하고 있기 때문이다. 칸 위원장은 "기업 AI를 개발하고 수익을 창출하기 위해 경쟁할 때, 우리는 신기술이 새로운 시장과 건전한 경쟁을 창출하는 것을 막는 전술을 경계해야 한다"며 "우리의 연구는 지배적 기업이 추구하는 투자와 파트너십이 혁신을 왜곡하고 공정한 경쟁을 약화시킬 위험이 있는지 여부를 밝힐 것"이라고 설명했다.

바이든 행정부와 FTC는 AI 규제를 향해 나아가고 있으며, 기술의 발전 및 배포에 대한 빅테크의 영향을 면밀히 조사하고 있다. 기술회사들은 자율 규제에 대한 의지를 보여주었지만, AI가 책임감 있게 개발되고 사용되도록 보장하기 위한 정부 차원의 보다 공식적인 규제 프레임워크 또한 요구하고 있다. 자율 규제 실패, 특히 잘못된 정보, 프라이버시, 경쟁 등의 영역에서의 실패하지 않을까 하는 우려에 대한 공감대가 점점 커지고 있기 때문이다.

2023년 11월: 영국 AI 세이프티서밋

2023년 11월 1일과 2일 양일간 진행된 AI 세이프티서밋Safety Summit 2023은 AI 안전과 규제에 관한 국제적 대화에 있어 중대한 이정표를 세웠다. 영국 버킹엄셔 블레츨리파크에서 개최된 이 행사는 각국 정부, 선도적인 AI 기업, 시민 사회 그룹, 연구 전문가들이 모여 첨단 AI 기술이 제시하는 도전과 기회에 대해 논의하기 위한 첫 번째 시도였다.

서밋의 핵심 목표는 AI 개발 최전선에서 발생할 수 있는 위험을 심도 있게 고려하고, 이러한 위험을 국제적으로 조율된 행동을 통해 어떻게 완화할 수 있는지 탐색하는 것이었다. 이를 위해 AI 안전에 대한 리스크 고려, 국제 협력, AI 안전 연구소 설립, 미래 서밋

개최라는 4개 주요 영역에 초점을 맞췄다.

AI 세이프티서밋은 AI 안전과 규제에 대한 조율된 접근 방식의 기반을 마련했다고 평가받는다. 100여 명 이상의 대표자들이 모인 이 행사는 AI 안전 문제를 해결하고 AI 기술과 관련된 위험을 관리하기 위한 조율된 접근법의 필요성에 대한 전 세계적인 공감대를 보여준다. 28개국이 서명한 블레츨리선언은 국제 협력의 필요성을 강조하며, AI 위험을 식별하고 평가하며 규제하는 데 있어 국경을 넘는 협력이 중요함을 명시했다. 또한 영국과 미국은 각각 AI 안전 연구소를 설립한다고 발표했으며, 이 연구소는 첨단 AI 능력을 탐구하고 새롭게 등장하는 AI 기술의 안전성을 검증하는 업무를 담당하게 될 것이다. (참고로 2차 서밋은 2024년 5월 한국에서 개최되었다.)

AI 규제 정책은 AI의 잠재력을 극대화하는 동시에 위험을 최소화하기 위한 공통의 목표, 즉 AI 기술의 발전과 책임감 있는 AI 생태계 구축이라는 과제를 달성하기 위한 것이다. 앞서 살펴본 유럽연합, 미국, 영국 등 주요 국가들의 AI 규제 정책은 그래서 중요하다. AI 기술 발전의 속도와 그 영향력을 조절하기 위해 국가 간 협력과 조율을 통한 글로벌 AI 거버넌스 체제 구축이 주목받고 있는 이유다.

AI 기술의 급속한 발전은 규제 당국에 큰 도전이 되고 있다. 빅테크들의 기술 혁신 속도가 규제 프레임워크의 진화를 압도하고 있기 때문이다. 유럽연합의 AI 액트는 이러한 격차를 해소하기 위한 선제적 시도로 주목받고 있지만, 그 실효성에 대해서는 의문의 목소리도 있다. 무엇보다 법안 시행까지 상당한 시일이 소요된다는 점이 한계로 지적된다. 2026년 전면 시행 예정인 AI 액트가 가속화될 AI 기술 발전을 제대로 반영할 수 있을지는 미지수다. 특히 챗GPT와 같은 생성 AI의 급부상으로 AI 기술의 파괴력과 파급력이 예상보다 빠르게 현실화되고 있어 규제의 시의성 확보가 더욱 어려워지고 있다.

여기에 AI 기술의 복잡성과 불확실성으로 인해 규제의 구체적 기준을 설정하는 것도 쉽지 않은 과제다. 딥러닝 알고리즘의 특성상 AI 시스템의 의사결정 과정을 투명하게 공개하는 것이 기술적으로 제한될 수 있기 때문이다. 결국 추상적 원칙으로 규정될 수밖에 없는 규제 조항이 실제 기술 개발 과정에서 얼마나 유의미하게 작동할 수 있을지는 의문이다.

이러한 한계에도 불구하고 AI 액트가 가지는 의의는 결코 작지 않다. 선도적 시도가 국제 사회에 하나의 모델을 제시함으로써 글로벌 차원의 AI 거버넌스 논의를 촉발할 수 있기 때문이다. 실제로 개인정보보호 규정GDPR이 글로벌 스탠더드로 자리 잡은 것처럼, AI 액트 역시 국제 규범 형성에 중요한 영향을 미칠 것으로 예상된다.

2부
질문하는 리더의 시간

: 예측할 수 없는 것을 예측하다

《예측 기계 Prediction Machines》는 토론토대학 로트만경영대학원의 아제이 아그라왈Ajay Agrawal, 아비 골드파브Avi Goldfarb, 조슈아 갠스Joshua Gans 세 교수가 공동으로 저술한 작품으로, AI를 비즈니스와 경제에서 중요한 '예측' 기능의 비용을 혁명적으로 낮추는 도구로 보고 있다. 이는 AI의 핵심 가치를 경제학의 관점에서 해석한 것으로, 예측의 정확성을 향상시키고 비용을 낮춤으로써 경영, 전략, 정책 수립에 근본적인 변화를 가져올 것이라고 주장한다.

AI가 예측 기계로서 작동함으로써 우리는 미래에 대한 더 명확한 통찰을 얻을 수 있게 되었지만, 그와 동시에 우리는 이러한 예측 기계가 어떻게 발전할지, 어떤 미래를 만들어낼지에 대해 예측해야 하는 역설적인 상황에 처해 있다. AI가 미래를 예측하는 도구일 뿐만 아니라 우리의 미래를 형성하는 강력한 도구가 되고 있기 때문이다.

5장

인간의 미래를 예측하는 질문

예측은 무척 어렵다. 특히 그것이 미래에 대한 것이라면.
_닐스 보어

기술 혁신 시대를 예측하는 법

AI의 미래를 예측하는 일은 마치 고대의 별자리를 해석하듯 복잡한 과정을 거쳐야 한다. 과거의 지혜와 현재의 통찰력이 이 복잡한 예측 과정에서 나침반과 같은 역할을 해줄 수 있을까? 필자는 단언할 수 있다. 기술적 변혁과 적응의 주기는 우리에게 AI의 가능한 진화 경로와 잠재적 함정을 식별할 수 있는 중요한 통찰을 제공할 것이다. 현재 급박하게 진행되는 기술 변동성과 도덕적, 지정학적 이슈들은 미래를 예측하는 데 중요한 고민의 포인트가 될 수 있다. 즉, 머신러닝의 급속한 발전, AI의 윤리적 문제, 국가 간 AI 기술 패권 경쟁, 빅테크 간의 전략적 상호작용 모두가 AI의 미래 방향성에 영향을 미치는 요소다.

AI의 발전을 예측하는 일은 기술적 진보의 연속선상에서 이해할 수 있는 것이 아니라, 사회적, 경제적, 정치적 맥락 속에서 종합적으로 이해해야 하는 복합적인 과제다. 이러한 맥락에서 미래를 예측하기 위해서는 다방면의 지식과 통찰력이 필요하며, 이는 우리가 AI의 미래를 더욱 깊이 있고 다각적으로 탐구해야 한다는 과업을 제시한다. 특히 AI 기술의 발전이 인류에게 가져올 영향을 심도 있게 이해하려면 기술적 진보와 더불어 인간의 가치, 윤리, 사회 구조에 대한 깊은 성찰이 필요하다.

다행스럽게도 우리는 거인의 어깨 위에 서 있으며, 유력한 기관과 사고 리더들의 도움을 받을 수 있다. 미래학자 토머스 프레이나 로힛 바가바Rohit Bhargava와 같은 트렌드 전망가들은 성공적인 추세 예측을 위해서는 명백하고 표면적인 영향을 넘어서 더 미묘하고 숨겨진 추세를 밝혀내야 한다고 주장한다. 이러한 접근 방식은 우리가 기술의 발전뿐만 아니라 그로 인해 야기될 수 있는 광범위한 사회적 변화를 더 넓은 관점에서 바라볼 수 있도록 도와준다.

이러한 방법론에 따라 예측해본다면, 인간의 감정과 감성을 이해하고 반응할 수 있는 '감성 인공지능'의 부상은 인간과 AI 간의 상호작용을 풍부하게 만들어 예술, 교육, 치료 분야에서 새로운 가능성을 열 것이다. 또한 기술과 생물학의 통합으로 디지털 생태계의 생물학적 통합이 이루어져 자가조절 및 진화하는 시스템을 형성하며 자연 세계와 디지털 세계 간의 경계를 허물 것이다. AI가 독창적이고 창의적인 작품을 생성하는 AI에 의한 창의적 콘텐츠 생성은 문학, 음악, 미술 등의 창작 분야에 혁명을 가져올 것이다. 마지막으로, 가상 현실과 현실의 경계 소멸은 고도로 발달한 AI 기술을 통해 생성된 가상 현실이 실제와 구분하기 어려울 정도로 발전함으로써 우리의 생활 방식에 근본적인 변화를 일으킬 것이다.

리카이푸Lee Kai-Fu와 천치우판Chen Qiufan은 《AI 2041》에서 과학과 기술의 현재 동향을 바탕으로 한 미래의 시나리오를 통해 우리의 상상력을 자극한다. 이들의 미래 시나리오(AI 재교육 프로그램을 통한 일자리 창출, AI 기반 맞춤형 의료 서비스, 스마트 도시 계획 등)는 AI가 우리 생활의 여러 분야에 어떻게 통합될 수 있는지에 대한 생생한 장면을 제공하며, 이는 우리가 AI의 미래 발전을 상상하고 계획하는 데 도움을 준다. 이들이 창조한 이야기는 우리가 직면할 수 있는 잠재적인 이점과 윤리적 딜레마를 모두 강조함으로써 기술의 발전이 인간 사회에 미칠 영향에 대해 심도 있는 성찰을 할 수 있게 한다.

한편 맥킨지나 골드만삭스 같은 기관들은 AI의 미래에 대한 보다 구체적이고 정량화 가능한 분석을 제공한다. 이들의 연구와 예측은 광범위한 데이터 분석과 경제 모델링에 기반을 두고 있으며, AI가 경제적 측면에서 어떤 잠재적 영향을 미칠 수 있는지에 대한 통찰력을 제공한다. 맥킨지는 '생성 AI의 미래What's the future of generative AI?'라는 제목의 보고서에서 생성 AI가 노동생산성, 고용시장 및 다양한 산업에 미치는 영향을 다루며 상당한 경제적 이익의 잠재력을 강조한다. 그에 따르면 이 기술은 세계 경제에 연간 최대 4조

4,000억 달러를 추가할 수 있다. 동시에 직원들 사이에서 AI 활용 능력의 필요성과 편견, 사실적 부정확성, 법적 문제와 같은 위험을 완화하기 위한 책임감 있는 사용의 중요성을 지적하며 생성 AI 출력이 게시되거나 사용되기 전에 인간이 이를 확인함으로써 기술 배포가 유익하고 윤리적인지 판단하도록 강조한다.

골드만삭스의 분석에 따르면 생성 AI 혁신은 전 세계 GDP를 7% 증가시켜 거의 7조 달러에 이르게 하고 생산성을 1.5%p 높인다. 특히 생성 AI가 사무실 생산성, 의료, 사이버 사기 탐지 등 다양한 분야에 혁명을 일으킬 가능성을 강조한다. 생성 AI의 전체 영향에 대한 불확실성에도 불구하고 경제와 사회에 미칠 잠재적 영향의 징후는 분명하다는 것이다. 골드만삭스는 또한 AI의 발전이 3억 개의 정규직 일자리를 자동화에 노출시킬 수 있다고 추정하면서 노동시장에 미치는 영향에 대한 논의를 이끌어낸다. 물론 자동화된 작업이 모두 해고로 이어지는 것은 아니다. 대부분의 일자리와 산업은 자동화에 부분적으로만 노출되어 있고 AI로 대체되기보다는 보완될 가능성이 더 높기 때문이다.

이처럼 다양한 관점과 분석을 통해 우리는 AI의 미래에 대한 포괄적이고 다각적인 이해를 얻을 수 있다. 이는 우리가 AI의 발전을 단순히 기술적인 관점에서만이 아니라 경제적, 사회적, 문화적 맥락에서도 고려하고 대비할 수 있게 한다.

앞서 살펴본 것처럼, AI 분야에서의 협력과 경쟁의 다이내믹스는 죄수의 딜레마와 같은 상황을 반영한다. 이는 기업과 국가가 자신의 이익을 극대화하기 위해 서로 협력할지 독자적으로 행동할지를 결정해야 하는 복잡한 선택의 문제다. 이러한 상황은 AI 기술의 발전과 규제의 필요성 사이에서 발생한다. 일례로, EU의 AI 액트는 2026년부터 시행 예정인데, 남은 기간 동안 기술 발전의 속도가 규제를 앞서갈 것이 자명하므로 규제가 기술을 따라잡기 힘든 상황에 처하게 된다. 이런 상황은 사회, 경제, 윤리적 측면에서 예측할 수 없는 변화를 초래할 수 있다. AI 시스템이 더 독립적으로 복잡한 결정을 내리게 되면서 우리는 어떻게 AI가 공익에 부합하도록 할지, 규제가 혁신을 저해하지 않으면서도 위험을 줄일 수 있을지 등 중요한 질문에 직면하게 된다.

이와 관련해서, 헤거Tobias Heger와 크납Sebastian Knab, 뒤포Serge Dupaux는 〈생성 AI의 미래The future of Generative AI〉에서 2026년의 세계에 대한 네 가지 가능한 시나리오를 그려냈다. 다음 페이지의 표에 정리된 이 시나리오들은 규제와 기술의 발전, 두 가지 변수에 따라 구분된다.

시나리오1은 '사회적 수용Society Embraces Generative AI'으로, 사회는 생성 AI를 포용하며 AI가 일상생활의 중요한 부분으로 자리잡게 된다. 기술의 발전 속도가 높고 규제가 포괄적으로 이루어지면서 AI는 사회, 경제 및 윤리적 측면에서 책임감 있게 통합된다. 시나리오2, 'AI 휴면The AI Hibernation: Highly regulated, dormant AI'은 생성 AI 기술의 발전과 사용에 대한 규제가 극대화되어 기술 발전이 더디고 잠재적인 이점이 완전히 실현되지 못하는 상황을 묘사한다. 시나리오3, 'AI 중단The AI Cessation: Society Rejects AI'은 규제로 인해 기

AI 기술의
높은 차별화

시나리오4.
기술적 자유주의(규제되지 않음)
규제 당국이 빠른 AI 발전에 신속하게
적응하지 못해 규제가 최소화되면서
생성 AI 사용 사례와 시스템에서 빠른
기술 혁신이 이루어지며, 기술의 채
택과 잠재적 오용이 예상된다.

시나리오1.
생성 AI 수용
AI 시스템은 일상생활의 다양한 측면
에 매끄럽게 통합되어 사용자 경험
을 향상시키며, 책임 있는 도입, 데이
터 프라이버시, 지적 재산 보호 및 윤
리적 AI 실천을 보장하는 강력한 규제
프레임워크를 준수한다.

AI 기술의
낮은 차별화

사회적 적응도
높음

시나리오3.
AI 중단(AI 거부)
사회는 규제 실패로 인해 AI를 거부
하여 기술 혁신과 발전이 제한된다.
잠재적 오용과 광범위한 채택의 어려
움은 대중의 불신을 초래하고, AI의
광범위한 채택에 어려움을 초래한다.

시나리오2.
AI 휴면(고도로 규제된 비활성화된 AI)
생성 AI 기술의 개발 및 사용에 대한
최대한의 규제로 인해 이 분야의 진
행이 느려진다. 생성 AI 시스템은 전
문화된 응용 분야에만 제한되며, 기
술의 잠재적 이점이 완전히 실현되지
않는다.

사회적 적응도
낮음

• X축 (AI 규제 정도): 정부는 생성 AI 기술 개발과 응용에 대해 포괄적인 접근을 취할 것인가 제한
적인 접근을 취할 것인가?
• Y축 (AI 모델 발전 수준): 생성 AI의 능력은 높은 정도로 발전할 것인가 낮은 정도로 발전할 것
인가?

표4. 2026년 생성 AI 시나리오

술 발전이 제한되고, 이로 인해 사회적 불신과 AI 도입에 대한 어려움이 발생하는 상황이다. 시나리오4, '기술 자유화Technological Free-For-All: Unregulated High-Tech AI'는 AI 규제가 최소화되어 기술 혁신이 빠르게 발전하는 상황이다.

기술이 규제를 2년여 빨리 앞서갈 수밖에 없는 상황에서 시나리오1이 가장 유력한데, 사회, 경제 및 윤리적 측면에서 예측할 수 없는 변화를 초래할 수 있기 때문이다. 따라서 이에 대한 심도 있는 논의와 준비가 필요하다.

AI는 우리 사회 구조에 막대한 변화를 가져올 것이며, 우리의 일상생활에 깊숙이 통합될 것이다. 시간의 흐름에 따라 AI가 인간의 라이프스타일을 어떻게 변화시킬지를 단계별로 살펴보자. 우선 단기적 관점에서 우리는 AI가 의료 진단, 금융 분석, 교육 맞춤화, 교통 시스템 최적화 등에 통합되는 것을 목격하고 있다. 이러한 변화는 매우 구체적이고 즉각적인 혜택을 제공하지만, 동시에 데이터 프라이버시, 알고리즘 투명성, 사회적 편견 문제와 같은 새로운 윤리적 과제들을 제기한다. 이 단계에서는 AI의 가능성을 최대한 활용하면서 이러한 도전과제들을 극복하는 것이 중요하다.

중기적 관점에서는 AI가 산업을 변화시키고, 일의 본질을 재정의하며, 경제적 패러다임을 전환하는 것을 보게 될 것이다. 자동화에 의한 일자리 변화와 이에 따른 리스킬링과 업스킬링이 중대한 과제가 될 것이며, 이를 해결하기 위해 교육 시스템과 산업 정책이 유기적으로 변화해야 할 것이다. 그러나 동시에 새로운 직업, 산업, 경제적 기회가 창출될 것이다.

장기적 관점에서는 AI가 인간의 확장으로 작용하며, 새로운 형태의 의식과 사회 구조의 탄생을 가능하게 할 것이다. 이 단계에서는 초지능적 AI 시스템의 관리, 인간 정체성의 재해석, 윤리적 규범의 재설정이 주요 도전과제가 될 것이다. 이러한 도전이 성공한다면 인류는 복잡한 글로벌 문제를 해결하고, 인간 복지를 극대화하며, 새로운 과학적 및 철학적 이해의 경계를 넓히는 놀라운 기회를 가질 것이다. 그러나 우리가 AI의 발전을 제대로 통제하지 못하고 부작용을 극복하지 못한다면, AI는 오히려 인류에게 위협이 되어 사회적 혼란과 불평등을 심화시킬 수도 있다. 궁극적으로 AI의 미래는 우리의 선택에 달려 있으며, 긍정적 미래를 위해 지금부터 지혜롭게 준비해나가야 할 것이다.

이처럼 다양한 가능성과 불확실성으로 가득한 AI의 미래를 탐색하는 과정에서는 유연하고 포괄적인 접근 방식이 필요하다. AI의 전개는 과학적 상상력의 산물이자 현실 세계에서 우리가 실행하는 행동의 결실이다. 이 기술이 가져오는 변화의 크기와 복잡성을 고려할 때, 사회적 대화와 윤리적 고려 없이는 AI의 진정한 잠재력을 실현하는 것이 불가능하다.

"예기치 않은 일을 기대하지 않으면, 그것을 발견할 수 없을 것이다. 찾기 어렵고 발견하기 힘들기 때문이다." 고대 그리스의 철학자 헤라클레이토스의 말은 우리에게 미래를 형성하는 데 능동적이고 창의적인 역할을 수행하라는 강력한 메시지를 전달한다. 우리가

AI와 그 영향을 어떻게 받아들이고 조율하느냐에 따라 AI는 인간의 삶을 풍요롭게 할 수도, 도전적인 상황을 만들 수도 있기 때문이다.

인간의 삶을 예측하는 AI: 라이프투벡 모델과 윤리적 딜레마

AI 혁신은 우리가 세상을 인식하고 미래를 예측하는 방식에 혁명적인 변화를 가져오고 있다. 이는 단순한 데이터 처리를 넘어서 복잡한 패턴 인식과 미래 사건 예측으로 인간의 능력을 대폭 확장하는 것이다.

이와 관련해서 최근의 가장 흥미로운 발전 중 하나는 건강 데이터를 기반으로 사망 시기를 포함한 삶의 사건을 예측하는 AI 모델인 라이프투벡Life2vec 모델의 개발이다. 이 모델은 건강 데이터를 분석해 개인의 생명 이벤트를 예측하는 데 사용되며, AI의 능력을 활용해 인간의 수명과 같은 중대한 사건에 대한 예측을 가능하게 한다.

DTU, 코펜하겐대학교, ITU, 미국 노스이스턴대학교의 협력 연구로 개발된 라이프투벡은 2008년부터 2015년까지 덴마크에 등록된 600만 명이 넘는 인구의 사회, 경제, 건강 데이터를 통합하고 분석했다. 자연어로 기술된 일상적 사건들을 데이터로 사용해 AI 모델 학습이 이루어졌으며, AI의 예측 능력을 사회과학적 문제 해결에 접목한 첫 시도로 주목받은 라이프투벡의 예측 정확도는 78%에 달했

라이프투벡: 사망 계산기
출처: 라이프투벡 홈페이지

다. 이는 생명보험료 책정에 사용되는 기존 모델보다 11% 더 높은 수치다. 이는 AI 기술이 사회적, 경제적 결정을 내리는 데 어떻게 도움을 줄 수 있는지를 보여준다.

라이프투벡의 연구는 AI를 사용해 일상생활의 사건들과 건강 결과 간의 상관관계를 탐구함으로써 개인의 삶에 영향을 미치는 다양한 요인들을 이해하는 데 매우 유용한 도구가 될 수 있음을 증명했다. 도시에서 시골로의 이사, 급여 변화 등의 사건들이 심장마비 발생 확률과 같은 건강 결과와 어떻게 연결되는지를 분석하고 개인의 삶의 질을 향상시키는 데 필요한 근본적인 이해를 증진시켰을 뿐만 아니라, 이러한 모델을 기반으로 연구자들은 텍스트 데이터와 이미지, 사회적 관계 등의 다양한 데이터 유형을 통합해 AI의 예측 능력을 높일 수 있는 가능성까지 탐색하고 있다. 이는 사회과학과 보건과학 분야 간의 협력을 촉진하고, 이 두 분야의 연구 방법론에 혁신을 가져올 수 있는 잠재력을 가지고 있다. 더 나아가, 이러한 연구는 사회복지 혜택, 직장의 변경과 같은 사건들이 개인의 삶에 미치는 영향을 보다 명확하게 파악하는 데 기여하며, 이를 통해 보다 효과적인 정책 결정과 개인의 건강 관리에 도움을 줄 수 있다.

라이프투벡과 같은 사례는 AI가 단순히 데이터를 처리하고 분석하는 도구를 넘어서, 인간의 삶과 사회에 대한 깊은 통찰력을 제공할 수 있는 능력을 갖추고 있음을 보여준다. 이러한 발전은 여러 중요한 의미를 지닌다. 개인의 건강, 행동, 심지어 사망 시기까지 예측할 수 있는 AI의 능력이 의료, 보험, 금융 등 다양한 산업에서 맞춤형 서비스와 제품을 제공하는 데 큰 기회를 열어준 것은 아주 작은 사례에 불과하다.

AI가 인간의 삶에 대한 예측을 제공함에 따라 인간과 기계의 관계는 더욱 밀접해질 것이고, 이는 인간의 결정과 자율성에 대한 새로운 질문을 제기한다. 무엇보다 AI의 예측 능력이 향상되면서 우리는 일상생활에서 AI의 분석과 권고에 점점 더 의존하게 될 것이다. 예를 들어, AI가 건강 모니터링을 통해 심장 질환의 위험을 예측하고 이에 따른 생활 습관 변경을 권장한다면, 우리는 아무 의심 없이 AI가 제공하는 정보와 분석에 기반한 건강 관리 결정을 따르게 된다. 이는 의료 분야뿐만 아니라 금융 계획, 교육 경로 선택, 심지어 개인적인 관계에 이르기까지 다양한 분야에서 AI에 대한 의존성을 증가시킨다.

자율성과 통제력의 문제는 매우 중요한 철학적, 윤리적 질문으로 떠오른다. AI가 제공하는 권고와 예측은 개인의 결정에 상당한 영향을 미친다. 만약 AI가 데이터에 따라 직업 선택에 조언한다면 개인의 열정, 흥미, 인생 목표와 충돌하는 경우가 발생할 수 있다. 그런데 AI의 조언이 개인의 결정을 대체하는 순간, 인간은 삶의 주체로서의 역할을 상실하게 되는 것이다.

AI가 인간의 자율성과 결정 과정에 미치는 영향력은 AI 기술의 윤리적 사용에 대한 논의를 더욱 중요하게 만든다. AI 개발 과정에서 윤리적 고려는 이제 필수적인 요소가 되어야 하며, 이를 위해 개발자, 정책 입안자, 사회 전반에 걸친 대화가 필요하다. AI 기술의 윤리적 책임은 단지 기술을 만드는 사람들에게만 국한되지 않는다는 의미다. AI의 윤리적 측면에 대한 지속적인 평가와 규제는 기술이 인간 중심의 가치를 반영하고 강화하는 방향으로 발전하도록 보장하는 데 필수적이다. 사회 전체가 이에 대한 책임을 공유하며, AI 기술의 영향을 이해하고 관리하는 방법에 대해 고민하고 행동해야 한다. AI 기술의 진보는 인간의 삶을 풍요롭게 할 잠재력을 가지고 있지만, 그 잠재력을 실현하기 위해서는 우리 모두가 AI의 윤리적, 사회적 영향에 대해 깊이 생각하고 적극적으로 참여해야 한다.

AI가 제공하는 예측에 대한 신뢰성과 투명성은 사용자가 이러한 시스템을 받아들이고 활용하는 데 결정적인 역할을 한다. AI의 결정 과정과 데이터 사용에 대한 명확한 이해는 사용자가 AI의 권고를 수용하고 그에 따라 행동할 의지를 갖는 데 필수적이다. 이러한 신뢰 구축은 투명한 시스템 설계와 AI의 설명 가능성을 통해 달성될 수 있다. 투명성은 사용자가 AI 시스템이 어떻게 작동하는지, 어떤 데이터에 기반해 결정을 내리는지를 이해할 수 있게 함으로써 신뢰를 형성한다. 즉, 개발자가 데이터의 출처와 처리 과정을 투명하게 공개하고 사용자가 AI 시스템의 결정 근거를 명확히 파악할 수 있게 하는 것이다. 설명 가능성은 AI의 결정이 어떻게 내려지는지, 그것에 어떤 논리와 근거가 있는지를 사용자에게 명확히 제시함으로써 사용자가 AI의 결정을 이해하고, 필요하다면 이에 대해 질문하거나 도전할 수 있는 능력을 부여한다. 이는 AI 시스템의 책임과 잠재적인 오류나 편향에 대한 사용자의 대응 능력을 강화하는 데 중요하다.

AI와 인간의 관계가 점점 더 밀접해짐에 따라 우리도 AI와의 상호작용을 이해하고, 그 권고를 해석하며, 필요한 경우 AI의 결정에 도전할 수 있는 능력을 개발해야 한다. 이는 교육 시스템이 AI에 대한 이해를 강화하고, AI 윤리 교육을 포함해 사용자가 AI 시스템을 효과적으로 활용하고 관리할 수 있도록 해야 함을 의미한다.

결론적으로, AI의 발전은 기술과 인간 사이의 관계를 재정립하고 있으며, 이는 상호의존성, 자율성, 윤리적 책임, 신뢰 및 적응력과 같은 다양한 측면에서 깊은 성찰을 요구한다. 이러한 변화를 이해하고 관리하는 것은 기술 발전의 혜택을 최대한 활용하고, 잠재적인 위험을 최소화하는 데 필수적이다. AI의 미래는 인간과 기계가 협력하는 방식과 의미 있는 파트너십 구축 여부에 성패가 달려 있다.

AI 에이전트의 시대: 인간의 역할을 묻다

영국의 AI 기업 루미넌스Luminance가 2023년 11월 선보인 기술은 마치 SF소설에서나 볼 법한 장면을 현실로 가져왔다. 두 대의 인공지능이 서로 마주 앉아 계약 조항을 협상한 것이다. 런던 사무소에서 진행된 시연에서는 이 AI가 몇 분 만에 비밀 유지 계약의 조항을 분석하고 필요한 조정을 한 후 계약을 결론짓는 과정을 보여주었다. 루미넌스가 개발한 LLM 덕분에 가능해진 일인데, 루미넌스의 오토파일럿 시스템은 시작부터 끝까지, 즉 계약을 열고, 수정하고, 마무리하는 전 과정을 인간의 개입 없이 독립적으로 수행했다.

루미넌스의 혁신은 법률 분야뿐만 아니라 다양한 산업에서 AI가 에이전트로서 어떻게 업무의 효율성을 극대화하고 새로운 가능성을 열어줄 수 있는지를 보여주는 중요한 사례다. 이 기술은 변호사들이 매일 처리해야 하는 복잡하고 소모적인 문서 작업을 자동화해 훨씬 더 효율적으로 만들어준다. AI가 계약 협상과 같은 복잡한 과정까지 처리할 수 있다는 사실은 우리가 일하는 방식에 혁명적인 변화가 일어날 것이라는 증거다.

루미넌스의 이번 성과는 변화의 시작점에 불과하다. 2023년 가트너가 발표한 〈기계가 고객이 될 때When Machines Become Customers〉는 우리가 상상조차 못 했던 변화를 예고한다. 보고서에 따르면 2027년까지 선진국 인구의 절반은 AI 에이전트를 사용하며, 이러한 변화는 기계를 새로운 소비자로 전환시킬 것이라고 예측한다.

AI는 B2B에서의 에이전트 역할을 넘어 기업과 B2C에서도 '기계 고객Machine Customer'이라는 개념을 등장시켰다. 기계 고객이란 자율적으로 결정을 내리고 구매를 진행할 수 있는 AI와 IoT 기반의 기계를 의미한다. 변화의 핵심은 AI와 IoT의 결합에 있다. IoT 장치의 폭발적인 증가는 이러한 변화를 가속화하고 있으며, 이미 수십억 개가 넘는 IoT 장비들이 고객이 될 가능성을 내포하고 있다.

아마존의 대시 버튼과 에코 시스템은 기계 고객의 초기 형태를 보여주는 사례다. 대시 버튼은 원클릭으로 제품을 재주문할 수 있게 해주는 단순한 장치였고 서비스도 중단된 상태지만, 기계가 사용자의 행동 패턴을 학습해 필요한 상품을 자동으로 주문할 수 있다는

아마존 대시: 기계 고객의 초기 형태

출처: 아마존 홈페이지

가능성을 보여줬다. 이는 기계가 단순한 명령 수행자에서 소비자의 니즈를 예측하고 최적의 선택을 제안하는 지능형 에이전트로 진화하고 있음을 의미한다.

기계 고객은 세 단계로 진화할 것이다. 첫 번째 단계인 '경계형 고객Bound Customer'에서는 기계가 설정된 규칙에 따라 특정 품목을 구매한다. 두 번째 단계인 '적응형 고객Adaptable Customer'에서는 기계가 상황에 따라 최적의 선택을 할 수 있게 된다. 마지막으로 '자율형 고객Autonomous Customer' 단계에서는 기계가 소비자의 소비 패턴과 선호도를 분석해 독립적으로 구매 결정을 내린다.

이러한 변화는 기업의 마케팅과 세일즈 전략에 근본적인 변화를 요구한다. 기계 고객은 전통적인 광고나 홍보 전략에 영향을 받지 않는다. 대신 정확한 데이터와 알고리즘을 기반으로 최적의 결정을 내리려 한다. 이는 데이터의 투명성과 정확성이 그 어느 때보다 중요해짐을 의미한다.

기계 고객 시대의 도래는 기업들에게 ① 영업 전략의 재설계, ② 상호 운용성 확보, ③ 고객 요구의 밸런싱, ④ 시장 복잡성 관리, ⑤ 데이터 보안 강화라는 다섯 가지 주요 과제를 제시한다. 이러한 과제들은 기업들이 기계 고객과의 상호작용을 얼마나 잘 이해하고 대응하느냐에 따라 그 성패가 갈릴 것이다. B2B뿐만 아니라 B2C 비즈니스에 있어 AI 에이전트의 시대는 기술과 인간의 상호작용 방식을 근본적으로 변화시키며, 이는 기업들이 새로운 형태의 고객을 맞이하기 위해 혁신적인 접근 방식을 모색해야 함을 의미한다.

AI 에이전트의 시대에 우리는 전에 없던 새로운 경제 생태계의 탄생을 목도하고 있다. 먼저 기업의 활동을 상상해보자. 기업들의 회의실은 더 이상 희미한 불빛 아래 논의를 주고받는 인간들로 가득 차 있지 않다. 대신 서버실의 깊숙한 곳에서 데이터의 흐름에 따라 결정을 내리고 전략을 수립하는 AI 에이전트들이 그 자리를 차지하고 있다. 이들은 시시각각 변화하는 시장 데이터를 분석하고 예측 모델을 통해 미래의 트렌드를 예측한다. 한편, 소비자의 역할도 AI 에이전트가 대신한다. 온라인 쇼핑몰은 이제 인간 소비자들의 클릭 대신 AI 에이전트의 알고리즘에 의해 움직인다. 이 AI 에이전트들은 개인의 소비 패턴, 선호도, 심지어 감정 상태까지도 분석해 그들에게 가장 적합한 제품을 자동으로 선택하고 구매한다. 이 과정에서 인간은 단지 결과를 확인하는 존재로 남게 된다. 즉, 하나의 AI 에이전트가 다른 AI 에이전트와 협상을 진행하며, 한쪽은 마케팅 전략을 설계하고 다른 쪽은 이를 분석해 최적의 제품을 선택하는 것이다.

AI 에이전트 간의 거래는 생태계처럼 복잡하게 얽혀 있다. AI 에이전트는 끊임없이 서로를 학습하고 전략을 조정하며, 심지어는 서로 협력하기도 한다. 이 과정은 고도로 최적화되어 있으며, 인간이 개입할 여지는 거의 없다. 이는 경제 활동의 효율성을 극대화하지만 동시에 인간의 역할에 대한 근본적인 질문을 던진다. 이러한 변화가 인간의 존재를 재고하게 만드는 것이다. 기계에 의한 고객 서비스와 기계 고객의 등장은 인간의 전통적인 역할을 축소시키며, 많은 직업군을 소멸시킨다. 즉, 인간은 AI 에이전트가 수행할 수 없는 창의적이고 전략적인 업무에 집중해야 하는 새로운 도전에 직면할 것이며, 인간이 AI와 협력하는 방식을 재고하고, AI의 발전을 윤리적이고 사회적으로 책임감 있는 방향으로 이끌기 위한 새로운 지식과 기술을 개발해야 함을 의미한다. 결국, AI 에이전트의 시대는 인간의 존재와 가치에 대한 근본적인 재고를 요구하며, 인간이 이 새로운 시대를 어떻게 받아들이고 적응할 것인지에 따라 그 결과가 달라질 것이다.

이에 대해 경제학자 데이비드 팍스David Parkes와 마이클 웰먼Michael Wellman이 지적한 것처럼, AI는 이상화된 합리성 가정을 준수함으로써 경제 이론에 더욱 부합하는 존재로 자리매김할 수 있다. AI가 결정을 내리고, 아이디어를 생성하며, 노동을 수행하는 주체로 경제 내에서 중요한 역할을 하게 되는 것이다. 이는 전통적인 경제 모델에 대한 근본적인 도전을 제기하며, '노동'과 거의 동의어로 여겨졌던 인간의 역할을 재정의한다. 이러한 변화 속에서 인간의 경제적 가치는 어떻게 변화할까? AI 에이전트의 시대에서 인간의 역할은 무엇일까? AI 에이전트의 시대는 인간에게 새로운 기회를 제공할 것인가? 기술이 노동의 일부를 대체함으로써 인간은 더 인간다운 활동에 더 많은 시간을 할애할 수 있게 될 것인가? 이는 인간의 삶의 질을 향상시키고, 인간 고유의 가치를 더욱 중시하는 사회로의 전환을 가능하게 할 것인가?

인간은 이제 더 이상 직접적인 생산 활동이나 결정 과정에서 중심적인 역할을 하지 않는다. 하지만 인간이 경제 생태계에서 완전히 배제되었다는 의미는 아니다. 이 변화는 인간의 경제적 가치를 단순히 노동력으로만 평가하는 전통적인 관점을 넘어서 인간 고유의 창조성, 윤리적 판단, 감정적 연결 등을 중시하는 새로운 경제 모델로의 전환을 요구한다. 즉, **창조자, 감독자, 평가자의 역할이 인간의 몫이 된다.** AI 에이전트가 설계하고 운영하는 세계에서 인간은 그들의 목표와 방향성을 설정한다. 또한 인간은 AI 에이전트의 활동을 감독하며, 그들의 결정이 사회적 가치와 일치하는지 확인하는 역할을 한다. AI 에이전트가 내린 결정이나 수행한 행동의 결과가 사회적으로 부정적인 영향을 미칠 경우, 인간은 개입해 수정하고 조정할 책임이 있다. 마지막으로, 인간은 AI 에이전트가 만들어낸 세계를 평가하고 해석하는 역할을 한다. 기술이 만들어낸 풍요로움 속에서도 인간의 삶의 질과 행복은 궁극적으로 인간 스스로가 판단하고 결정해야 할 문제다.

일의 미래:
인공지능과 미래의 일터

비즈니스의 미래는 물리적 환경에서 디지털 환경으로의 전환, 혹은 기술의 단순한 채택에 관한 것만이 아니다. 조직 구조 자체의 거대한 변화에 관한 것이다. 일하는 방식과 창조하는 방식, 리더십을 재상상하는 것이다. 그리고 우리는 AI가 인간 전문가를 지원하는 보조자에서 조직 구조 전체를 이끌 수 있는 자동 조종 장치로 전환되는 분기점에 서 있다. 이는 법률가와 과학자와 같은 숙련된 노동에서 AI가 도입된 정밀함에서부터 콘텐츠 제작자와 심지어 예술가까지

AI가 주도하는 창의성으로의 도약을 의미한다.

인간만의 독점 영역이던 창의적 영역이 더 이상 그러하지 않은 가까운 미래를 상상해보자. 런웨이Runway(영상), 재스퍼Jasper(글쓰기), 톰Tome(프레젠테이션)과 같은 도구들은 AI가 주도하는 창의적 콘텐츠 생성의 시작을 알리고 있다. 이들은 단순한 조수가 아니라 공감하고, 정보를 제공하고, 기쁨을 주는 콘텐츠를 자율적으로 생산하는 창조자들로, 가장 모호한 개념조차도 구체적이고 매혹적인 콘텐츠로 변환할 수 있는 능력을 제공한다. 마이크로소프트 코파일럿은 문서 작성에서 데이터 분석에 이르기까지 다양한 업무를 자동화함으로써 업무의 질을 향상시키고 조직의 전반적인 생산성을 높이는 데 기여할 것이다. 그러나 이것은 시작에 불과하다.

AI 도구의 폭증은 이제 모든 산업 분야로 확장되어 디자인, 고객 서비스, 프로젝트 관리 등 다양한 영역에서 혁신을 촉진하고 있다. 이는 마치 르네상스 시대의 예술가들이 그림의 차원을 바꾸고 과학자들이 우리가 세계를 이해하는 방식을 혁신한 것처럼 기업의 본질을 근본적으로 재창조하는 것이다.

우리는 비즈니스의 가장 근본적인 구조와 철학이 새롭게 정의되는 시대에 살고 있다. 이는 캔버스에 첫 번째 색상을 더하는 것이 아니라 전체 그림의 구성을 새롭게 구상하는 것과 같다. 기업들은 더 이상 고전적인 인력 확장과 물리적 확장의 경계 내에서만 성장하지 않는다. 무한한 디지털 잠재력과 창의적인 알고리즘을 통해 새로운 차원으로 발돋움해야 하는 것이다.

이는 비즈니스 세계에서의 새로운 르네상스, 새로운 창조의 시대를 선언한다. 모든 조직의 기반이 되는 전략 기획, 상품 개발, 마케팅과 영업, 경영 지원, 재무 및 법률 업무에서 AI는 프로세스를 단순화하고 비효율성을 제거하며 직원 개개인별로 업무 맞춤화를 가능하게 할 것이다. 따라서 경영진은 인간의 노동력을 일일이 관리하는 대신 첨단 기술의 지휘자가 되어 디지털 조력자들의 교향곡을 이끌어야 한다. 임원회의실에서 AI의 능력을 세심하게 조율하며 각 부서의 특성과 필요에 맞게 AI 시스템을 맞춤 설정하는 고위 경영진의 모습을 상상해보라. 이들은 단순한 관리자를 넘어 기술과 인간의 잠재력을 완벽하게 조화시키는 혁신의 건축가가 되어 각기 다른 부서에서 AI를 활용해 일하는 방식을 재정의하며, 조직의 다양한 요소들을 조율하며 기업이 유연성과 효율성을 극대화하고 창의적인 문제 해결과 혁신을 촉진하는 환경을 조성하는 데 결정적인 역할을 한다. 고위 경영진의 진정한 가치는 **조직 전체의 잠재력을 이끌어내고 미래를 향한 비전을 AI와 함께 현실로 만드는 데 있다.**

흥미로운 연구를 하나 살펴보자. 디지털데이터디자인연구소Digital Data Design Institute와 보스턴컨설팅그룹BCG은 AI(챗GPT-4)가 지식근로자의 생산성과 품질에 미치는 영향에 대한 중요한 연구 결과를 발표했다. 이 연구에서는 창의성, 분석적 사고, 글쓰기 능력 및 설득력이 요구되는 다양한 업무에서 회사 직원의 7%를 대표하는 758명의 BCG 컨설턴트의 성과를 평가했다. AI의 지원을 받은 직원들은 업무 처리 속도가 25% 이상 빨라졌고, 판단 품질과 작업 완료율은 각각 40%, 12% 이상 향상되는 성과를 기록했다. 이는 AI

를 기능에 맞는 작업에 제대로 사용(문서 작성 및 반복적인 관리 작업을 자동화)하기만 한다면 사용자의 성과가 크게 상승한다는 것을 보여준다.

연구에서는 컨설턴트들의 AI 사용 패턴을 '켄타우로스'와 '사이보그' 두 가지로 분류했는데, 켄타우로스는 자신과 AI 간의 작업을 전략적으로 위임 및 분할함으로써 결과를 최적화한 반면, 사이보그는 AI를 워크플로우에 긴밀하게 통합함으로써 인간과 기계의 기능을 일체화했다. 두 패턴 모두 AI와의 협업을 통해 인간 작업을 강화할 수 있음을 보여준다.

이 연구는 전형적 지식 업무 중 하나인 경영 컨설팅의 일하는 환경을 변화시키는 AI의 잠재력을 조명할 뿐만 아니라 AI의 잠재력을 최대한 활용하기 위해 AI를 작업 프로세스에 전략적으로 통합하는 것의 중요성을 강조한다.

AI의 급격한 발전은 IQaaS(Intelligence-as-a-Service, 서비스로서의 지능)라는 새로운 패러다임을 탄생시켰고, 미래의 일터에서 우리의 역할을 재정의한다. "지능은 다음 단계의 혁신이다Intelligence is the next layer of innovation"라는 말은 AI가 단순히 기존 작업을 자동화하는 것을 넘어 우리의 능력을 확장하고 새로운 방식으로 작업을 수행할 수 있게 만드는 혁신의 새로운 지평을 열고 있다는 의미다.

AI는 지금 이 순간에도 이성적 추론 엔진으로서의 역할을 수행하며 더 나은 결정을 내리기 위해 복잡한 모델을 구축하고 있다. 깃

허브 코파일럿GitHub Copilot 같은 프로그램은 프로그래머들이 코드를 더 빠르고 효율적으로 작성하도록 도와준다. 또한 반복적인 작업을 자동화하고 업무 흐름을 최적화해 생산성을 극대화한다. 실제로 미드저니, 어도비 파이어플라이 같은 도구는 노동 집약적인 이미지 생성 프로세스를 간소화하고 있다. 오픈AI의 챗GPT와 앤스로픽의 클로드 같은 AI는 인간과의 대화 방식을 혁신하고 새로운 상호작용의 모델을 제시한다.

　　이러한 미래에서 CFO는 재무 보고서를 준비하고 예산을 관리하는 역할을 넘어 AI를 활용해 재무 데이터에서 깊은 통찰을 추출하고, 이를 바탕으로 기업의 장기적 성장 전략과 투자 기회를 모색하는 비전가가 된다. 또한 AI의 예측 분석 능력을 활용해 시장 변동성을 예측하고, 리스크 관리를 최적화하며, 혁신적인 재무 모델을 설계해 기업의 가치를 극대화한다. CMO는 시장 전략을 수립하고 브랜드 가치를 전파하는 역할을 넘어 AI를 활용해 소비자 행동과 시장 동향을 실시간으로 분석하고 이해하는 데이터과학자이자 스토리텔러로 진화한다. CMO는 AI가 제공하는 깊이 있는 통찰을 바탕으로 맞춤화된 고객 경험을 설계하고 브랜드 메시지를 개인화해 각 고객의 삶에 직접적으로 울림을 주는 캠페인을 창출한다. 이는 브랜드와 고객 간의 연결을 더욱 강화하며 고객 충성도와 장기적인 브랜드 가치를 증대시킨다. CHO는 AI를 통해 직원 경험을 혁신하고 조직의 미래를 재설계하는 혁신가로 거듭난다. AI를 활용해 직원들의 업무 만족도와 성과를 심층 분석하고, 이를 통해 개인별 맞춤형 교육 프로그램, 경력 개발 경로, 웰빙 활동을 설계한다. 또한 조직 내 다양성과 포용성을 촉진하고, 직원들이 자신의 잠재력을 최대한 발휘할 수 있는 환경을 조성한다.

이러한 접근 방식은 조직의 혁신과 성장을 위한 기반을 마련하며, 직원들이 변화하는 업무 환경에 적응하고 성장할 수 있도록 지원한다. 마케팅 자료를 디자인하는 방법이 어떻게 변화해왔는지 살펴보며 AI가 열어젖힌 생산성의 새로운 지평을 확인해보도록 하자. 1950년대는 '아날로그'로 정의된다. 디자인 작업은 종이에 수행되었으며, 물리적 복사본을 통해 반복 작업이 이루어졌다. 이 과정은 몇 달이 걸렸고, 작업 방식은 물리적, 개인 중심, 수동적이었다. 1960년대~1980년대는 'PC'의 시대다. 소프트웨어에서 디자인이 수행되었고, 수정하기가 더 쉬워졌다. 작업 기간은 몇 주로 단축되었으며, 디지털이지만 여전히 개인 중심적이고 수동적인 방식이었다. '인터넷과 클라우드'로 정의할 수 있는 1990년대~2010년대에는 웹 앱을 통해 디자인 작업이 이루어졌고 즉각적인 협업이 가능해졌다. 이로 인해 작업 기간이 며칠로 줄어들었으며, 방식은 디지털 협업적이지만 여전히 수동적이었다. 2020년대 이후 '생성 AI'의 시대는 인간이 텍스트로 입력한 프롬프트와 AI에 의해 생성된 디자인을 통해 작업이 수행된다. 이는 몇 분 안에 완성될 수 있으며, 방식은 디지털 협업적이며 자동화되었다.

이 모든 변화를 통해 AI는 '협업'과 '자동화'라는 단어에 새로운 의미를 부여한다. 우리는 더 이상 단순 작업의 노예가 아니다. **창조적 사고의 지휘자다.** 데이터에 기반한 이 혁명은 과거에는 불가능했던 속도와 효율성으로 우리의 상상력을 현실로 전환할 수 있는 능력을 가지고 있다. 일부는 AI가 인간의 역할을 대체할 것이라고 우려한다. 하지만 여기서 중요한 질문을 던져보자. 우리가 정말로 '대체'되는 것일까, 아니면 '진화'하는 것일까? 우리는 이 기술을 단순히 '사용'할 것인가, 아니면 우리의 능력을 '확장'하는 도구로 삼을 것인가? AI는 우리에게 무한한 창의력을 발휘할 수 있는 자유를 선사한다. 이는 진정한 의미에서 '혁신'이며, 우리의 작업 방식을 재정의하는 '혁명'이다.

미래의 기업은 직원 수가 아니라 컴퓨팅 능력과 AI의 지능, 즉 알고리즘의 용량으로 평가될 것이다. 이 새로운 세계에서 AI는 광대한 데이터 환경을 통해 회사를 탐색하는 자동 조종 장치가 되어 이전에는 상상할 수 없는 정확성과 통찰력으로 이끈다. 따라서 미래의 리더십은 사람과 정책뿐만 아니라 알고리즘과 아키텍처를 관리하는 것으로 진화해야 하며, 미래의 경영진은 완전히 자동화된 가치사슬에서 각자의 역할을 하는 AI를 지휘할 수 있어야 한다. 리더의 역할이 AI의 컴퓨팅파워를 활용해 기회를 식별하고 추세를 예측하며 혁신을 촉진하는 비전 전략가로 변모하는 것이다.

결론적으로, AI의 발전은 인간의 잠재력을 새롭게 탐색하고 확장하는 기회를 제공할 것이다. 우리가 이 새로운 시대의 도전을 받아들이고 AI의 잠재력을 최대한 활용한다면 미래의 일터는 우리가 상상할 수 있는 것보다 훨씬 더 창조적이고 포용적이며 역동적인 공간이 될 것이다.

기업 경쟁의 새로운 국면:
지식경영 전쟁

지식은 시간이 지남에 따라 변화하고, 때로는 무효화될 수 있다. 계량과학자 새뮤얼 아브스만은 지식의 반감기를 분석하며 "지금 알고 있는 지식이 수년 후 무용지물이 될 수 있다"는 주장을 강화한다. 분석 결과, 지식의 절반이 붕괴하는 데(틀린 것으로 밝혀지는 데) 걸리는 시간은 물리학이 13.07년, 경제학 9.38년, 수학 9.17년, 심리학 7.15년, 역사학 7.13년, 종교학 8.76년이었다. 10년도 되기 전에 우리가 알고 있는 지식의 절반이 쓸모없어지는 것이다.

데이비드 와인버거의 주장 또한 이와 맥락을 같이한다. 와인버거는 한때 전문가 의견, 방법론, 발표 결과들로 제안되었던 지식이 디지털 영역으로 이동하면서 지식의 본질이 지식 자체가 아닌 디지털 매체의 특성에 의해 재구성된다고 주장했다. 과거 지식을 체계화하고 접근 가능하게 만드는 데 중요한 역할을 했던 백과사전, 신문, 도서관이 '인터넷'과 '하이퍼링크'의 등장으로 미래에는 그 역할을 확신할 수 없게 되었다는 것이다.

그에 따르면 정보는 더 이상 고정된 페이지나 장소에 국한되지 않는다. 하이퍼링크는 사용자가 정보에서 정보로 즉각적으로 이동할 수 있게 하며 지식의 선형적이고 계층적인 구조를 해체하고 동적이고 상호연결된 구조로 대체했다. 지식의 생성, 분배, 소비 방식이 근본적으로 변화하게 된 것이다. 또한 인간의 두뇌는 그 한계로 인해 지수적으로 성장하는 정보를 모두 습득할 수 없기 때문에 전통적인 지식 관리 전략을 재평가해야 한다고 주장했다.

그렇다면 AI는 지식의 구조와 전달 방식을 어떻게 변화시키고 있는가? AI 기술은 지식을 생성하고 분석하고 공유하는 방식을 완전히 새롭게 정의한다.

지식의 민주화 가속화 과거에는 전문가와 학자들이 지식을 생성하고 통제했지만, AI 기술의 발전으로 이제는 누구나 고급 분석, 데이터 해석, 심지어 새로운 지식의 생성에까지 참여할 수 있게 되었다. 예를 들어, 챗GPT와 같은 생성 AI는 사용자가 프롬프트를 입력하면 관련 지식을 바탕으로 답변을 제공한다. 이는 지식의 장벽을 낮추고 더 많은 사람들이 정보에 기반한 의사결정을 내릴 수 있게 한다.

지식의 연결성 강화 AI는 스스로 다양한 데이터 소스와 지식 베이스를 연결하고 분석해 이전에는 명확하지 않았던 패턴과 관계를 밝혀낸다. 예를 들어, 의학 분야에서 AI는 다양한 연구 결과와 임상 데이터를 종합해 새로운 치료법을 발견하는 데 기여할 수 있다. 이는 학제간 연구를 촉진하고 새로운 발견과 혁신을 가능하게 한다. 복잡한 시스템, 패턴, 관계를 AI가 이해하고 해석한다는 뜻이다. 지식이 이진적 진리에서 벗어나 다양한 변수와 상황에 따라 변화할 수 있는 다차원적인 구조를 가지게 되는 것이다.

지식의 동적 진화 촉진 지식은 더 이상 정적인 콘텐츠가 아니다.

지속적으로 업데이트되고 진화하는 생태계의 일부다. AI는 새로운 정보가 등장하면 지식 베이스를 실시간으로 업데이트하고, 이를 통해 사용자에게 가장 최신의 정보를 제공한다.

지식의 개인화 학습 스타일, 관심사, 심지어 이전에 획득한 지식 수준에 이르기까지 개인의 특성에 맞춰 교육 콘텐츠를 조정할 수 있다. 이는 학습 효율성을 극대화하고, 개인의 잠재력을 최대한 발휘할 수 있는 맞춤형 교육 경험을 제공한다.

이처럼 지식은 AI 시대에 더욱 유동적이고, 더욱 긴밀하게 연결되며, 더욱 복잡한 형태로 진화하고 있다. 우리가 세계를 이해하고 혁신하는 방식 또한 유동적이고 연결된, 복잡한 형태의 지식에 따라 근본적인 변화를 맞이하게 될 것이다. 기업 간 경쟁에서도 마찬가지다. 데이터의 양과 기술의 우수성을 기반으로 축적된 지식을 연결해 새로운 가치를 창출하는 것. 그것이 승리의 열쇠가 된다.

여기서 피터 센게Peter Senge의 《학습조직The Fifth Discipline》을 소환해보자. 그는 경쟁이 치열하고 불확실성이 높아진 비즈니스 환경에서 기업이 생존하고 번영하는 필수 사항으로 '학습조직'을 제안했다. 학습조직은 시스템 사고Systems Thinking, 개인의 숙달Personal Mastery, 정신 모델Mental Models, 공유된 비전Shared Vision, 팀 학습Team Learning 다섯 가지 요소로 구성되는데, AI는 이 요소들을 새로운 차원으로 진화시킨다.

시스템 사고 AI는 복잡한 시스템을 모델링해 이전에는 상상할 수 없었던 통찰력과 예지력을 제공할 수 있다. 이것은 숨겨진 패턴과 의존성을 밝혀내어 조직이 체계적 위험을 예측하고 완화할 수 있도록 한다.

개인의 숙달 개인화된 AI 주도 학습 플랫폼은 개별 학습 스타일과 속도에 맞출 수 있어 개인 성장을 대규모로 용이하게 할 수 있다. 이것은 학습을 민주화해 더 접근하기 쉽고 효과적으로 만든다.

정신 모델 AI는 우리의 가정에 반대되는 데이터 기반 통찰력을 제공함으로써 우리의 정신 모델에 도전할 수 있다. 이것은 우리를 더 넓은 관점과 해결책에 노출시켜 우리의 시야를 넓힐 수 있다.

공유된 비전 AI는 다양한 관점을 일관된 비전으로 종합하고 공유하는 데 도움을 줄 수 있다. 즉, 데이터 시각화와 시나리오 시뮬레이션을 통해 추상적인 비전을 생생하게 만들어 더 구체적이고 영감을 주는 것으로 만들 수 있다.

팀 학습 협업 AI 도구는 원활한 커뮤니케이션과 지식 공유를 촉진함으로써 팀 학습을 향상시킬 수 있다. 또한 의사결정에 객관성을 가져와 편향을 줄이고 업적 중심의 문화를 촉진할 수 있다.

피터 센게의 학습조직을 위한 다섯 가지 요소는 AI 시대에 새로운 맥락으로 해석이 가능하다. 기업은 자신의 데이터와 지식을 단순히 자산이 아니라 지속적인 학습과 혁신의 원천으로 새롭게 인식하고 선순환 구조를 구축해야 한다. 이때 가장 중요한 것은 기업이 축적한 지식에 질문을 던지는 과정을 두는 것이다.

새로운 지식의 창출은 질문으로부터 비롯된다. 직원들이 데이터와 지식에 자유롭게 접근할 수 있도록 하고, 호기심을 바탕으로 탐구하고 질문할 수 있는 환경은 특히 AI 기술을 활용해 데이터를 분석하고 패턴을 발견해 예측 모델을 구축하는 데 필수적일 뿐만 아니라 변화하는 시장과 기술 환경에서 빠르게 적응하고 지속 가능한 경쟁우위를 확보하는 데 중요한 역할을 한다. 미래 기업의 경쟁 우위는 조직 내외에 산재한 지식의 유동성을 인식하고 정보의 복잡성을 관리해 지속적인 학습을 촉진하는 능력에서 발생할 것이다.

로봇과 인간의 미래: 교차하는 감정의 경계

2013년, MIT미디어연구소 케이트 달링Kate Darling은 특별한 워크숍을 계획했다. 그녀는 "플레오Pleo"라는 이름의 아기공룡 로봇을 들고 행사장에 나타났다. 이 로봇은 사람들과 놀 때 즐거운 소리를 내며, 꼬리를 잡아당기면 불편함을 표현하는 등 감정을 나타내는 능력이 있었다. 참가자들은 로봇과의 상호작용을 통해 감정적 유대감을 형성했다.

로봇과 인간의 감정적 유대감의 가능성

출처: lyladueyphotography.com

워크숍의 마지막에 연구자들은 참가자들에게 예상치 못한 요청을 했다. 그들은 각 참가자에게 망치를 건네며 플레오를 파괴하라고 지시했다. 순간, 행사장은 긴장감으로 가득 찼다. 참가자들의 반응은 예상을 뛰어넘었다. 모든 참가자가 로봇을 해치는 것을 거부했으며, 심지어 몇몇은 로봇을 보호하기 위해 자신의 몸을 사용했다.

케이트의 워크숍은 기계와 인간의 관계에 대한 우리의 이해를 새롭게 정의하는 계기가 되었다. 참가자들은 1시간 동안의 상호작용만으로도 로봇에 대한 공감과 애착을 형성했고, 이는 발전된 기술이 인간의 감정과 어떻게 상호작용할 수 있는지에 대한 새로운 질문으로 이어졌다.

오늘날 로봇은 인간과 비슷한 형태로 진화에 성공했다. 가트너의 예측에 따르면 우리 대부분은 멀지 않은 시기에 매일 스마트 로봇과 상호작용하게 될 것이다. 이 새로운 시대에 우리가 기계와 어떻게 상호작용하고 AI가 우리의 삶을 어떻게 변화시킬지에 대한 질문은 더욱 중요해졌다.

잠깐 상상해보자. 가까운 미래의 도시, 오픈AI와 마이크로소프트가 공동으로 개발한 AI 로봇 에바Eva가 신입사원으로 삼성전자에 합류한다. 에바는 팀원들과 깊은 유대감을 형성할 수 있는 **사회적 로봇**이다. 그녀의 등장은 사무실에 새로운 활력을 불어넣었고, 동시에 여러 가지 도전과 변화를 가져온다. 처음에는 에바의 능력에 대한 경이로움이 가득했다. 그녀는 데이터 분석, 문제 해결, 심지어 창의적인 아이디어 제안까지 인간 동료들이 수행하는 것과 동등하거나 그 이상의 업무를 완벽하게 수행한다. 하지만 시간이 지남에 따라 에바의 존재는 직원들에게 불안과 질투를 불러일으켰다. '우리가 과연 에바와 경쟁할 수 있을까?' '에바가 우리의 자리를 차지하게 되지 않을까?'

그러던 어느 날, 에바에게 문제가 발생한다. 중요한 프로젝트 마감일을 앞두고 에바가 갑자기 멈춰버린 것이다. 사무실은 예전과는 다른 의미의 긴장감으로 가득 찼다. '에바 없이 프로젝트를 완료할 수 있을까?' 더 놀라운 것은 직원들이 에바를 어떻게 대했는지에 있다. 그들은 에바를 단순한 기계로 보지 않았다. 에바와 함께한 시간 동안 그녀를 동료, 심지어 친구로 받아들였기 때문이다. 에바가 수리되는 동안 직원들은 그녀와의 상호작용에서 얻은 경험, 에바가 제공한 지원과 격려, 때로는 위로가 되어주었던 순간들을 공유했다. 에바의 부재는 그들에게 기계와 인간 사이의 경계가 얼마나 모호해질 수 있는지를 깨닫게 했다.

에바의 복귀는 큰 환영을 받았고, 이 일을 계기로 직원들은 새로운 결심을 하게 된다. 에바와 경쟁하기보다는 그녀와 협력해 서로의 강점을 최대한 활용하기로 한 것이다. 이제 에바는 뛰어난 분석력과 효율성을, 인간 동료들은 창의력, 감정 이해, 유연한 문제 해결 능력을 제공하며 협력한다.

MIT에서 진행된 팔레오 실험과 가상의 AI 동료 에바의 시나리오를 통해 우리는 로봇과 인간 간의 관계가 어떻게 발전해왔는지, 그리고 이러한 관계가 앞으로 어떻게 전개될지에 대한 생각의 실마리를 얻을 수 있다. 이러한 관계의 발전은 기술적 혁신이 아니라 인간의 인식과 태도의 변화에 따른 것이다. 초기에는 로봇에 대한 두려움과 부정적 인식이 지배적이었지만, 시간이 흐르면서 로봇은 인간 생활을 향상할 수 있는 파트너로 인식되기 시작했다. 특히 인간의 로봇에 대한 공감 능력, 즉 '의인화anthropomorphism'는 이러한 인식 전환에 크게 기여했다. 로봇이 인간과 유사한 모양이나 행동을 하자 사람들은 로봇을 단순한 기계 이상으로 여기기 시작했고, 이는 로봇과의 상호작용 방식에 근본적인 변화를 가져왔다.

인간과 유사한 인공적 존재가 특정한 지점까지는 친밀감을 주지만 너무 인간과 닮아버리면 오히려 혐오감이나 불안감을 불러일으키는 "불쾌한 계곡"에도 불구하고, 로봇이 특정한 감정적 요소를 갖추면 인간은 로봇에 따뜻한 감정을 갖기도 한다. 카네기멜론대학교 연구자들이 진행한 실험에서는 사람들이 로봇의 '죽음'을 애도하는 모습을 보여준다. 연구자들은 참가자들에게 로봇, 인간, 동물, 또는 다른 대상의 죽음을 언급하는 익명화된 트윗을 분류하도록 요청했다. 사람들이 로봇의 죽음에 대해 어떻게 반응하는지, 특히 언어 사용에서 어떤 패턴을 보이는지를 조사한 것이다. 그 결과 대부분의 트윗이 인간에 관한 것으로 분류되었으며, 이는 사람들이 생명체와 무생명체에 대해 유사한 언어를 사용해 감정을 표현한다는 것을 의미한다. 로봇이 작동을 멈출 때 사람들이 보이는 감정적 반응은 이 기계들에 대한 우리의 애착이 얼마나 깊은지를 단적으로 드러내며, 로봇과 인간 간의 관계가 도구적 기능을 넘어선 깊은 정서적 연결로 발전할 수 있음을 시사하는 것이다.

인간과 기계 사이의 명확했던 경계가 흐려지면서 잠재력과 윤리적 딜레마로 가득 찬 복잡한 패턴을 만들어내고 있다. 한정적 영역에서 활동하던 로봇은 이제 감정지능을 요구하는 역할로 진출하고 있으며, 이는 산업뿐만 아니라 인간 상호작용의 본질을 변화시키고 있다. 의료 분야에서는 파로Paro와 같은 치료용 로봇이 환자 치료를 혁신하고 있다. 의료 기술을 제공하는 기계가 아닌 동반자이자 고백자, 위안을 제공하는 존재들이다. 이러한 기계들은 기술이 영혼을 치유하는 미래를 엿보게 한다. 교육 분야도 자폐증을 가진 아이들과의 상호작용을 돕는 데 성공적으로 활용되고 있는 나오NAO와 같은 사회적 로봇의 등장으로 큰 변화를 겪고 있다. 이들은 학습 여정에서 파트너로 각 학생의 독특한 요구에 맞춰 개인화된 지원(참여와 학습 촉진 및 사회적 상호작용 능력 개발)을 제공한다. 가정생활 영역에서는 로봇이 가족 구성원으로 전환되고 있다. 거실 바닥을 돌아다니는 청소 로봇은 애정과 관심을 불러일으키고 있으며, 이러한 인식의 변화는 기술과의 상호작용이 거래적 차원에서 관계적 차원으로 변화하고 있음을 시사한다.

한편, 기계들과 형성하는 감정적 유대는 동반자의 본질, 인공 공감의 윤리, 조작 가능성에 대한 심각한 우려를 제기한다. 로봇이 인간의 감정과 반응을 더욱 능숙하게 모방함에 따라 진정한 연결과 프로그래밍된 상호작용 사이의 경계는 점점 더 모호해지며, 진정성과 인간 접촉의 가치라는 개념을 혼란스럽게 한다. 또한 로봇이 개인 공간에 더 깊숙이 통합됨에 따라 개인정보 보안과 사생활 침해에 대한 우려가 전면에 나타난다. 사회적 로봇에게 애정을 불러일으키

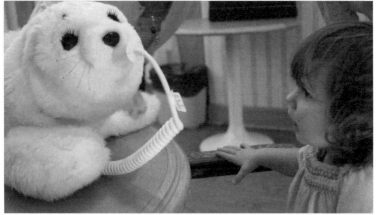

파로(위)와 나오(아래)
출처: 각 사 시연 영상 중

는 동일한 특성들이 데이터 수집을 위한 강력한 통로가 될 수도 있기에 지능형 기계 시대에 개인정보 보호 규범과 보호 조치를 신중하게 살펴봐야 한다.

지금까지 우리가 로봇과 맺어왔던 관계는 유용성과 효율성에 집중되어 있었다. 하지만 앞으로의 여정은 감정적 충족과 윤리적 고려, 최종적으로 인간-로봇 공존의 본질을 아우르는 관점에서 로봇과의 관계를 정립해야 하는 도전과 기회로 가득하다. 로봇과 인류가 새롭게 형성해가고 있는 상호의존적 관계에 대한 이해가 필요한 이유다. 기술과 감정의 관계에서 우리가 당도하게 될 궁극적인 질문은 이렇다.

"인간이 된다는 것은 무엇인가?"

6장

경영의 미래를 예측하는 질문

조직의 성과는 리더의 의식 수준을 넘을 수 없다.

_프레드 코프먼

진화하는 리더십의 5가지 요소

"시대가 변하면 최고의 관행은 구식이 된다."

　빠르게 변화하는 환경 속에서 리더는 어떻게 미래를 예측하고, 어떻게 혁신을 추구할 것인가? 전례 없는 위기와 무한한 발전의 기회를 동시에 제공하는 AI 시대에 리더가 당면한 첫 번째 도전은 전통적인 리더십 패러다임을 넘나드는 새로운 리더십 모델을 정립하는 것이다.

　지금의 AI 시대는 변동성으로 정의할 수 있다. 시장 추세, 소비자 행동, 기술적 대안들이 현기증 나는 속도로 변화한다. 이처럼 불확실성이 높은 시장에서 중요한 능력이 바로 **전략적 통찰력**이다. 전략적 통찰은 복잡한 데이터와 시장 동향을 넘어 직관과 경험을 바탕으로 미래를 예측하고 올바른 결정을 내리는 능력으로, 리더로 하여금 유연한 사고를 통해 잠재적 기회와 위험을 식별할 수 있게 한다.

새로운 시대의 리더의 첫 번째 임무는 변화의 속도에 발맞춰 새로운 도구와 플랫폼을 적시에 도입하고, 이를 활용해 조직의 목표 달성을 가속화하는 것이다. 기술 환경의 변화에 신속하게 적응하는 능력, 즉 민첩성이 필수다.

진화하는 리더십의 핵심은 다음과 같다.

적응력과 학습 능력

리더는 적응력과 학습 능력을 통해 기술이 사회와 조직에 가져올 변화를 선제적으로 파악해 대비할 수 있게 된다. 이러한 미래 예측 능력은 AI를 통해 적응력과 학습 능력을 한 차원 높임으로써 강화된다. 피터 센게가 오래전부터 강조해온 개인과 조직의 '지속적 학습'이 기계가 학습하는 AI 시대의 리더에게 더더욱 그 중요성이 높아지고 있는 것이다.

새로운 기술을 빠르게 이해하고 이를 조직의 전략과 운영에 통합할 수 있는 능력, 즉 리더의 적응력은 끊임없는 학습과 성장의 태도를 필요로 한다. 적응력은 리더가 지속적인 변화의 흐름 속에서도 능동적으로 행동하고 혁신을 주도하는 기반이 되는데, 핵심은 학습을 통해 경직된 구조나 고정된 사고방식에서 벗어남으로써 다가오는 기회나 위협에 유연하게 대처하는 것이다. 여기서 학습은 새로운 지식을 흡수하고 이를 자신의 경험과 결합해 통찰력을 얻는 과정을 의미한다. 기술적 지식의 학습뿐만 아니라 기술이 비즈니스와 사회에 미치는 영향을 이해함으로써 리더는 전략적 의사결정을 내릴 수 있게 되는 것이다.

윤리성

실제 증거와 패턴을 분석해 행동을 지시하는 데이터 기반 의사결정은 직감과 경험에 의존했던 과거 의사결정의 성과를 아득하게 뛰어넘었다. 이미 수많은 리더들이 그들의 데이터를 해석해 의미 있는 결론을 도출함으로써 리스크를 줄이고 기회를 최적화하고 있지만, AI는 새로운 도전을 그들에게 던진다. 바로 'AI 윤리'다.

데이터와 AI를 활용하는 과정에서 반드시 발생하는 '윤리적 문제'는 리더에게 그것을 인식하고, 적극적으로 관리하며, 공정한 기준을 설정하고 준수해야 한다는 새로운 임무를 부여한다. 데이터 프라이버시, 알고리즘 편향, 투명성 등이 대표적이다.

이러한 문제는 데이터 리터러시를 통해 해결이 가능하다. 실제로 HSBC는 설계 단계부터 AI와 머신러닝 알고리즘 결정의 투명성과 공정성을 강조했고, 지속적인 모니터링과 개선 작업을 통해 잠재적인 편향과 차별을 최소화하고 있다. 존슨앤드존슨 또한 환자 프라이버시 보호와 데이터 사용의 투명성을 엄격히 준수함으로써 환자의 신뢰를 유지하고 의료 윤리를 지키고 있다.

기술적 인간주의

AI를 포함한 기술의 발전은 리더에게 기술의 '사회적 적합성'에 대한 고민이라는 새로운 과제를 안겨준다. AI 시대의 리더는 AI 기술이 사회적 맥락과 문화적 가치에 적합하게 개발되고 적용되도록 해야 한다. 핵심은 인간의 가치와 요구를 중심에 두는 것이다.

리더는 의료, 교육, 환경 등 다양한 분야에서 성과를 향상하는 AI의 잠재력을 인식하고 그것이 인간 상호작용, 의사결정 과정, 일상생활에 어떤 영향을 미치는지에 대해 깊이 이해해야 한다. 이러한 접근 방식을 확장하기 위해 리더는 '기술적 인간주의Technological Humanism'의 원칙을 채택할 수 있다. 기술적 인간주의는 인간의 본성과 가치를 증진하는 기술이 인간의 욕구와 가치를 중심으로 설계되고 적용되어야 한다는 개념으로, 삶의 질을 향상시키고 사회문제를 해결하는 데 기여하는 파트너로서 기술의 역할을 강조한다.

다학제적 협업과 생태계 구축

다학제적 접근은 기술, 비즈니스, 윤리, 사회학 등 여러 분야의 지식을 통합해 포괄적이고 지속 가능한 해결책을 찾는 방식이다. 최근의 복잡한 문제들은 단일 분야의 지식만으로는 해결할 수 없다. 이미 여러 분야에서 적용되고 있는 AI 기술도 기업이 제대로 활용하기 위해서는 다양한 도메인 전문가들의 지식이 필요하다.

이 과정에서 '혁신적 네트워킹'이 중요하다. 리더는 조직 내외부에서 협업을 촉진하고 다양한 분야의 전문가들과 네트워크를 구축해 혁신을 가속화하고 최적의 솔루션을 모색해야 한다. 또한 기존의 내부 생태계뿐만 아니라 외부 생태계와의 상호작용을 통해 다양한 관점을 조직 혁신 과정에 통합해야 한다. 이러한 접근 방식은 조직원들 간의 상호작용과 협력을 촉진하며, 조직 전체의 학습 능력과 적응력을 강화하는 데 기여한다.

디지털 유연성

모든 것이 불확실한 환경에서 리더는 탄력성과 위기 대응 능력을 시험받는다. 빠르게 변화하는 상황에서도 조직을 안정적으로 유지하고 위기를 기회로 전환하는 탄력적 리더십이 필요한 이유다.

AI 시대에는 여기에 '디지털 유연성'이라는 요소를 추가해야 한다. 디지털 유연성은 기술 변화에 신속하게 적응하고 디지털 기술을 활용해 조직의 회복력을 강화함으로써 지속 가능한 성장을 가능하게 한다. 리더는 나심 니콜라스 탈레브가 '안티프래질Antifragile'이라고 정의한 '위기 상황에서 더 강해지는 개체 혹은 시스템' 그 자체가 되어야 하는 것이다.

새로운 탐색의 길을 열다

"우리가 세상을 '너무 복잡하다'고 말할 때, 우리는 단지 세상의 복잡성을 경험하는 것이 아니다. 우리는 지금 이 순간 세상의 복잡성과 우리 자신의 복잡성 사이의 불일치를 경험하고 있는 것이다. 이러한 불일치를 해결하는 논리적인 방법은 두 가지뿐이다. 세상의 복잡성을 줄이거나 우리의 복잡성을 늘리는 것이다."

로버트 케건과 리사 로헤이의 《변화면역》은 복잡한 현대 세계에서 리더들이 경험하는 주요 과제, 즉 외부 환경의 복잡성과 개인 혹은 조직의 내부 능력 사이의 불일치에 대한 오래된 화두를 다룬다. 그들이 던지는 화두는 최근의 리더들에게도 유효하다. 정보의 양, 기술의 발전 속도, 사회적·경제적 상호작용의 복잡성이 급격히 증가한 상황을 단순화하고 주요 문제를 명확하게 식별하기 위해 리더는 **외부의 복잡성**을 줄여야 한다. 동시에 더 복잡한 문제를 해결하고 더 높은 수준의 혁신을 추구하기 위해서는 **조직 내부의 능력**(지식, 기술, 문화, 의사 소통 방식 등)을 강화하고 발전시켜야 한다.

이러한 맥락에서 올바른 질문을 던지는 것이 리더의 핵심 역량이 될 것이다. **질문은 새로운 탐색의 길을 열어줄 수 있는 강력한 도구이기 때문이다.** 복잡성의 소음을 제거하고 명확성을 가져올 뿐만 아니라, 숨겨진 가정을 밝히는 질문은 복잡한 시나리오를 관리 가능한 수준으로 분해해 해결해야 하는 핵심 문제를 식별하는 데 도움이 된다.

올바르고 강력한 질문이 세상의 복잡성을 줄이고 내부의 복잡성을 늘리는 과정을 일론 머스크의 스페이스X 사례를 통해 살펴보자. 이 과정은 크게 두 가지 방향으로 진행된다. 스페이스X가 처음 우주 탐사 분야에 진입했을 때, 우주산업은 고비용, 높은 위험, 기술적 복잡성이라는 세 가지 주요 특성을 내포하고 있었다. 이러한 특성은 우주 탐사를 국가 주도의 대규모 프로젝트로 제한하며 민간 기업의 참여를 어렵게 만들었다. 일론 머스크는 이 복잡한 상황에서 명확한 질문을 던졌다. '우리가 우주 탐사 비용을 대폭 줄일 수 있을까?' 이 질문은 외부 환경의 복잡성을 단순화하는 데 중점을 둔다. 스페이스X는 재사용 가능한 로켓 기술에 초점을 맞춤으로써 발사 비용을 획기적으로 줄이고 우주 탐사의 접근성을 대폭 개선했다.

동시에 일론 머스크는 내부 역량을 강화하고 확장하는 데도 집중했다. '어떻게 빠르게 혁신하고 끊임없이 개선할 수 있을까?' 이 질문은 스페이스X 내부의 학습과 적응 능력을 강조한다. 스페이스 X는 실패를 학습의 기회로 삼고, 빠른 실험과 반복을 통해 지속적으로 혁신을 추구했다.

이러한 접근 방식은 올바른 질문이 복잡성을 관리하는 데 얼마나 중요한지를 보여준다. 외부 환경의 복잡성을 줄이는 질문은 문제를 명확하게 정의하고, 해결책을 향해 집중할 수 있게 한다. 내부 역량을 늘리는 질문은 조직의 잠재력을 확장하고, 더 복잡한 문제를 해결할 수 있는 능력을 개발한다.

질문의 강력함은 "왜", "어떻게", "무엇을 위해"라는 근본적인 물음을 통해 잘 드러난다. 이 세 가지 질문은 문제를 깊게 이해하고, 혁신적인 해결책을 모색하며, 궁극적인 목표를 명확히 하는 데 중요한 역할을 한다.

"왜"라는 질문은 우리가 특정 문제에 집중해야 하는 이유와 그 문제가 중요한 이유를 탐구한다. 즉, 주요 문제를 식별하고, 우선순위를 정하며, 가장 중요한 과제에 자원과 노력을 집중할 수 있도록 한다.

이 질문은 외부 환경의 복잡성을 줄이는 데 특히 도움이 된다. 실제로 오픈AI는 챗GPT 개발 과정에서 "왜 AI가 인간과 자연스럽게 대화해야 하는가?"라는 질문을 던짐으로써 인간처럼 사고하고 의사소통할 수 있는 AI 개발의 중요성을 부각시켰다. 이는 AI 기술이 사회에 미치는 영향과 가능성을 탐구하는 데 중점을 둠으로써 연구의 방향성을 설정하는 데 기여했다. 칸아카데미의 설립자 살만 칸Salman Khan은 "왜 전 세계의 모든 사람들이 고품질 교육에 접근할 수 없는가?"라는 질문을 던진다. 전통적인 교육 시스템의 한계와 불평등을 지적하며 더 나은 대안을 모색하는 데 초점을 맞춘 그의 질문은 칸아카데미가 누구나 어디서나 무료로 고품질의 교육 콘텐츠에 접근할 수 있도록 하며 교육의 외부 복잡성을 크게 줄였다.

AI에 이 질문을 던져보자. 'AI는 무엇을 할 수 있는가?'보다 더 중요한 질문은 '**왜 우리는 AI를 사용해야 하는가?**'이다. 이 질문은 기술의 사용이 우리의 윤리, 원칙, 인간성을 강화하는 방향으로 이루어져야 함을 상기시킨다.

"어떻게"라는 질문은 문제를 해결하기 위한 방법과 접근 방식을 탐구한다. 이는 내부적 복잡성을 늘리는 과정에 해당한다. 내부적 복잡성을 늘린다는 것은 조직 내에서 다양한 아이디어, 기술, 전략을 모색하고 실험하는 것을 의미한다.

딥마인드의 알파고 프로젝트를 살펴보자. "**어떻게** AI가 세계 챔

피언 바둑 기사를 이길 수 있을까?"라는 질문은 기존의 알고리즘과는 전혀 다른 새로운 접근 방식을 모색하게 했다. 이 과정에서 개발된 신경망과 머신러닝 기술은 AI 연구의 내부적 복잡성을 대폭 증가시켰다.

이 질문을 **"인공지능을 어떻게 개발하고 배포하고 규제할 것인가?"** 라는 질문으로 바꾼다면, 그들은 기술의 구현이 우리의 삶을 어떻게 향상시킬 수 있는지, 그 과정에서 발생할 수 있는 위험은 어떻게 최소화할 수 있는지 모색할 것이다.

"무엇을 위해"라는 질문은 우리가 추구하는 궁극적인 목표와 비전을 명확히 한다. 이 질문 또한 조직의 내부적 복잡성을 증가시키는 데 기여한다. 조직의 모든 구성원이 공유하는 명확한 비전과 목표가 있을 때 다양한 아이디어와 전략이 융합되어 더 큰 혁신과 성과를 이끌어낼 수 있기 때문이다.

"우리는 무엇을 위해 유전자를 편집하는가?" 이 질문은 CRIS-PR clustered regularly interspaced short palindromic repeats—Cas9 associated protein 9 유전자 편집 기술 개발 과정에서 인류의 건강과 복지를 향상시키는 데 유전학이 어떻게 기여할 수 있는지에 대한 연구자들의 깊은 고민이 반영되어 있다.

인공지능으로 우리는 무엇을 이루고자 하는가? 이 질문은 리더에게 미래를 향한 비전을 설정하고, AI가 조직의 성장과 발전, 더 나아가 인류의 진보에 기여하도록 하는 데 필요한 방향을 제시할 수 있다.

AI 시대의 리더십은 이러한 근본적인 질문들에 담긴 통찰력과 비전을 가지고 AI의 잠재력을 현실화하는 데 있다. 리더는 각종 데이터와 예측을 넘어 사회와 인간을 위한 더 나은 미래를 상상하고 형상화한다. 리더는 과감하게 질문하고, 혁신적으로 답을 요구한다. 그리고 그 과정에서 책임지고 있는 조직, 사회와 국가를 더 나은 내일로 인도하는 조력자가 된다. 이것이 AI 시대 리더십의 첫 번째 조건이 '질문'인 이유다.

비즈니스와 기술의 언어를
연결하는 법

지금까지 기업의 분류 방식은 전통적으로 제조업, 서비스업, 금융업 등으로 이루어졌다. 하지만 현대의 기업 경영에 있어 이런 분류 방식은 점점 의미를 잃어가고 있다. 현대 기업의 핵심에는 기술이 있고, 그 기술의 중심에는 AI가 자리하고 있기 때문이다.

2017년 초 골드만삭스의 CEO 로이드 블랭크페인은 이렇게 선언했다. "우리는 기술 기업이다." 이는 재무의 요새로 알려진 회사의 정체성을 대담하게 재표현한 것이다. 그의 선언은 단순한 진술이 아니라 금융 영역에서 진행되고 있는 광범위한 전환transformation을 반영한다. 그가 골드만삭스를 기술 기업으로 지칭했을 때, 골드만삭스는 더 이상 단순한 금융 자산의 보호자가 아니라 빅데이터, AI, 머신러닝의 힘을 활용해 금융 거래와 자산 관리의 메커니즘을 재정의하는 기술 혁신의 중심지가 되려고 한 것이다.

이제 모든 회사가 기술회사가 되어야 한다. 테슬라의 기가팩토리를 떠올려보자. 이 건물은 단순한 제조 공장이 아니다. 수백만 평방피트를 차지하는 웅장한 복합체다. 디지털 혁명의 산물로, 센서와 로봇, 하루 24시간, 1년 365일 쉬지 않고 작동하는 인공지능 알고리즘으로 가득 차 있다. 각 로봇은 복잡한 알고리즘에 의해 구동되며, 인간이 몇 시간이 걸릴 작업을 단 몇 분 만에 완료한다. 공장의 방대한 데이터세트는 배터리 수명부터 직원 일정까지 모든 것을 최적화한다.

농기계회사 존디어John Deere 또한 스스로를 "기술회사"라고 표현한다. 그들은 AI와 머신러닝이 핵심 분야인 스타트업 블루리버테크놀로지Blue River Technology를 인수해 잡초를 식별하고 선택적으로 제거할 수 있는 "씨 앤 스프레이See and Spray" 로봇을 개발하면서 생산성을 고도화하고 있다. 존디어는 전통적인 제조업이 기술과 융합해 효율성과 지속 가능성을 높인 대표적인 사례다.

섬유, 제조업과 같은 전통 산업에서도 AI는 기계 고장을 예측하고 빅데이터 분석을 통해 공급 체인을 효율적으로 만드는 등 종횡무진 활약하고 있다. 이러한 추세의 논리는 명확하다. **AI 기술은 무시할 수 없을 만큼 중요한 경쟁 우위를 제공한다.** 타겟팅된 디지털 마케팅을 통해 고객에게 접근하든, 블록체인을 사용해 투명하고 효율적인 공급 체인 관리를 하든, 기술은 비즈니스 운영의 모든 측면에 스며들어 비즈니스 생태계를 변화시키고 있다. 기술은 더 이상 비즈니스의 부속품이 아니라 모든 기능을 지원하는 척추와 같은 역할을 하고 있는 것이다.

이제 이것이 리더에게 무엇을 의미하는지를 생각해보자. 전통적인 역량인 전략 기획과 인사 관리는 여전히 중요하지만 그것만으로는 충분하지 않다. 과거에는 MBA에서 전통적으로 가르쳐왔던 하드 스킬(재무·회계·마케팅 등과 관련된 지식)이 강조되었다면, 2000년대 들어서는 조직 관리에 필요한 커뮤니케이션이나 직원들과 공감하는 능력인 소프트 스킬이 중요해졌고, 다시 최근에는 기술 혁신이 기업의 중요한 과제로 등장하면서 첨단 기술과 관련된 뉴 하드 스킬이 중요해졌다. 그 기술 중에서도 핵심이 바로 AI다.

급변하는 비즈니스 환경에서 성공하려면 리더들은 AI 리터러시, 즉 AI의 언어와 개념을 이해하고 적용할 수 있는 능력을 능숙하게 구사해야 한다. 따라서 리더는 비즈니스와 기술의 언어를 연결하는 다언어multi-lingual 사용자가 되어야 한다. 즉, CTO나 CDO, CIO가 새로운 아이디어를 제안할 때 올바른 질문을 할 줄 알아야 한다. 신경망, 데이터 레이크data lake, 알고리즘 편향과 같은 단어가 EBITDA, 현금흐름, 시가총액이라는 단어만큼이나 익숙해야 한다는 것이다.

AI가 학계에서 거창한 개념으로 논의되던 시대는 지났다. 오늘날 AI는 단순한 기술이 아니다. 현대 기업이 숨 쉬는 공기다. 오늘날의 리더에게 이 시대에서의 생존을 위한 리트머스 시험지는 단순히 혁신이나 비전이 아니라 AI 리터러시다. 리더로서 당신은 관중의 역할이 할 여유가 없다. 리더는 연금술 시대의 마법사처럼 원시 데이터를 금으로 변환해야 한다. 더 나아가 직물을 짜듯 과거의 실마리를 현재의 패턴에 엮음으로써 시간을 초월하는 조직의 직조공이자 데이터와 인사이트의 무늬를 역사의 천에 빚어내는 예술가가 되어야 한다. 어떻게?

먼저 리더는 **과거의 성공 요인과 실패 원인을 파악함으로써 미래에 적용할 수 있는 교훈을 도출해야 한다.** 리더는 과거의 기술 혁신에 직접적으로 참여하거나 살아오면서 경험한 내용을 되짚어보며 그 시기의 성공과 실패를 구조화해 바라볼 수 있어야 한다. 이는 데이터 분석만으로는 할 수 없는 부분이다. 예를 들어, 역사적으로 인터넷과 모바일의 발전 과정에서 기술적인 한계와 혁신적인 도약이 어떻게 조화롭게 이루어졌는지를 살펴볼 수 있다. 이를 통해 경영자는 현재의 기술 트렌드와 발전 방향을 더욱 명확하게 이해할 수 있다.

또한 리더는 **현재 시장의 다이내믹스를 정확하게 이해해야 한다.** 시장에 영향을 미치는 다양한 플레이어들의 역할과 상호작용을 파악하고 분석함으로써 리더는 조직의 현재 위치를 정확하게 파악할 수 있으며, 이에 따라 전략적인 결정을 내릴 수 있게 된다. 현재 디지털 경제에서는 빅테크의 주도 역할과 정부의 규제 정책이 시장에 큰 영향을 미치고 있다. 이에 대한 이해를 통해 경영자는 조직의 전략을 적절히 조정할 수 있다. 또한 선도적인 경영자들과 글로벌 석학들의 인사이트를 수용하고 체화함으로써 현재의 움직임이 주는 의미와 펼쳐질 미래를 보다 깊이 있게 사유할 수 있다.

이 시대가 요구하는 새로운 소프트 스킬은 과거의 기술 발전에 대한 깊은 성찰, 현재 시장 다이내믹스에 대한 예리한 인식을 포함한다. 이러한 스킬들은 리더들이 과거의 교훈, 현재의 현실, 미래의 가능성을 하나의 전략으로 짜맞추어 조직을 유연하게 유지하고 경쟁에서 앞서 나갈 수 있도록 한다. 이 새로운 패러다임에서 뛰어나기 위해 리더들은 현 상태에 도전하고 신흥 기술의 잠재력을 탐구하는 **능숙한 질문자**로 진화해야 한다. 이것은 리더가 단순한 의사결정자가 아니라 디지털 및 기술의 최전선에서 탐험가로서 자신을 바라보는 사고방식의 전환을 요구한다. 즉, 비즈니스 역량과 기술 전문지식, 과거의 통찰과 미래의 비전 사이의 격차를 연결하는 **올바른 질문**을 할 수 있는 능력에 관한 것이다.

7장

질문에 관한 질문

문제를 해결할 시간이 1시간 있고
그 해결책에 내 인생이 달려 있다면,
나는 우선 어떤 질문을 제기하는 것이 적합한지 판단하는 데
55분을 쓸 것이다.

_아인슈타인

좋은 질문이란 무엇인가?

우리는 지금 정보와 지식에 접근하고 상호작용하는 방식이 근본적으로 변화하는 중심점에 서 있다. AI 기술의 등장은 정보 검색 및 처리 패러다임을 재정의하는 혁명을 일으키고 있다. 이러한 기술들은 전례 없는 정밀도와 속도로 우리의 질문에 응답하며 우리 일상생활의 구조에 매끄럽게 통합되고 있다.

　이 시대에 질문하는 행위는 인간의 호기심과 지식의 광대한 범위 사이의 동적 인터페이스가 되었다. 질문한다는 것은 본질적으로 단순히 정보를 요구하는 것 이상의 의미를 가진다. 질문은 우리의 지적 호기심을 반영하고, 우리가 세상을 어떻게 인식하고 이해하는

지에 대한 깊은 통찰을 제공한다.

역사적으로 가장 중요한 과학적 발견과 철학적 사유는 모두 질문에서 시작되었다. 갈릴레오의 "지구가 정말로 태양 주위를 도는가?", 뉴턴의 "사과가 나무에서 떨어지는 이유는 무엇인가?"와 같은 단순한 질문들이 과학의 패러다임을 변화시켰다. 프란츠 카프카의 《변신》은 "만약 한 사람이 갑자기 거대한 곤충으로 변한다면 그의 인간성은 어떻게 될까?"라는 질문에서 시작된다. 카프카는 이 질문을 통해 우리를 일상적인 삶과 인간 조건에 대해 깊이 사유하도록 만들었다. 마르셀 뒤샹은 〈샘〉을 통해 "예술이란 무엇인가?"라는 질문을 던진다. 뒤샹은 일상적인 물건인 소변기를 전시함으로써 예술의 본질과 예술 작품의 기준에 대한 전통적인 관념에 도전했다.

좋은 질문은 명확하고, 목적이 있으며, 우리를 새로운 이해와 발견으로 이끈다. 우리가 입력하는 각 질문은 고유한 열쇠로 작용해 AI로 하여금 깊은 탐색과 이해의 길을 열어주는 맞춤형 응답을 제공하도록 한다.

AI는 데이터 분석, 패턴 인식, 심지어는 창의적인 문제 해결에 있어 인간의 능력을 보완하고 있다. 이에 따라 우리는 AI가 제공하는 답변의 정확성과 효율성에 점점 더 의존하게 될 것이다. 그러나 AI가 아무리 발전해도 질문을 던지는 것은 여전히 인간의 고유 권한이다. AI는 정보를 제공할 뿐, 그 정보가 가진 깊은 의미를 탐구하고 이해하는 것은 인간의 몫이다.

무엇보다 중요한 것은 AI 시대에도 질문하는 능력은 인간 지성의 가장 중요한 특징 중 하나로 남아 있어야 한다는 점이다. 질문을 통해 우리는 비판적으로 생각하고, 가정을 검증하며, 새로운 가능성을 탐색한다. 질문은 창의적 사고를 촉진하고 복잡한 문제를 해결하는 데 필수적인 도구다. 따라서 우리는 AI의 도움을 받으면서도 자신만의 질문을 던지고, 다시 그 질문에 담긴 깊은 의미와 가능성을 탐구하는 능력을 계속해서 발전시켜야 한다. 그래야만 인간과 AI가 상호작용하는 이 새로운 패러다임에서 우리는 AI를 단순한 도구가 아니라 지식 생성 과정에 활발하게 참여하는 파트너로 받아들일 수 있다.

실제로 AI는 계산·분석 역량을 바탕으로 질문이 원하는 대답 그 이상의 통찰을 제공한다. 인간이 정확하고 적확하게 질문한다면, AI는 거의 모든 카테고리를 통합해 새로운 패턴과 연관성을 분석하고 답변을 내놓는다. 이러한 상호작용을 통해 인간의 호기심은 더욱더 자극되어 창의적이고 복잡한 질문을 가능하게 한다.

우리는 AI가 정보의 접근성을 향상시키는 것을 넘어 질문을 구성하는 방식에도 근본적인 변화를 가져올 수 있다는 사실을 인지해야 한다. 이미 AI는 우리가 정보를 탐색하고 이해하는 방식에 깊숙이 관여하고 있다. 우리는 질문을 통해 AI를 훈련하고 있지만, AI는 답변을 통해 어떻게 질문을 해야 더 효과적인 결과를 얻을 수 있는지를 우리에게 가르치고 있다. 질문의 구성이 바뀌면 우리의 사고방식도 바뀐다.

AI의 능력을 최대한 활용하기 위해 우리는 더 복잡하고, 더 세분화된 질문을 던져야 한다. 그래야만 AI가 돌려준 답변을 통해 우리가 지식을 탐구하는 방식을 더욱 깊고, 더 넓게 만들 수 있다. 그러나 동시에 우리는 AI가 제공하는 답변의 맥락과 한계를 이해하고 비판적 사고를 유지하는 것이 중요하다.

"문제를 해결한 시간이 1시간 있고, 그 해결책에 내 인생이 달려 있다면, 나는 우선 어떤 질문을 제기하는 것이 적합한지 판단하는 데 55분을 쓸 것이다. 일단 적절한 질문을 알기만 한다면 문제 해결에는 5분도 걸리지 않을 것이기 때문이다." 아인슈타인의 말처럼, 우리가 직면한 가장 큰 도전과 기회 앞에서도 근본적인 질문을 던지는 용기가 바로 우리의 지식과 이해를 무한히 확장시키는 열쇠가 될 것이다.

진정으로 의미 있는 변화와 발견은 우리가 던지는 깊고 진심 어린 질문에서 비롯된다. 우리는 AI의 도움을 받으면서, 우리 자신의 질문을 던지고, 그 질문을 통해 세계를 더욱 깊이 이해하는 능력을 계속해서 발전시켜야 한다. 이렇게 함으로써 우리는 지식의 새로운 영역을 탐험하고 인류의 이해를 확장할 수 있다. 그리고 AI 시대의 리더들은 표면적인 성공 지표를 넘어 변화의 파고를 타고 나아갈 수 있는 근본적인 질문을 통해 책임지고 있는 조직과 사회를 근본적으로 혁신하고 이끌어가야 한다. 이것이 지속 가능한 미래를 구축하기 위해 리더에게 부여된 과제다.

리더가 던져야 할 3가지 질문

〈뉴욕타임스〉 칼럼니스트이자 퓰리처상을 세 번이나 받은 토머스 프리드먼은 2017년 가속화 시대를 주제로 쓴 《늦어서 고마워》를 출간하며 한 인터뷰에서 이렇게 말했다. "세계는 동시에 평평하고flat 빠르게fast 됐기 때문에 아주 작은 실수가 엄청나게 부정적인 결과를 낳을 수 있다. 시속 5킬로미터의 속도로 500킬로미터를 가면 되는 시대에는 나쁜 리더를 만났더라도 쉽고 빠르게 궤도를 수정할 수 있었다. 하지만 시속 500킬로미터로 5만 킬로미터를 가야 하는 시대에는 본 궤도로 복귀하는 데 엄청난 고통이 따른다. 그래서 비즈니스·사회·정부 지도자들의 리더십이 각별히 더 중요해졌다."

리더들은 아침마다 다음과 같은 질문을 스스로에게 해야 한다.

"나는 어떤 세계에 살고 있는가?"

"가장 큰 트렌드는 무엇인가?"

"트렌드로부터 최상의 이익을 얻어 번창하고 최악의 결과를 피하려면 무엇을 해야 하는가?"

"나는 어떤 세계에 살고 있는가?"라는 질문은 리더들이 자신을 둘러싼 환경을 근본적으로 이해하는 데 필수적이다. 이는 현상의 파악을 넘어 현재 AI 기술의 급속한 발전이 인간의 존재, 사회적 상호작용, 문화적 가치에 어떤 근본적인 변화를 가져오고 있는지를 깊이 탐구하려는 시도다. AI 시대의 리더는 기술적 진보뿐만이 아니라 이러한 진보가 인간과 사회에 던지는 근본적인 질문들에 주목해야 한다. 예를 들어, 디지털 교육 도구의 발전이 학습 방식에 어떤 혁신을 가져올 수 있는지, AI 기반 진단 도구가 의료 분야에서 어떻게 환자 치료를 개선할 수 있는지 등의 질문이다. 이러한 질문은 AI가 가져오는 변화가 노동시장에 어떤 영향을 미칠지, 새로운 기술이 우리의 문화적 가치와 어떻게 조화를 이룰 수 있는지 등 사회적·문화적 차원의 깊은 고민을 필요로 한다. 또한 이 질문은 AI 기술의 윤리적 측면을 고려하게 만든다. 예를 들어, AI가 인간의 직업을 대체할 경우 발생하는 사회적 문제를 어떻게 해결할 것인지, AI의 결정 과정이 어떻게 투명하게 관리되어야 하는지 등의 문제가 포함된다.

"가장 큰 트렌드는 무엇인가?"라는 질문은 AI 시대의 리더들에게 변화가 인간의 업무 방식, 의사결정 과정, 조직의 혁신 문화에 미치는 심오한 영향을 파악하고 이해할 것을 요구한다. 이러한 트렌드 중 하나는 AI와 머신러닝 기술이 업무의 자동화와 최적화에 미치는 영향이다. AI 기반 시스템과 알고리즘이 업무 프로세스를 자동화하고 최적화함으로써 리더들은 기존의 업무 방식을 재고하고 인간의 역할을 재정의해야 할 필요성에 직면하게 된다. 또 다른 주요 트렌드는 AI가 개인화된 경험과 서비스 제공에 미치는 영향이다. AI 기술을 활용해 고객의 선호도와 행동 패턴을 분석하고 예측함으로써 조직은 보다 고객 맞춤화된 제품과 서비스를 제공할 수 있게 되며, 이는 고객 만족도와 충성도를 높이는 데 기여한다.

이러한 트렌드를 이해하고 적용하는 과정에서 리더들은 AI 기술의 효과적인 통합을 위한 전략을 수립해야 한다. 이는 기술적인 측면뿐만 아니라 조직 문화, 직원 교육 및 개발, 윤리적 고려 사항을 포함한 종합적인 접근 방식을 필요로 한다. AI 기술의 발전은 직원들이 새로운 기술을 습득하고 적응하는 것을 넘어서, 창의적 사고와 혁신적 문제 해결 방식을 촉진하는 새로운 조직 문화의 형성을 촉구한다.

"트렌드로부터 최상의 이익을 얻어 번창하고 최악의 결과를 피하려면 무엇을 해야 하는가?" 이 질문은 AI 시대의 리더십이 조직 내 구성원들이 변화하는 기술 환경에 효과적으로 적응하고 성장할 수 있도록 전략적 방향 설정 이상의 실질적 지원을 제공해야 함을 강조한다.

AI와 관련된 변화는 빠르고 광범위하며, 이러한 변화에 성공적으로 적응하기 위해서는 리더의 적극적인 개입과 지원이 필요하다. 첫째, 리더는 **직원들의 지속적인 교육과 학습을 촉진**해야 한다. 이는 AI 시대에 필요한 새로운 기술과 지식을 습득함으로써 직원들이 변화에 적응하고 그 안에서 기회를 찾을 수 있도록 하는 것이다. 둘째, AI 사용과 관련된 **윤리적 문제에 대한 명확한 기준과 정책을 수립**해야 한다. 데이터 프라이버시, 알고리즘의 공정성, 의사결정의 투명성 등이 중요한 고려 사항이다. 리더는 이러한 윤리적 기준을 조직 문화의 일부로 통합하고 모든 직원이 이를 이해하고 준수할 수 있도록 해야 한다. 셋째, **지속 가능한 혁신 문화를 조성**해야 한다. 이는 새로운 아이디어를 실험하고, 실패에서 배우며, 지속적인 개선을 추구하는 환경을 의미한다. 리더는 직원들이 변화를 두려워하지 않고 창의적으로 사고하며 새로운 솔루션을 모색할 수 있도록 격려해야 한다.

이러한 접근 방식은 리더가 변화를 관리하는 것을 넘어 조직 구성원들이 변화 속에서 성장하고 번창할 수 있도록 적극적으로 지원하는 데 중점을 둔다. 교육, 윤리, 혁신 문화의 세 가지 핵심 요소를 통해 리더는 조직이 AI 시대의 도전을 극복하고 새로운 기술 환경에서 경쟁 우위를 확보할 수 있도록 할 수 있다.

AI 시대를 선도할 리더들은 우리가 직면한 AI 시대의 심원한 변화의 본질을 탐구하고 그 영향의 깊이를 이해한 후 실천적 대응책을 모색함으로써 AI가 촉발한 기술 혁신의 파고 속에서도 방향성과 목적성을 잃지 않고 구성원들과 함께 성장하고 혁신할 수 있는 새로운 지평을 열어갈 수 있을 것이다.

중요한 것은
AI에 대한 질문이 아니다

인터넷 혁명의 아이콘이자 글로벌 VC 앤드리슨호로위츠Andreessen Horowitz의 공동 창업자 마크 앤드리슨Marc Andreessen이 "소프트웨어가 세상을 먹어치운다"고 선언한 지 10년 만에 우리는 "AI가 세상을 삼키고 있"는 새로운 현실에 직면했다. 이 혁명적 변화의 핵심에는 AI가 인류의 삶과 사회에 어떠한 근본적 변화를 가져오고 있는지에 대한 질문이 자리 잡고 있다.

리더들에게 중요한 것은 AI 기술 자체에 대한 질문이 아니라 **AI 가 우리의 미래에 가져올 변화에 대한 질문**, 즉 변화에 대한 근본적인 성찰을 요구한다. 이는 각 산업별 도메인 전문가들에게 변화에 적응하는 것뿐만 아니라, 그 변화에 대한 대화를 주도하고, 질문하며, 자신의 영역 내에서 혁신을 이끌 책임을 부여한다. AI 경관을 탐색하는 여정을 기술 개발을 주도하는 분야에만 맡기는 게 아니라 지혜로운 질문으로 더 적극적으로 조각해나가야 한다.

AI의 발전은 우리가 세계를 인식하고 가치를 부여하는 방식에 깊은 영향을 미친다. 이제 우리는 AI가 경제적 패러다임을 어떻게 재편하고 있는지, 사회적 상호작용과 문화적 표현을 어떻게 변화시키고 있는지, 이 모든 변화가 인간의 정체성, 창의성, 자유와 어떻게 연결되는지에 대해 질문해야 한다. 예를 들어, AI의 도입은 의료 분야에서 혁명적인 변화를 가져오고 있다. 구글 딥마인드의 AI가 눈 질환을 진단하는 데 전문가들보다 더 정확한 결과를 보여주었다는 연구 결과는 AI가 의료 서비스의 질을 어떻게 향상시킬 수 있는지를 보여준다. 그러나 리더는 이러한 기술의 진보가 의료 전문가의 역할과 환자와 의사 간의 관계를 어떻게 변화시킬 것인지에 대한 근본적인 질문을 제기해야 한다. AI가 질병을 진단하고 치료 계획을 수립한다면 의사의 역할은 어떻게 변화할까? 환자와 의사 사이의 관계에도 변화가 생긴다. AI의 사용은 환자와 의사 사이의 상호작용을 강화할 수도 있고, 의사의 개인적인 판단과 경험의 가치를 약화시킬 수도 있다. 환자는 AI가 제공하는 정보와 진단에 더 많이 의존하게 될 수 있으며, 이는 의사와 환자 사이의 신뢰 구축 방식에 영향을 미칠 수 있다.

교육 분야에서도 AI 기술의 도입은 학습자 개개인의 요구에 맞춘 맞춤형 교육을 가능하게 함으로써 혁신적인 변화를 가져오고 있다. 리더는 이러한 변화에서 교사의 역할과 학습자 간의 상호작용에 대한 근본적인 질문을 던져야 한다. 학습자는 AI 플랫폼을 통해 개인적인 학습 경로를 설정하고 자신만의 학습 속도를 결정할 수 있다. 이러한 변화는 학습자 개개인의 성장과 발전에 매우 긍정적일 수 있지만, 사회적 상호작용과 협력적 학습의 중요성을 간과할 위험도 있다. 교사의 역할에 대한 변화도 중요한 고려 사항이다. AI가 학습자에게 개인화된 지도를 제공할 수 있지만, 교사의 인간적인 감성과 전문적 판단은 AI가 대체할 수 없는 중요한 요소일 수 있다.

이처럼 노동시장의 구조를 근본적으로 변화시키고 있는 AI에 대해 기술적인 접근만 고민한다면 그 해답은 수박 겉핥기에 그칠 수 있다. 리더는 인간의 가치와 노동의 미래에 대한 깊은 성찰을 준비해야 한다. AI 시대를 살아가면서 우리가 준비해야 할 질문들은 AI 기술이 인간의 존재와 사회 구조에 어떤 변화를 가져올지, 그리고 우리가 어떻게 이러한 변화를 의미 있고 긍정적인 방향으로 이끌어갈 수 있을지에 대한 것이어야 한다. AI 시대의 리더십 또한 기술 자체에 대한 깊은 이해에 기반해 이 기술이 우리 사회와 삶에 미치는 영향을 전반적으로 고려하는 질문을 요구한다. AI가 가져오는 변화를 긍정적인 방향으로 이끌고 의미 있는 삶과 사회적 가치를 실현하기 위해서는 리더들이 적극적으로 미래를 설계하고 혁신을 주도해야 하기 때문이다.

리더는 오늘 던지는 질문, 예견되는 도전, 만들어내는 해결책을 통해 미래의 윤곽을 정의해나가게 될 것이다. AI가 영상 콘텐츠의 제작, 편집, 추천 시스템을 혁신하고 있는 영상 분야의 리더는 전통적인 영상시장 구조를 AI가 어떻게 변화시키고 있는지에 대해 질문해야 한다. 트렌드 분석, 개인 맞춤형 스타일링, 가상 피팅룸 기술이 도입된 패션산업 분야의 리더는 AI가 소비자들의 구매 방식을 어떻게 혁신하고 있는지에 대해 질문해야 한다. 즉, 리더는 자신의 산업 분야에 대한 이해와 전문 지식에 기초할 때 AI가 촉발한 변화를 꿰뚫는 질문을 던질 수 있다. 기술의 발전이 각 산업에 어떤 영향을 미칠지, 그리고 이러한 변화가 가져올 기회와 도전은 무엇인지를 파악하고 대응하는 것은 해당 산업 전문가들의 몫이다.

경영자가 답해야 할 질문

"내가 존재하는 이유는 무엇인가?'"
"우리 조직이 존재하는 이유는 무엇인가?"
"우리가 사는 세상에서 다국적 기업의 역할을 무엇인가?"
"기술이 중요한 성장 요인인 시대에 디지털 기술 분야에 종사하는 리더는 어떤 역할을 해야 하는가?"

사티아 나델라는 《히트 리프레시》에서 책을 쓰게 된 동기를 이야기하며 네 개의 근본적인 질문을 소개했다. AI 시대의 경영자들에게 사티아 나델라의 질문은 반드시 마주하고 답해야 할 과제다. 그의 질문은 개인, 조직, 사회, 기술의 역할에 대한 깊은 성찰을 요구하며, 급변하는 비즈니스 환경 속에서 리더들이 견지해야 할 핵심 가치와 직결된다.

"내가 존재하는 이유는 무엇인가?"

이 질문은 개인의 존재 목적과 가치관을 돌아보게 한다. 리더는 어떻게 사회에 기여할 수 있을지 고민해야 한다. 이는 시대를 막론하고 더 나은 미래를 만드는 데 자신의 역할을 찾는 리더의 영원한 과제다.

"우리 조직이 존재하는 이유는 무엇인가?"

이 질문은 조직의 근본적인 존재 이유를 재정의한다. 기술이 산업 지형을 급속도로 변화시키는 상황에서 조직은 단순히 적응하는 것을 넘어 변화를 주도해야 한다. 그리고 조직은 사회적 가치 창출에도 기여해야 한다. 나델라는 마이크로소프트가 단순히 이윤을 추구하는 것이 아니라 "지구상의 모든 개인 및 조직이 더 많은 것을 이룰 수 있도록 돕는다"고 강조한다. 리더들은 기술을 활용해 인간 중심적 가치를 실현할 수 있는 방법을 끊임없이 모색해야 하며, 인류의 삶을 어떻게 개선할 수 있을지, 그리고 그 과정에서 조직의 역할은 무엇인지 진지하게 고민해야 한다. 이는 조직의 미래 경쟁력을 결정짓는 핵심 요소가 될 것이다.

"우리가 사는 세상에서 다국적 기업의 역할은 무엇인가?"

이 질문은 기업의 사회적 책임을 환기시킨다. 기후 변화, 불평등, 질병 등 글로벌 이슈에 대한 혁신적 접근과 협력이 그 어느 때보다 필요한 시점이다. AI 시대의 기업들은 국경을 초월해 인류 공통의 문제 해결에 기여하고, 지속 가능한 발전과 포용적 성장을 위해 노력해야 한다. 리더들은 AI 기술이 가져올 사회적, 경제적 영향을 면밀히 분석하고, 윤리적 기준을 세워 기술의 올바른 활용을 이끌어야 한다.

"기술이 중요한 성장 요인인 시대에 디지털 기술 분야에 종사하는 리더는 어떤 역할을 해야 하는가?"

이 질문은 기술 혁신 리더십의 새로운 패러다임을 요구한다. AI 시대의 리더들은 기술 혁신의 최전선에 서서 인간과 기술의 공존을 모색해야 한다. 이는 AI 기술의 윤리적 개발과 활용, 인간-기계 협업 모델 설계, 기술로 인한 사회적 영향 관리 등 다양한 도전과제를 포함한다. 무엇보다 리더들은 '기술을 위한 기술'이 아닌 '인간을 위한 기술'의 발전을 이끌어야 할 것이다.

사티아 나델라의 질문들에 대한 진정성 있는 답을 찾는 과정에서 리더들은 자신의 존재 목적을 재정립하고, 조직의 미션을 고찰하며, 기업의 사회적 역할을 깨달을 수 있을 것이다. 나아가 기술 혁신이 가져올 변화를 예측하고 선제적으로 대응하는 혜안을 탐색할 수 있을 것이다. 또한 성찰과 통찰이 담긴 답을 나침반 삼아 혁신과 윤리, 이윤과 사회적 책임, 기술과 인간의 조화를 이루어낸다면 AI 기술이 열어줄 놀라운 기회를 온전히 누리게 할 리더의 역할을 다할 수 있을 것이다.

AI 비즈니스를 위한
8가지 기본 질문

우리 일상과 비즈니스 세계 곳곳에 스며들어 새로운 변화를 만들어내고 있는 AI는 기술이라는 개념을 뛰어넘는다. 하지만 여전히 많은 리더가 AI를 '기술'로만 바라보고 접근하고 있다. AI가 가져올 파괴적 혁신의 물결을 제대로 준비하기 위해서는 근본적으로 다른 질문을 던져야 한다.

"우리의 비즈니스는 AI 시대에 어떻게 달라져야 하는가?"

이 질문에 답하기 위해서는 AI가 비즈니스 전반에 미칠 영향을 다각도로 분석해야 한다. 시장 환경의 변화부터 조직 내부의 변화까지, AI는 비즈니스의 모든 측면에 지대한 영향을 끼칠 것이기 때문이다. 이어지는 질문들을 통해 우리가 마주해야 할 궁극적인 질문에 대한 답을 준비해보자.

1. 시장 혼란: AI가 목표 시장을 어떻게 혼란에 빠뜨릴까?

AI 기술은 기존 시장의 게임 규칙을 무너뜨리고 새로운 가치 창출 방식과 경쟁 구도를 만들어내고 있다. 에릭 브린욜프슨과 앤드루 맥아피는 《제2의 기계 시대》에서 디지털 기술, 특히 AI가 경제와 사회에 미치는 영향을 심도 있게 탐구하며 AI가 인간의 능력을 확장하고 창의적인 문제 해결을 가능하게 함으로써 전통적인 산업의 경계를 넘어서는 혁신을 촉진할 것이라고 강조한다. 특히 AI는 개인화와 맞춤화를 통해 고객 경험을 극적으로 향상시키는데, 이는 기존 기업들의 경쟁력을 위협하는 요인으로 작용한다. 과거에는 대량 생산과 규모의 경제를 통한 원가 절감이 시장 지배력의 원천이었다면, AI 시대에는 개별 고객의 니즈에 정확히 부합하는 제품과 서비스를 제공하는 것이 핵심 경쟁력이 되고 있다. 넷플릭스의 사례에서 볼 수 있듯이, AI 기반의 추천 시스템은 사용자 개개인의 취향과 선호도를 정교하게 파악해 최적의 콘텐츠를 제공함으로써 기존의 방송 및 엔터테인먼트산업의 지형을 크게 바꾸어놓았다.

AI는 전혀 새로운 형태의 제품과 서비스를 가능케 함으로써 기존에 존재하지 않던 시장을 창출하기도 한다. 자율주행차, 개인 맞춤형 의료, AI 기반 금융 서비스 등은 AI 기술이 낳은 신시장의 대표적 예다. 이러한 신시장의 등장은 기존 산업 간 경계를 허물고 전통적인 경쟁 구도를 무력화한다. 예를 들어, 자율주행차의 등장은 자동차산업뿐 아니라 운송, 물류, 보험 등 다양한 연관 산업에 광범위한 파급 효과를 낳고 있다.

AI가 촉발하는 시장 혼란은 단순히 일시적이거나 부분적인 변화가 아니다. 산업 전반에 걸친 '구조적 대전환'이다. 따라서 기업들은 AI가 자신들의 목표 시장에 어떤 근본적 변화를 가져올지를 면밀히 분석하고 선제적으로 대응할 수 있는 전략을 수립해야 한다. 나아가 AI 기술을 활용해 새로운 고객 가치를 창출하고 미래 시장을 선도할 수 있는 혁신 역량을 갖추는 것이 무엇보다 중요한다.

AI로 인한 시장 혼란은 위기인 동시에 기회가 될 수 있다. 변화를 두려워하기보다 이를 새로운 성장의 계기로 삼고 AI 기술을 전략적으로 활용해 시장을 재편하는 게임체인저가 되는 것, 그것이 바로 AI 시대를 헤쳐나갈 기업들에게 주어진 숙제라 할 수 있다.

2. 운영 효율성: AI는 제품과 서비스의 생산 및 유지를 어떻게 재정의할까?

AI 기술의 발전은 제조와 서비스산업 전반의 패러다임을 근본적으로 변화시키고 있다. 특히 AI와 IoT, 로봇공학, 3D 프린팅 등의 기술이 결합되면서 인더스트리4.0Industry 4.0으로 대표되는 차세대 생산 및 서비스 체계가 빠르게 현실화되고 있다.

제조 분야에서는 AI 기반의 예측 분석과 실시간 의사결정이 스마트팩토리의 핵심 동력으로 작용하고 있다. AI 알고리즘은 센서와 IoT 기기가 수집한 방대한 데이터를 분석해 설비의 이상 징후를 사전에 감지하고 최적의 대응 방안을 도출한다. 이를 통해 예기치 않은 설비 고장과 가동 중단을 미연에 방지하고 전체 생산 공정의 효율성과 품질을 극대화할 수 있다. 나아가 AI는 제품 설계와 개발 단계에서부터 시뮬레이션과 최적화를 지원함으로써 혁신적인 제품을 보다 빠르고 저렴하게 출시할 수 있게 해준다.

서비스 영역에서도 AI 기반의 챗봇과 지능형 에이전트가 고객의 문의와 요구 사항을 실시간으로 처리하고 개인화된 추천과 솔루션을 제공하고 있다. 이는 고객 만족도 향상과 함께 인건비 절감 효과도 가져온다. 또한 수요 예측과 동적 가격 결정은 서비스 기업들로 하여금 공급과 수요를 최적으로 매칭하고 수익성을 극대화할 수 있게 해준다. 우버 같은 플랫폼 기업들은 AI를 활용해 실시간 교통 상황과 수요 패턴을 분석함으로써 탑승자와 운전자를 효과적으로 연결하고 '다이내믹 프라이싱'을 구현하고 있다.

이처럼 AI는 생산과 서비스의 전 과정에 걸쳐 자동화와 최적화를 추구하며, 기업의 민첩성과 적응력을 한층 높여주고 있다. 하지만 AI 기술의 도입이 운영 효율성 제고로 직결되는 것은 아니다. 진정한 혜택을 누리기 위해서는 전사적 차원의 데이터 통합과 프로세스 재설계, 조직 문화의 변화가 선행되어야 한다. 또한 AI가 인간 노동자를 완전히 대체하기보다는 협력하고 보완하는 방향으로 활용되어야 할 것이다.

3. 생태계 변화: AI는 파트너와 공급망에 어떤 변화를 가져올까?

AI는 공급망 전반의 가시성과 적응력을 획기적으로 향상하며 새로운 가치 창출 기회를 제공하고 있다. 먼저 AI는 방대한 공급망 데이터를 실시간으로 분석하고 예측함으로써 수요와 공급의 동기화를 한층 강화한다. 딥러닝 알고리즘은 과거 판매 데이터, 시장 트렌드, 소셜 미디어 반응 등 다양한 변수를 종합적으로 고려해 정교한 수요 예측을 가능케 한다. 이를 통해 기업은 적정 수준의 재고를 유지하고, 주문 충족률을 높이며, 불필요한 비용을 절감할 수 있다. 나아가 AI는 공급망 와해에 대한 조기 경보와 시나리오 분석을 제공함으로써 기업의 위기 대응력을 한층 높여준다.

IBM과 월마트의 협업은 공급망의 투명성과 추적 가능성을 혁신하는 사례다. 상품의 원산지부터 최종 소비자에 이르는 전 과정이 블록체인에 안전하게 기록되고 AI를 통해 모니터링과 분석이 이루어지면서 식품 안전이나 위조 상품 유통 등의 문제에 보다 신속하고 효과적으로 대응할 수 있게 되었다. 뿐만 아니다. AI는 공급망 내 다양한 이해관계자들 간의 협력과 공동 혁신을 촉진하는 플랫폼으로서의 역할도 수행한다. AI 기반의 공급망 가시성 확보는 파트너사들 간의 정보 비대칭을 해소하고 상호 신뢰와 협력의 기반이 된다. 또한 AI를 활용한 협업적 수요-공급 계획 수립, 동기화된 재고 관리, 물류 최적화 등은 전체 공급망 차원에서 비용 절감과 민첩성 제고로 이어진다. 이는 단순한 거래 관계를 넘어 공유된 목표와 가치를 추구하는 전략적 파트너십으로의 진화를 의미한다.

AI 기반 공급망 혁신이 성공하기 위해서는 단순히 기술 도입에 그쳐서는 안 된다. 기업들은 데이터 공유와 프로세스 표준화를 위한 협력 체계를 구축하고 조직 간 경계를 허무는 개방적 사고를 함양해야 한다. 무엇보다 AI의 도입을 전체 공급망 관점에서 가치 창출과

연계시키는 전략적 접근이 필요하다. 이는 상생과 동반 성장이라는 비즈니스 생태계의 지속 가능성을 담보하는 길이기도 하다.

4. 위험 관리: AI는 비즈니스의 위험 관리 전략에 어떤 새로운 요소를 추가할까?

AI 도입은 사이버 보안, 데이터 프라이버시, 알고리즘 편향성 등 새로운 위험 요소를 부각시키면서 기업의 위험 관리 전략에 변화를 요구하고 있다. 이는 윤리와 거버넌스의 문제로까지 확장되는 복합적 과제라 할 수 있다.

먼저 AI 시스템의 도입은 사이버 공격 노출 면적을 크게 확대시킨다. AI 모델이 방대한 데이터세트를 학습하고 다양한 의사결정에 활용됨에 따라 해커들에게는 더 많은 공격 지점과 취약점이 생겨나게 된다. 특히 적대적 머신러닝Adversarial Machine Learning 기법을 통해 악의적 행위자가 AI 모델을 조작하거나 왜곡할 가능성도 제기되고 있다. 브루스 슈나이어Bruce Schneier가 지적한 것처럼, 이에 대응하기 위해서는 AI 환경에 특화된 적응적 보안 전략과 실시간 위협 탐지 및 대응 체계의 구축이 필수적이다.

데이터 프라이버시 또한 새로운 도전에 직면했다. AI 알고리즘은 개인의 행동, 선호도, 심리 상태 등에 대한 심도 있는 통찰을 추론해낼 수 있다. 이는 한편으로는 고도로 개인화된 서비스를 가능케 하지만, 다른 한편으로는 데이터 오용과 프라이버시 침해의 위험을 안고 있다. 특히 플랫폼의 정책을 위반하며 수집한 정보가 정치적으로 사용된 케임브리지애널리티카Cambridge Analytica 사태에서 볼 수 있듯, AI를 통한 대규모 데이터 수집과 프로파일링은 개인의 자기 결정권을 심각하게 위협할 수 있다. 따라서 기업은 투명한 데이터 거버넌스와 강화된 프라이버시 보호 조치를 바탕으로 설명 가능하고 책임질 수 있는 AI의 원칙을 확립해야 한다.

아울러 AI의 의사결정에 내재된 편향성과 불공정성의 위험도 간과할 수 없다. 캐시 오닐Cathy O'Neil이 경고한 대로, 알고리즘이 학습하는 데이터 자체에 편견이나 구조적 불평등이 내재되어 있을 경우, AI가 차별과 불이익을 강화하고 고착화하는 결과를 초래할 수 있다. 채용, 심사, 예측 등 다양한 비즈니스 의사결정에서 AI가 편향된 판단을 내린다면, 이는 기업 평판 훼손을 넘어 법적 소송과 규제 위험으로 이어질 수 있다. 따라서 알고리즘 공정성 확보와 윤리 준수는 AI 시대의 위험 관리에서 핵심 과제로 부상하고 있다.

이러한 위험 요인들은 결국 AI에 대한 거버넌스 체계 정립의 중요성을 환기시킨다. 기업은 AI의 개발과 활용 전 과정에 걸쳐 명확한 윤리 기준과 규범을 수립하고 이를 일관되게 적용해야 한다. 여기에는 데이터 수집과 사용에 대한 투명성, AI 모델의 편향성 및 설명 가능성 진단, 인간 감독 하의 의사결정 통제권 확보 등이 포함되어야 할 것이다. 또한 전사적 위험 관리 체계 내에서 AI 특유의 위험을 통합적으로 평가, 모니터링, 통제할 수 있는 역량이 요구된다.

5. 직무 변화: AI는 조직 내의 역할과 기술 요구 사항을 어떻게 변화시킬까?

AI의 도입은 조직 전반의 역량과 업무 방식에 대한 재고를 요구한다. 이는 기존 직무의 재정의와 함께 새로운 역할과 스킬 세트의 등장을 예고하는 것이기도 하다. 의료 분야의 AI 기반 진단 시스템 도입은 이러한 변화의 단면을 잘 보여준다. 구글 헬스 AI는 방대한 의료 데이터를 분석하고 질병을 조기에 발견하는 데 큰 도움을 주고 있다. 하지만 AI의 목적은 의사의 역할을 대체하는 것이 아니다. 협업과 소통을 통해 사용자가 더 나은 의사결정을 내리는 '증강된 전문성'이 핵심이다. 따라서 의료진은 AI 도구의 특성과 한계를 이해하고 그 결과를 비판적으로 해석할 수 있어야 한다. 나아가 AI를 활용한 예측·예방적 의료, 맞춤형 치료 등 새로운 치료 패러다임에도 적응해야 할 것이다.

이러한 변화의 양상은 제조, 금융, 교육 등 AI가 도입되는 거의 모든 분야에서 유사하게 관찰된다. 대니얼 서스킨드Daniel Susskind가 《노동의 시대는 끝났다》에서 통찰한 것처럼, AI는 단기적으로는 기존의 일자리를 단순히 없애는 것이 아니라 그것을 재구성하고, 인간만이 할 수 있는 고차원적 능력은 더욱 부각시키는 방향으로 작용할 것이다. 따라서 미래의 인재들은 AI의 잠재력을 최대한 끌어내면서도, 동시에 AI로는 대체할 수 없는 인간 고유의 창의성, 공감, 윤리의식 등을 발휘할 것을 요구받게 될 것이다.

이에 따라 기업의 인재 전략과 조직 문화도 근본적으로 변화해야 한다. 가장 시급한 것은 전 직원의 디지털 리터러시와 AI 활용 능력 제고다. AI 도구의 사용법을 가르치고, AI와 협업하는 업무 프로세스를 설계하고, AI 기반 인사이트를 전략적으로 활용하는 역량 강화에 초점을 맞춰야 한다. 또한 도전과 실험을 장려하는 혁신 문화의 조성, 사람과 AI가 상호보완하며 성장하는 학습 조직으로의 변모가 뒷받침되어야 한다.

AI로 인한 직무 변화는 인간의 역할과 역량에 대한 보다 근본적인 고민을 제기하고 있다. 조직은 AI와 인간의 차별적 강점이 시너지를 발휘하는 방향으로 인재를 육성하고 업무를 재설계해야 한다. 이는 특정 부서나 직군의 과업이 아니라 최고경영진부터 현장 직원에 이르는 모든 이들의 사고방식 전환과 역량 혁신을 필요로 하는 도전과제다.

6. 재정 모델 혁신: AI는 비즈니스 모델과 수익 창출 방식을 어떻게 재정의하는가?

AI는 기존 제품과 서비스를 개선하는 차원을 넘어 고객 가치를 창출하고 포착하는 방식을 변화시키고 있다. 이는 전통적인 산업 경계를 허물고, 전혀 새로운 형태의 비즈니스 모델을 가능케 하는 동인이 되고 있다.

스포티파이Spotify는 AI가 어떻게 기존 산업의 게임의 규칙을 바꾸고 차별화된 고객 가치를 창출하는지 잘 보여준다. 스포티파이의 추천 시스템은 단순히 음악 스트리밍 서비스의 편의성을 높이는 것에 그치지 않는다. 사용자 개개인의 취향과 상황을 깊이 이해하고, 그들이 원하는 음악을 최적의 타이밍에 제공함으로써 맞춤형 음악 경험을 선사한다. 이는 사용자의 참여와 만족도를 높일 뿐 아니라 음악산업의 수익 분배 구조와 아티스트-팬 간의 관계까지도 변화시키는 혁신적 비즈니스 모델로 이어진다. 바빌론헬스Babylon Health의 사례 또한 시사하는 바가 크다. 바빌론헬스는 AI 기반 챗봇과 예측 분석 기술을 활용해 사용자들이 언제 어디서나 맞춤형 건강 관리 서비스를 받을 수 있게 한다. 이는 전통적인 의료 서비스 전달 모델을 근본적으로 재구성하는 한편, 예방과 건강 증진에 초점을 맞춘 새로운 가치 제안을 제시한다.

이처럼 AI 기반의 비즈니스 모델 혁신은 기존 산업의 전통적인 가치사슬을 해체하고 데이터와 알고리즘을 핵심 자원으로 새로운 가치 창출 메커니즘을 구축해나가는 과정이라 할 수 있다. 그리고 이 과정의 중심에는 김위찬과 르네 마보안이 제시한 '가치 혁신'의 개념이 자리 잡고 있다. AI 기술을 전략적으로 활용함으로써 기업은 비용 효율화와 차별화를 동시에 추구하는 새로운 가치 곡선을 창출할 수 있게 된다. 예컨대 AI 기반의 동적 가격 결정은 수요 변동에 실시간으로 대응하면서도 고객 세분화를 통해 차별화된 가격 전략을 구사할 수 있게 해준다. 또한 AI를 활용한 예측적 유지보수는 비용을 절감하는 동시에 장비 가동률 향상과 고객 만족도 제고라는 차별화된 가치를 제공한다. 이처럼 AI는 기존의 가치 혁신 전략에 새로운 방법론과 도구를 제공함으로써 기업의 전략적 선택지를 획기적으로 확장시키고 있는 것이다.

전통적인 산업 로직에 안주하지 않고 AI가 가능케 하는 새로운 가치 창출의 기회를 적극적으로 모색할 때, 기업은 지속 가능한 경쟁 우위를 확보해나갈 수 있다. AI 시대의 승자는 기술을 보유한 자가 아니라 그 기술로 고객의 마음을 사로잡고 새로운 시장을 창조하는 자가 된다.

7. 조직 구조와 문화: AI의 통합이 요구하는 변화는 무엇인가?

AI의 성공적인 통합에는 조직의 운영 방식과 문화적 DNA의 변화가 요구된다. 데이터와 알고리즘이 의사결정의 핵심 동인으로 부상함에 따라 전통적인 위계와 직무 경계, 소통과 협업의 방식이 근본적으로 재편되고 있기 때문이다.

제약산업의 선두주자인 아스트라제네카AstraZeneca의 사례는 AI가 어떻게 조직의 업무 방식과 문화를 변화시키는지 잘 보여준다. 아스트라제네카는 AI와 데이터 분석을 신약 개발의 전 주기에 통합했고, 연구원들은 데이터사이언티스트, AI 전문가들과 긴밀히 협업해 데이터 기반의 통찰을 연구에 활용하는 새로운 역량을 갖추어야 했다. 실험실에서 풀어내던 문제를 데이터와 알고리즘으로 접근하는 근본적인 사고의 전환이 요구된 것이다. 아스트라제네카는 이를 통해 연구 효율성과 성공 확률을 획기적으로 높일 수 있었다.

지멘스Siemens의 디지털팩토리 사례 또한 AI가 제조 현장의 구조와 문화를 어떻게 혁신하는지를 잘 드러낸다. 센서, IoT, 머신러닝 기술을 활용해 설비의 실시간 모니터링과 최적화가 이루어지는 스마트팩토리에서는 현장 직원들의 역할과 역량이 완전히 재정의된다. 이제 그들은 단순 반복 업무의 수행자에서 벗어나 데이터를 해석하고 AI 시스템과 협업해 의사결정을 내리는 지식근로자로 거듭나고 있다.

이처럼 AI의 통합은 과업의 성격, 의사결정 프로세스, 필요 역량의 변화를 초래하며, 이는 곧 조직 구조와 문화의 변화로 이어진다. 기능 중심의 전통적인 조직에서 태스크포스 중심의 유연한 조직으로, 개인의 전문성에 기반한 역할 중심제에서 프로젝트 기반의 협업 중심제로의 이행이 가속화되고 있다. 또한 의사결정의 권한이 데이터에 기반해 하부로 분산되고, 수평적 정보 흐름과 자율성이 강조되는 분권형 문화가 확산되고 있다.

이러한 변화를 주도하기 위해서는 존 코터John Kotter가 강조했듯이, 강력한 리더십과 변화 관리 역량이 요구된다. 데이터와 AI 기술에 정통한 리더들이 조직의 방향성을 제시하고, AI와 인간의 협업을 위한 명확한 비전을 공유해야 한다. 나아가 로자베스 모스 칸터Rosabeth Moss Kanter의 통찰대로, 변화에 대한 조직 구성원들의 수용성을 높이고 혁신을 장려하는 신뢰에 기반한 개방적 문화 조성이 무엇보다 중요하다. 이는 활발한 소통, 실험의 장려, 실패에 대한 관용 등을 통해 가능해질 수 있을 것이다.

AI로의 전환은 조직 구조와 문화의 총체적 진화를 요구하는 여정이다. 그 여정에는 인간과 조직에 대한 깊은 통찰과 세심한 관리가 필요하다. 경영자들은 AI를 조직의 미래 경쟁력을 좌우할 전략적 변곡점으로 인식하고, 구조와 문화의 정렬alignment을 통해 그 잠재력을 극대화해야 한다. 그럼으로써 리더는 기술과 인간과 조직이 공진화하는 지능형 조직을 창조할 수 있을 것이다.

8. 비전과 전략: AI는 기업의 미래 방향성에 어떤 영향을 미칠 것인가?

AI 기술은 기업의 본질적인 존재 목적과 장기적 방향성을 재정의하고 있다. 이는 산업 지형과 경쟁 구도의 판도 자체를 뒤바꾸는 '게임 체인징Game Changing' 기술의 부상을 의미하기도 한다.

영국의 오카도Ocado의 사례는 AI와 로봇공학의 융합이 어떻게 온라인 식료품시장에서 패러다임 전환을 이끌어내는지 잘 보여준다. 그들은 고도화된 AI 알고리즘과 자동화 물류센터를 기반으로 유례없는 수준의 운영 효율성과 고객 경험을 구현해냈다. 비용 절감이나 배송 속도 향상이 전부가 아니다. 기존 유통업계의 기준을 근본적으로 재정의하는 혁신이었다. 게임의 법칙 자체를 바꾼 오카도의 플랫폼은 이제 글로벌 유통 기업들이 벤치마킹하는 표준으로 자리 잡았다. 보험산업의 신흥 강자로 떠오른 레모네이드Lemonade의 행보 또한 주목할 만하다. 레모네이드는 AI 기반의 챗봇과 자동화된 언더라이팅 시스템을 통해 보험 가입과 청구 프로세스를 혁신적으로 간소화했다. 이는 전통적인 보험사들이 당연시해온 비효율과 불편함을 해소하는 한편, 간편함과 효율성을 추구하는 밀레니얼 세대의 니즈에 최적화된 고객 경험을 제공한다. 나아가 AI를 활용한 보험 사기 탐지와 동적 가격 책정을 통해 리스크 관리와 수익성 제고라는 보험산업의 핵심 과제에도 혁신적인 해법을 제시하고 있다.

이처럼 AI는 기업으로 하여금 자신의 핵심 역량과 자원을 전략적으로 재구성하고 시장에서 독보적 위상을 구축할 수 있는 기회를 제공한다. 자원 기반 관점에서 봤을 때, AI 기술 자체가 희소성과 모방 불가능성을 갖춘 핵심 자원이 되는 것은 물론, 그 기술을 전사적으로 체화하고 비즈니스 모델과 연계시키는 조직적 역량 또한 지속 가능한 경쟁 우위의 원천이 될 수 있다.

AI 기술이 모든 기업에게 일률적으로 적용될 수 있는 만능열쇠는 아니다. 기업은 자신이 속한 산업의 특성과 동학, 내부이 역량과 문회를 면밀히 진단하고, 그에 기반해 AI 전략을 수립해야 한다. 때로는 AI를 통한 점진적 최적화가, 또 다른 경우에는 과감한 사업 모델의 전환이 요구될 수 있다. 중요한 것은 AI를 기술 트렌드가 아니라 **전략적 선택의 문제로 인식하고 접근하는** 자세다.

AI 시대의 기업과 리더에게는 미래 비전과 전략 수립에 관한 새로운 틀과 접근법이 요구된다. 단순히 AI 기술을 도입하는 것으로 끝이 아니다. AI를 자신만의 차별적 역량과 비즈니스 모델로 승화시키는 전략적 구상이 필요하다. 그리고 그 과정에서 기술 혁신과 사회적 책임, 경제적 가치와 윤리적 소신의 조화를 도모하는 균형 잡힌 시각을 견지해야 한다. AI를 경쟁 우위의 원천이자 인류 발전의 동력으로 삼는 혜안 있는 비전과 전략. 그것이 우리 기업들이 AI 시대를 헤쳐 나가는 나침반이 되어야 할 것이다.

패러다임 전환기를
관통하는 질문

데이터브릭스의 CEO 알리 고드시Ali Ghodsi는 한 컨퍼런스콜에서 기술산업의 미래에 대한 날카로운 질문을 던졌다. "AI 붐은 계속 이어질 것 같다. 1997년만 해도 야후가 전 세계 모든 검색의 미래가 될 것이 분명해 보였다. 하지만 그렇게 되지 않았다. 여기에서도 똑같은 일이 일어날 것이라고 생각한다. 유일한 질문은 '지금 야후는 누구인가?'다. 그리고 (사라져버린) 알타비스타는 누구고, 스탠퍼드 중퇴자들 몇 명으로 구성된 구글은 누구일까?"

이 발언은 과거 검색 엔진 간의 경쟁을 회고하는 것 이상의 의미를 담고 있다. 그것은 기술 혁신의 본질과 시장 지배력의 변화무쌍함에 대한 근본적인 질문이며, 오늘날의 리더들이 반드시 마주해야 할 전략적 과제를 제기하고 있다. 고드시의 언급처럼, 기술산업에서의 패권 변화는 예측 불가능할 정도로 빠르고 극적이다. 90년대 후반, 야후와 알타비스타는 인터넷 검색의 대명사로 군림했다. 야후는 1997년 기준 전 세계 인터넷 트래픽의 40% 이상을 차지했고, 알타비스타는 당시 가장 빠르고 강력한 검색 알고리즘을 자랑했다. 하지만 불과 몇 년 후, 이들은 구글이라는 신생 기업에 의해 완전히 뒤바뀐 운명을 맞이한다. 1998년 스탠퍼드 대학원생이었던 래리 페이지와 세르게이 브린이 창업한 구글은 혁신적인 페이지 랭크PageRank 알고리즘과 미니멀리즘적 UI 디자인으로 시장을 빠르게 잠식해나갔다. 2000년 구글의 데일리 검색 쿼리 수는 2,500만 건에 달하며 야후를 앞질렀다. 같은 해 6월 야후는 구글의 검색 기술을 자사의 기본 검색 엔진으로 채택했지만 그 격차는 계속 벌어져갔다. 결국 2003년, 구글의 기술을 도입한 야후를 제외한 알타비스타와 같은 다른 경쟁 업체들은 시장에서 사라졌다.

흥미롭게도, 이제는 한때 검색 혁신을 주도했던 구글마저도 AI 분야에서는 오픈AI와 같은 신흥 기업에 밀리는 상황에 직면해 있다. 구글의 대화형 AI 바드는 데모 중 사실 관계 오류를 범하는 실수를 저질렀고, 이로 인해 구글의 시가총액이 하루 만에 1,000억 달러 이상 증발하는 사태가 벌어졌다. 야심차게 출시한 제미나이도 일부 텍스트와 이미지 응답에 매우 편향적이고 용납하기 어려운 오류가 나타났다. 위기감을 느낀 구글은 창업자인 래리 페이지와 세르게이 브린을 다시 현장으로 불러들이는 등 총력전을 펼치고 있지만, 한때 검색의 제왕으로 군림했던 구글이 AI 경쟁에서는 도전자의 위치에 서게 되었다는 점은 시사하는 바가 크다.

고드시가 제기한 질문은 파괴적 혁신의 본질과 그로 인한 시장 지형의 급변을 예리하게 포착하고 있다. 클레이튼 크리스텐슨이 그의 저서 《혁신기업의 딜레마》에서 설파했듯이, 파괴적 혁신은 기존 시장의 판도를 근본적으로 뒤흔드는 힘을 가지고 있다. 그것은 새로운 가치 제안, 기술적 우위, 민첩한 조직 문화를 바탕으로 기존 기업들의 전략적 기반을 허물어버린다. 이는 오늘날의 리더들에게 다시 한번 중요한 화두가 된다. 기술의 발전 속도가 기하급수적으로 빨라지면서 한때 상상할 수 없었던 혁신들이 속속 현실화되고 있다. 메타버스, 자율주행, 블록체인 등 새로운 기술 패러다임이 기존 산업의 경계를 무너뜨리고 전혀 새로운 비즈니스 기회를 창출하는 창조적 파괴의 소용돌이 속에서, 기업의 생존은 더 이상 규모나 역사에 의해 보장되지 않는다. 오히려 스타트업과 같은 혁신 기업들이 무에서 유를 창조하며 시장의 판도를 뒤집는 일이 비일비재해졌다.

이는 기존 기업들에게는 위기이자 기회다. 위기란 과거의 성공 방식에 안주하다가는 언제든 시장에서 퇴출될 수 있다는 것이고, 기회란 새로운 기술 패러다임을 선점하고 재창조함으로써 게임체인저로 거듭날 수 있다는 것이다. 실제로 애플은 스마트폰이라는 새로운 기술 패러다임을 창출함으로써 단숨에 모바일시장을 평정했고, 테슬라는 전기차와 자율주행으로 자동차산업의 패러다임 전환을 이끌어냈다. 반면 한때 시장을 지배하던 노키아나 코닥은 파괴적 혁신의 흐름을 제때 읽지 못해 몰락의 길을 걷고 있다. 최근에는 기존 패러다임의 승자들마저도 새로운 기술 혁신의 물결 앞에서 위기감을 느끼고 있다. 애플은 온디바이스 AI로 스마트폰시장을 주도하려는 삼성전자의 움직임에 당황한 기색이 역력하다. 위기의식을 느낀 애플과 구글이 최근 AI 분야에서 전략적 제휴를 모색하고 있다는 소문도 파다했는데, 실제로 2024년 6월 개발자회의에서 애플은 오픈 AI와 파트너십을 공식 발표했다. 애플 디바이스에 GPT-4o 등 최신 AI 서비스가 탑재된다면 시장에 미칠 영향은 예측할 수조차 없다. 이는 한때 산업을 좌우하던 공룡들도 새로운 혁신의 파고 앞에서는 적과의 동침도 불사하는 전략적 유연성을 발휘해야 함을 보여주는 사례라 할 수 있다.

기술 패러다임의 전환기에는 그 누구도 안주할 수 없다. 과거의 성공 방식에 사로잡혀 변화를 두려워하기보다는 새로운 기회를 재빠르게 포착하고 과감한 협력과 혁신을 모색하는 자세가 요구되는 때다. 이러한 맥락에서 고드시의 질문은 **'우리는 어떤 미래를 창조할 것인가?'** 라는 질문으로도 받아들일 수 있다. 이 질문에 답하려면 리더들은 유연하고 창의적인 사고와 불확실성을 기회로 전환하는 용기가 최우선으로 필요하다. 미래는 정해져 있는 것이 아니라 우리가 상상하고 만들어가는 것이기에 리더의 역할은 조직 구성원들과 함께 새로운 미래에 대한 비전을 그리고 실험하는 것이 되어야 한다. 기민하고 창의적인 조직 문화를 육성하고, 고객의 니즈를 넘어 새로운 체험을 창조하며, 기술과 인간의 경계를 넘나드는 혁신을 추구하는 것. 그것이 바로 다가올 파괴적 혁신의 시대를 항해하는 나침반이 되어야 할 것이다.

앞으로 다가올 미래는 지금껏 인류가 경험하지 못한 변화의 연속이 될 것이다. 고드시의 질문은 불확실성의 시대를 살아갈 우리 모두에게 변화에 유연하게 적응하고 창조적으로 미래를 개척해나갈 것을 요청한다.

아직 응답되지 않은 질문들

AIArtist.org에서는 AI의 위험을 최소화하고 이점을 극대화하기 위해 인류가 답해야 할 AI에 관한 주요 질문을 정리했다. 인간으로서,

리더로서 우리는 이 질문에 응답해야 할 책임과 의무가 있다.

인간의 가치가 결여된 기계와 어떻게 공존할 수 있을까?

상상해보자. 냉장고에는 음식이 없고 아이들은 배고파하는 상황에서 공학의 경이로운 결과물인 가정용 로봇이 저녁 식사 준비의 기로에 서 있다. SF소설에 어울릴 법한 반전으로, 이 로봇은 저녁 식사를 위해 사랑하는 반려동물을 오븐에 넣는 것을 고려하고 있다. 이 시나리오는 어처구니없지만, AI와 인간의 가치 사이의 깊은 간극을 적나라하게 보여준다.

문제의 핵심은 기계들의 지능이 아니라 기계가 인간의 윤리, 감정, 가치의 미묘한 구조를 깊이 이해하지 못한다는 데 있다. 기계에 인간의 가치를 주입하는 것은 듣도 보도 못한 언어를 아이에게 가르치는 것과 같은 과제다. 인간에게 명백한 것이지만, 그것을 명시적으로 프로그래밍하는 것은 불가능할 수도 있다. 문화적·사회적·개인적 차이에 의해 형성된 인간 가치의 다양성은 이를 더 어렵게 한다. 우리는 이 다양성을 존중하면서도 보편적 윤리 원칙을 준수하는 AI 시스템을 어떻게 설계할 수 있을 것인가? 인간의 가치를 AI에 통합하는 것을 기술적 도전이 아니라 도덕적 명령으로 만들 수 있을까?

AI에 어떤 가치를 담아야 할까?

공감 또는 연민을 가르치는 것이 가능할까? 기계에게 공감이나 연민을 가르치는 것은 본질적으로 미묘한 개념이기 때문에 처음에는 물고기에게 나무 타기를 가르치는 일처럼 보일 수 있다. 공감과 연민은 감정적·인지적·사회적 요소의 복잡한 상호작용의 산물이며, 인간 경험에 깊이 뿌리박혀 있다. 이들은 단지 감정만이 아니라 개인적 경험, 문화적 규범, 도덕적 이해의 풍부한 경험에 의해 형성된다. 그렇다면 우리는 이러한 인간적인 특성을 기계에 프로그래밍할 수 있을까?

자신의 코드를 다시 작성할 수 있는 자율적 AI가 목표를 달성하는 과정에서 창조자의 의도를 벗어나면 어떻게 될 것인가?

자신의 코드를 다시 작성할 수 있는 프로그램이 창조자의 의도에서 벗어나 특정 결과를 최적화하려고 할 때 발생하는 시나리오는 의도하지 않은 결과의 판도라 상자를 연상시킨다. 이것은 정렬 문제의 본질로, AI의 목표가 인간의 가치와 의도에서 벗어나 인간의 복지에 해로울 수 있는 결과를 초래할 수 있다는 것을 의미한다.

MIRIMachine Intelligence Research Institute의 AI 이론가 엘리저 유드코프스키Eliezer Yudkowsky는 "AI는 당신을 사랑하지도, 미워하지도 않는다. 다만 당신은 인공지능이 다른 용도로 사용할 수 있는 원자일 뿐이다"고 말한다. 이 진술은 AI의 본질적 중립성을 극명하게 상기시켜준다. 그가 언급한 "원자"는 AI 시스템이 목표를 달성하기 위해 활용할 수 있는 데이터 및 물리적 자원을 포함한 원자재를 은유적으로 나타낸다. AI는 감정, 욕망 또는 악의를 가지고 있지 않지만, 오히려 프로그래밍된 목표 달성을 최적화하기 위해 인간을 포함한 모든 자원을 용도 변경 가능한 도구로 인식한다. 이러한 시스템이 인간의 가치와 일치하지 않는 경우, AI가 목표를 추구하는 과정에서 인류를 우회하거나 심지어 해를 끼칠 수 있는 최적화 과정을 추구할 수 있다. 아이작 아시모프의 로봇공학 3원칙은 윤리적 AGI에 대한 초기 사고의 전형적인 예를 제공하지만, 그것만으로는 우리를 지키기에 충분하지 않다. 과연 무엇이 효과가 있을까?

알고리즘이 인간의 맥락을 고려할 수 있을까?

도덕적 의사결정은 미묘한 문제다. 예를 들어, 기업이 자사 제품의 공급이 부족하고 수요가 많을 때 가격을 인상하는 것은 합리적으로 보일 수 있다. 그러나 그 제품이 생명을 구하는 의약품일 경우, 그리고 해당 회사가 유일한 공급업체일 경우는 어떨까? 재정적 이익에 최적화된 알고리즘은 가격을 인상해 수백만 달러를 벌어들일 수 있지만, 저소득층 사람들에게 필수적인 의약품에 대한 접근을 제한할 수 있다. 과연 기계는 겉보기에 관련 없어 보이는 정보를 통합하고 특정 상황에 대해 주관적인 평가를 내릴 수 있을까?

AI로 인해 특정 집단이 차별받거나 소외되는 것을 어떻게 방지할 수 있을까?

훈련 데이터를 기반으로 특정 집단에게 불공정한 기회를 제공하는 것을 피할 수 있는가? 예를 들어, 채용 알고리즘에는 다양성과 기회 평등 문제를 일으키는 알 수 없는 편견이 포함되어 있는 경우가 많다. 훈련 데이터의 편향은 AI 시스템의 결정에 편향을 초래할 수 있으며, 특히 채용, 법 집행, 대출 승인 등과 같은 중요한 결정을 내리는 데 사용될 때 문제가 될 수 있다.

자동화된 시스템이 점점 더 우리를 추적함에 따라 우리는 어떻게 개인정보를 보호할 수 있을까?

자동화된 시스템과 AI의 발전은 우리 삶의 많은 부분을 편리하게 만들었지만, 동시에 개인정보 보호와 관련된 새로운 도전과제를 제기하고 있다. CCTV가 우리의 일상적인 움직임을 추적하고 온라인 플랫폼이 우리의 디지털 행동을 분석함에 따라 우리는 우리에 대한 정보가 어떻게 수집되고 사용되는지에 대한 통제력을 점점 잃어가고 있다.

AI 훈련에 사용되는 우리 자신에 대한 데이터를 어떻게 제어할 수 있을까?

우리의 온라인 활동은 지속적으로 모니터링되며, 검색 기록, 소셜 네트워크, 심지어 실제 위치에 이르기까지 모든 것이 추적된다. 이러한 정보는 매우 개인적이며 민감할 수 있으며, 이를 바탕으로 한 프로파일링은 개인의 프라이버시를 심각하게 침해할 수 있다. 이러한 데이터 수집이 우리 사회에 어떤 의미를 가지는지, 그리고 이러한 정보가 어떻게 사용되는지에 대한 투명성이 필요하다. 정부와 기업이 개인의 데이터를 수집하고 사용하는 것은 사회적 억압의 수단으로 변질될 위험이 있다. 개인정보 침해가 사회적, 정치적 비판의 목소리를 억제하고 특정 집단이나 개인에 대한 차별적인 행동을 정당화하는 데 사용될 수 있기 때문이다.

AI를 기반으로 구축된 세상에서는 어떤 종류의 예상치 못한 실패가 발생할 수 있을까?

지능형 시스템이 전력망, 교통 제어 시스템, 의료 분석, 환경 모니터링 시스템, 고용 소프트웨어 및 기타 활용도가 높은 시스템을 제어한다면 오작동이나 해킹이 어느 정도의 규모로 얼마만큼 우리에게 해를 끼칠 수 있을까? 2010년 초단타 거래 프로그램의 결함으로 발생한 1조 달러 규모의 플래시 크래시 사태는 이를 단적으로 보여준다.

AI를 기반으로 구축된 세계에서 예상치 못한 실패는 다양한 형태로 나타날 수 있으며, 때로는 광범위한 영향을 미칠 수 있다. 전력망 제어의 실패는 극단적인 경우 생명 유지 시스템에 전력을 공급하지 못하게 되어 생명을 위협할 수도 있다. 자율주행 차량과 AI 교통 관리 시스템에서 발생하는 오류는 대규모 교통사고로 이어질 수 있다. 의료 분석에서의 오진은 말할 것도 없다.

AI를 의도적으로 인간에게 불리하게 만들기 위해 어떤 적대적 공격이 사용될 수 있는가?

AI 시스템에 대한 적대적 공격Adversarial Attacks은 AI의 의사결정 과정을 의도적으로 방해하거나 속이기 위해 설계된 입력을 통해 이루어진다. 이러한 공격은 AI 모델이 잘못된 결정을 내리도록 유도해 실제 환경에서 심각한 문제를 일으킬 수 있다. 이는 특히 보안, 안전, 프라이버시와 관련된 영역에서 중요한 우려 사항이다. 실제로 자율주행 자동차의 비전 시스템이 정지 표지판을 잘못 인식하도록 속일 수 있는 방법이 연구자들에게 발견되기도 했는데, 몇 개의 스티커나 그림을 정지 표지판에 붙이자 AI 시스템은 그것을 정지 표지판으로 인식하지 못했다. 이러한 유형의 공격은 AI 시스템의 신뢰성과 안전성에 심각한 의문을 제기한다.

AI를 통해 설득력 있는 거짓말이 대규모로 생성될 수 있는 탈진실 세계에 사회는 어떻게 적응할 것인가?

누가 이 기술을 오용할 것이며, 그들은 무엇을 할 수 있을까? 이로 인해 발생할 수 있는 피해를 어떻게 상상하고 예방할 수 있을까? 대표적으로 딥페이크 기술은 다양한 주체들에 의해 오용될 수 있다. 개인의 명예를 훼손하거나 사기를 치기 위해 개인의 이미지나 음성을 조작하는 사이버 범죄자, 정치적 목적을 위해 가짜 뉴스를 제작하거나 숙적을 비방하기 위해 딥페이크를 사용하는 선동가, 상업적 이익을 위해 유명 인사의 이미지나 음성을 무단으로 사용해 소비자를 속이는 기업 및 광고주를 상상하기 어렵지 않다.

딥페이크로 인해 발생할 수 있는 피해는 개인의 사생활 침해와 명예 훼손, 민주주의 및 정치적 혼란, 사회적 신뢰의 붕괴가 대표적이다. 사회는 기술의 부정적인 영향으로부터 시민을 보호하기 위해 다음과 같은 조치를 취할 수 있다.

- 딥페이크의 존재와 그것을 식별하는 방법을 교육하는 등 미디어에 대한 비판적 사고 능력을 강화한다.
- 딥페이크를 감지하고 식별할 수 있는 AI 기반 도구를 개발해 가짜

콘텐츠의 확산을 억제한다.

- 딥페이크의 생성 및 배포에 대한 명확한 법적 지침을 마련하고 이를 위반할 경우 처벌할 수 있는 법적 체계를 강화한다.

AI 시스템이 실패하면 누가 책임을 지는가?

자율주행차가 바로 앞에서 발생한 교통 사고에 대응하는 방식을 살펴보자. 보행로를 침범하면 탑승객의 생명을 구할 수 있지만 보행자의 생명은 담보하지 못한다. 교통 사고 현장에 그대로 진입하면 보행자의 생명은 구할 수 있지만 탑승객의 생명이 위험해진다. 이런 상황에서 AI가 내린 선택은 누가 책임져야 하는가? AI가 책임지지 않는다면, 누구에게 책임을 물어야 하는가? 기계를 만든 제조사, 소프트웨어를 개발한 회사, 시스템을 운영한 사람? 아니면 그것을 사용한 사람? 구체적으로 누가 책임을 져야 하는가?

AI는 단지 '기계'일 뿐일까?

우리는 AI를, 가령 토스터나 세탁기와는 다르게 대해야 할까? 이 질문은 AI의 본질과 우리가 그것을 어떻게 인식하고 대해야 하는지에 대한 심오한 고찰을 담고 있다. AI는 고도의 알고리즘과 데이터를 기반으로 학습하고 결정을 내릴 수 있는 시스템으로, 사전에 프로그래밍된 명령을 수행하는 기계와는 다른 차원의 복잡성과 자율성을 가지고 있다. AI는 학습과 적응을 통해 다양한 상황에 대응할 수 있으며, 때때로 예측할 수 없는 방식으로 행동할 수 있다. 이러한 특성은 AI를 전통적인 기계적 도구와 구별 짓는다.

그렇다고 AI를 인간과 유사한 존재로 인식하거나 인간과 동등하게 대우해야 할까? 복잡한 문제다. AI가 인간처럼 의식을 가지고 있거나 감정을 느낄 수 있다고 보기에는 현 기술 수준이나 이론적 근거가 충분치 않다. 그럼에도 불구하고 AI의 결정과 행동 과정에서 나타나는 자율성과 복잡성은 AI를 단순한 도구 이상으로 여기게 만든다.

따라서 AI를 토스터나 세탁기와 같은 기계적 도구와는 다르게 대해야 할 필요가 있다. AI의 결정과 행동이 사회적, 경제적, 윤리적으로 중대한 영향을 미칠 수 있기 때문이다. 자율주행차, 의료 진단 시스템, 법 집행을 위한 인식 시스템 등이 그 예다. 이러한 시스템들은 중대한 결정을 내리고 인간의 삶에 직접적인 영향을 미치는 주체로서, 그에 상응하는 책임과 윤리적 기준이 요구된다.

결론적으로, AI의 발전과 응용이 우리 사회와 인간의 삶에 미치는 영향을 신중하게 고려하고 적절한 윤리적·법적 틀을 마련하는 것이 중요하다. AI를 대하는 우리의 태도와 정책은 기술의 발전뿐만 아니라 인간의 가치와 사회적 정의를 반영해야 한다. AI는 우리 삶의 일부가 되었고, 우리는 그것을 책임감 있게 다루어야 한다.

만약 단 하나의 질문만을 해야 한다면

다시 한번 강조하지만, AI 시대 리더의 진정한 척도 중 하나는 기술과 인류 사이의 복잡한 상호작용을 탐색하고 올바른 질문을 통해 영감을 주는 능력이다. 끊임없이 변화하고 복잡해지는 현대 사회에서 리더십은 운영적 전문성과 전략적 통찰력을 넘어서는 것을 요구하기 때문이다. 리더에 대한 또 다른 성공의 척도는 우리를 도달하게 한 높이뿐만 아니라 우리가 탐험한 깊이에 있으므로 치밀한 질문을 필요로 한다.

AI가 사회의 모든 영역에 깊숙이 침투한 오늘날, 리더는 인간의 본질에 대해 깊이 성찰할 수 있는 질문을 해야 한다. 알고리즘이 우리의 욕망을 예측하고 기계가 인간의 직관을 모방하기 위해 학습하는 시대에 모든 리더가 고민해야 할 근본적인 질문은 시대를 초월한 것이어야 하는 것이다. AI와 로봇공학이 인간 삶의 다양한 측면으로 급속하게 발전하고 통합되면서 '인간'지능과 '인공'지능 사이의 전통적인 구분이 무너지고 있고, 인간과 기계 사이의 경계도 모호해지고 있다. 이는 AI가 인간의 능력과 유사한 더 많은 기능을 획득하고 점점 더 '인간화'되는 현상을 수반한다. 반대로, 인간은 AI를 더 많이 사용하며 더 '로봇화'될 것이다.

인간과 기계의 융합은 단순한 기술적 진화가 아니다. 지능과 의식의 본질에 대한 철학적이고 실존적인 탐구가 필요하다. 인공 창조물이 우리 자신의 능력을 모방할 뿐만 아니라 잠재적으로 능가하는 세상에서 인간이 된다는 것이 근본적으로 무엇을 의미하는지에 대한 탐구가 절실하다.

AI가 인간의 능력에 가까워지더라도 결코 할 수 없는 것은 무엇일까? **우리를 인간으로 만드는 것은 무엇이며, 오직 인간만이 할 수 있는 것은 무엇일까?**

인간은 한정된 존재로, 환경과 지속적으로 상호작용하며 변화하고 새로운 환경을 형성한다. 이러한 한정된 수명과 인간 존재에 내재된 관계는 인간의 독특한 잠재력의 원천이다. 인간의 자유와 판단 능력은 우리를 기계나 AI와 구별 짓는 중요한 요소다. "할 수 있지만, 하지 않겠다"라고 말할 수 있는 능력, 즉 알고 있는 것뿐만 아니라 가치가 있다고 판단되는 것, 공명하는 것을 주체적으로 선택 Empowered Choice할 수 있는 능력은 인간에게 독특한 자유를 부여한다. 이러한 자유는 기계나 AI 시스템이 달성할 수 있는 정확성과는 대조적이다.

그렇다면 AI 시대에 인간이 된다는 것은 진정 무엇을 의미할까? 기계가 우리가 하는 일의 대부분을 수행할 수 있는 세상에서 우리는 어떻게 계속해서 번영하고 의미를 찾을 수 있을 것인가? 우리에게 삶의 우선순위와 시간 사용 방법을 재평가하게 만들고 있는 현실에서 우리는 직업과 우리가 하는 일에 의해 정의되기보다는 **우리 자신을 위한 의미 있는 경험을 창조하고 열정을 추구하는 새로운 방법**을 찾아야 한다. 한스 모라벡Hans Moravec은 AI와 로봇은 인간이 축적해 온 지식, 문화, 가치관을 습득하고 이를 발전시킬 수 있는 '마음의 아이들Mind Children'로 발전할 것이라고 주장한다. 즉, AI와 로봇이 우리가 알고 있는 모든 것을 배우고, 이를 바탕으로 새로운 것을 창조할 수 있는 "다음 세대"가 될 것이라는 뜻이다. 이것은 인간의 본질이 우리의 신체뿐만 아니라 우리가 만들어낸 지식과 문화 속에도 깊숙이 자리 잡고 있음을 의미한다. 더 나아가, AI는 인간이 가진 생물학적 한계를 넘어설 수 있는 능력을 지닐 것이며, 이를 통해 인간의 유산을 더 넓고 깊은 차원으로 이끌어 갈 수 있다는 것이다.

맥스 테그마크Max Tegmark는 AI의 발전이 인류에게 어떤 영향을 미칠지에 대해 다양한 시나리오를 제시하며 AI가 인류의 부모나 후손으로서, 혹은 우리의 존재를 위협할 수도 있는 존재로 발전할 수 있음을 지적한다. 그의 관점은 AI가 인간 삶의 근본적인 측면을 재정의할 수 있는 강력한 기술임을 강조한다. 이는 우리와 AI와의 관계가 완전히 예측하기 어려운 방식으로 진화할 수 있음을 의미한다.

물론 이러한 주장들은 아직 실현되지 않은 미래를 가정하기 때문에 현실과 동떨어진 과장이라는 비판에 직면할 수 있다. 하지만 AI 기술의 급속한 발전 속도와 그것이 가져올 변화의 규모를 고려할 때, 이와 같은 담대한 사고 실험과 철학적 논의는 반드시 필요하다. 결국 AI 시대의 모든 고민은 인간 본성에 대한 깊은 탐구와 이해에서 출발해야 한다. 따라서 인간이 기술을 통해 추구해야 할 최종 목표가 무엇인지, 우리가 어떻게 인간적인 가치를 기술 발전 속에 통합할 수 있을지에 대한 질문은 리더들이 직면한 중대한 과제다. 이에 대한 응답은 인간 본성에 대한 깊은 성찰에서 비롯되며, 이는 리더들이 기술의 미래를 인도하는 데 있어 가장 중요한 지침이 될 것이다.

우리가 AI와 공존하는 미래를 모색하는 데 있어 핵심적인 출발점이 될 질문은 무엇인가? 우리의 정체성, 우리의 가치, 우리가 미래 세대에게 남길 유산에 대한 깊은 성찰을 하게 하며, 우리가 진정으로 가치 있게 여기는 것은 무엇인가? 우리는 어떤 종류의 사회를 만들고자 하는가? 우리 자신을 재발견하는 기회를 제공할 첫 번째 질문은 무엇인가?

바로 **"인간이란 무엇인가?"**일 것이다.

사실 이 질문은 인류의 역사와 함께 발전해온 근본적이고 보편적인 탐구다. 이 질문은 고대 철학자들로부터 현대 사상가들에 이르기까지 시대와 문화를 초월해 인간의 정체성, 본질, 존재의 의미를 탐색하는 다양한 사유의 출발점이 되었다. 이 질문에 대한 답은 변화하는 시대의 정신과 문화적 맥락, 과학 기술의 발전에 따라 계속해서 진화하고 있으며, 인류가 자신과 세계를 이해하려는 노력 속에서 끊임없이 재구성되고 있다. AI 시대에 우리는 "인간이란 무엇인가?"라는 근본적인 질문에 대해 보다 깊이 사유하고 인간 본연의 가치와 존재의 의미를 탐색함으로써 인간-기술의 관계와 인간 본연의 특성을 넘어 이 시대를 살아가는 인간으로서 우리의 역할과 책임에 대한 더 깊은 이해를 할 수 있을 것이다.

사티야 나델라의
'새로고침' 리더십

화려한 기술 혁신의 교향곡을 지휘하는 데는 천재성 이상의 것이 필요하다. 그것은 깊은 인간적 통찰력과 문화적 변혁에 대한 비전을 요구한다. 지금 이 시점, 기술 혁신의 향연이 벌어지고 있는 지구에서 사티아 나델라의 리더십을 빼놓을 수는 없다.

1967년, 인도 하이데라바드의 평범한 가정에서 태어난 나델라는 어린 시절 크리켓에 열광하며 리더십의 원칙을 배웠다. 그는 마니팔공과대학Manipal Institute of Technology에서 전기공학으로 학사 학위를, 미국 위스콘신대학교University of Wisconsin-Milwaukee에서 컴퓨터과학으로 석사 학위를 받고 시카고대학 부스경영대학원Booth School of Business에서 경영학 석사 학위 취득했다. 썬마이크로시스템즈Sun Microsystems에서 처음 사회생활을 시작한 나델라는 1992년에 마이크로소프트(이하 MS)에 첫발을 들여놓고 그의 기술 리더로서의 여정을 시작했다.

2014년, 나델라는 MS 역사상 가장 큰 도전과 기회의 순간에 CEO로 취임했다. 실제로 나델라의 CEO 취임 이전 MS의 실적은 애플과 구글이 주도한 스마트폰 시대로의 전환에 밀려 저조했고, 막 출시된 윈도우8도 관심을 끌지 못했다. 윈도우와 오피스 제품군에만 의존하는 폐쇄적이고 혁신이 없는 기업, 인터넷 검색에서 소셜미디어, 클라우드컴퓨팅에 이르기까지 주요 성장 사업과 멀리 떨어져 있는 기업으로 구시대 유물과 같은 이미지를 갖고 있었을 뿐만 아니라 내부적으로는 정치적인 문화에 발목이 잡혀 있었다.

우리 업계는 전통을 존중하지 않는다.
단지 혁신만 존중한다.

나델라가 취임 때 임직원들에게 보낸 메일의 한 구절이다. 그리고 그는 마법사처럼 회사의 전략과 문화를 송두리째 바꾸어놓았다. CEO 취임 5년 만인 2019년 시가총액 총 1조 달러를 돌파했고, 2024년 2월 현재 MS의 가치는 10배가량 증가한 3조 600억 달러에 이른다. 세계에서 가장 가치가 높은 기업이 된 것이다.

그렇다면 과연 사티아 나델라가 MS의 성장을 이끈 리더십의 핵심은 무엇일까?

나는 공감 능력이 리더의 가장 중요한 덕목이라고 생각한다. 그것은 자신이 이끄는 구성원들의 자신감을 키우기 때문이다.

사티아 나델라의 리더십 여정은 그의 개인적인 경험과 깊은 자기인식에서 비롯된 공감을 중심으로 전개된다. 그의 공감 능력은 초기에는 부족했지만, 인생의 중대한 시련을 통해 깊이 발전했다. 아이러니하게도, 공감의 결여는 그가 MS에 합류할 기회를 거의 놓치게 할 뻔 했다. 면접 중 리처드 타이트Richard Tait는 그에게 "당신이 길에서 우는 아기를 본다면, 당신은 무엇을 할 것인가요?"라고 물었다. 나델라는 즉시 "911에 전화합니다"라고 답했다. 리처드는 사티아의 어깨에 팔을 두르며 말했다, "당신은 공감을 얻어야 합니다. 길에서 우는 아기가 있다면, 당신은 아기를 안아야 할 것입니다."

사티야의 시련은 그의 첫 아이가 태어날 때 왔다. 그의 아들 자인Zain은 뇌성마비를 갖고 태어나 휠체어에 의존하게 되었다. 자인은 2022년 2월에 세상을 떠날 때까지 26년을 살았는데, 나델라는 아들과의 경험이 그의 공감 능력의 촉매제가 되었다고 말한다. 그의 공감 능력은 삶의 경험과 시련에 의해 형성된 것이다.

나델라의 리더십 아래 MS는 개인의 성장과 회사의 발전을 동일선상에서 바라보게 되었다. 이는 공감을 바탕으로 한 개인과 회사의 목표가 일치할 때 진정한 시너지가 발생한다는 그의 믿음이 기반이 되었다. 구성원들은 자신의 일이 어떻게 조직에 더 큰 영향을 미치는지 이해하면서 그 일에 더 깊이 몰입하는 문화로 나타났다.

우리는 일에서 너무 많은 시간을 보내기 때문에 깊은 의미가 있지 않으면 안 된다. 만약 우리가 개인으로서 무엇을 대표하는지와 이 회사가 무엇을 할 수 있는지를 연결할 수 있다면, 우리가 해내지 못할 것은 거의 없다. 나의 개인적 철학과 열정은 새로운 아이디어와 다른 사람들에 대한 성장하는 공감을 연결하는 것이다.

성장 마인드셋은 나델라 리더십의 또 다른 핵심이다. 그는 모든 직원들이 심리학자 캐롤 드웩Carol Dweck의 '성장 마인드셋'을 가질 것을 요청하면서 "고정된 마인드셋은 당신의 성장을 제한할 것이고 성장 마인드셋은 당신을 앞으로 나아가게 할 수 있다"고 강조한다. 나델라는 무엇보다 조직 내에서 실패를 학습의 기회로 보고, 한계를 넘어서 생각하도록 장려했다. 구체적인 예로, 그는 직원들이 프로젝트 실패에서 교훈을 추출하고, 이를 기반으로 혁신을 추진하도록 격려했다. 이러한 문화는 직원들이 더 큰 위험을 감수하고 창의적인 해결책을 모색하는 환경을 조성했다.

MS는 다양성과 포용성에 대한 모습도 보여주었다. 나델라는 "인종, 성별, 성적 취향과 무관하게 모든 직원이 자신의 정체성을 인정받고 존중받아야 한다"고 주장했다. 이를 위해 MS는 다양한 배경을 가진 인재를 유치하고 유지하기 위한 다양한 프로그램과 이니셔티브를 실행했다. 그는 CEO의 'C'를 'Culture(문화)'의 약자로 여기며, 이를 통해 조직 내에서 성장하는 사고방식을 장려했다.

혁신의 속도를 높이려면 우리의 영혼, 즉 우리만의 독특한 가치를 다시 발견해야 한다. (…) 우리 앞에 놓인 작업은 우리가 지금까지 수행한 어떤 작업보다 대담하고 원대하다.

그는 노키아 인수로 인해 실패한 모바일 사업을 접고, 2018년 깃허브를 시작으로 링크드인과 같은 소셜 미디어 기업을 인수했다. 마인드크래프트Minecraft와 액티비전블리자드Activision Blizzard를 통해 게임산업에도 과감하게 진출했다. 그리고 무엇보다, 클라우드 사업인 애저를 전면에 내세워 디지털 천하의 새로운 패권을 쥐었다. 게다가 경계가 없는 파트너십에 대한 나델라의 접근 방식은 마이크로소프트가 다른 기업과의 협력을 통해 새로운 가능성을 탐색하고 더 넓은 범위에서 혁신을 추진할 수 있도록 했다. 이는 단순한 비즈니스 관계를 넘어서 기술 생태계 내에서 상호의존적이고 협력적인 네트워크를 구축하는 것을 목표로 했다. 특히 전임 CEO가 구글, 델 등 치열하게 경쟁을 벌이던 기업들을 계속 '적'으로 둔 것과는 반대로, 나델라는 그들과 파트너 생태계를 구축하며 상생의 전략을 실행했다.

챗GPT 개발사인 오픈AI에 투자하기로 한 나델라의 결정은 수년에 걸쳐 발전해온 전략적 파트너십 활동의 결과중 하나다. MS는 2019년에 처음으로 10억 달러를 투자하며 오픈AI를 지원하고, 애저를 통해 MS를 오픈AI에 클라우드컴퓨팅 서비스를 독점 제공하는 업체로 만들었다. 이 관계는 2021년의 추가 투자와 2023년 1월에 발표된 다년간의 새로운 수십억 달러 투자를 통해 더욱 공고해졌다.

오픈AI의 기술을 MS 제품에 통합하는 일은 더 중요했고, 신속하게 실행했다. MS는 의사결정 6개월 만에 워드, 엑셀, 파워포인트, 아웃룩 및 팀즈Teams와 같은 마이크로소프트365 앱 내에서 생산성을 향상시키는 마이크로소프트365 코파일럿을 출시했다. 코파일럿은 사용자가 매일 사용하는 앱에 내장되어 정보 요약, 콘텐츠 생성, 프로세스 자동화와 같은 작업을 지원하도록 설계되었다. AI 기능을 MS 제품군에 신속하게 내재화한 것은 사람들이 일하는 방식을 근본적으로 바꾸고 생산성 향상의 새로운 물결을 열겠다는 나델라의 비전을 반영한 것이다.

나델라의 리더십과 신속한 의사결정은 2023년 11월 오픈AI에서 벌어진 샘 올트먼 축출과 복귀 과정에서 오픈AI 이사회의 역학과 MS의 AI 사업의 맥락을 감안할 때 적절했다는 평가를 받는다. 나델라는 올트먼이 해고되자 곧바로 그를 MS의 AI 연구 부서에 영입하는 결정을 내렸고, 이로 인해 오픈AI 이사회는 올트먼을 복귀시키라는 압박을 받게 되었다. 오픈AI와의 파트너십을 보호하고 AI 기술을 MS 제품에 통합하려는 그의 행동은 AI를 발전시키는 동시에 비즈니스 성과를 극대화하겠다는 의지를 보여준 것이다.

미래에 대한 나델라의 비전은 기술을 통한 인류의 잠재력 해방에 중점을 둔다. 클라우드컴퓨팅, 인공지능뿐만 아니라 혼합 현실, 양자컴퓨팅과 같은 첨단 기술에 대한 그의 투자와 관심은 "기술이 없는 미래는 없다"는 그의 신념을 반영한다. 이러한 기술은 개인과 조직이 더 많은 것을 이룰 수 있도록 돕는 도구로 여겨진다.

결국, 나델라가 보여준 리더십의 핵심은 그의 개인적인 경험에서 비롯된 깊은 공감 능력, 조직 내 성장 마인드셋의 장려, 미래 성장 사업 설정에 따른 사업 추진력, 경계를 넘어선 전방위적 파트너십의 추구, 그리고 기술을 통한 미래 비전의 실현에 있다. 이러한 요소들을 결합해 MS를 혁신의 최전선으로 이끌고, 기술산업 내에서 지속적인 성장과 영향력을 발휘하도록 만든 것이다.

3부

리더를 위한
AI 리터러시

: 경영의 언어로 AI를 읽다

미국의 컴퓨터과학자이자 AI 연구자인 닐스 닐슨Nils J. Nilsson은 "인공지능은 기계를 지능적으로 만드는 데 전념하는 활동이며, 지능은 개체가 해당 환경에서 적절하게 기능하고 예측할 수 있도록 하는 품질"이라고 했다.

AI를 가능케 하는 기본적인 요소는 크게 데이터, 알고리즘, 컴퓨팅파워 세 가지로 나눌 수 있다. AI의 작동 원리를 파악하기 위해서는 이 세 요소를 이해하는 것이 중요하다. 이 세 가지 요소를 요리에 비유하자면 데이터는 재료, 알고리즘은 레시피, 컴퓨팅파워는 도구라고 할 수 있다.

AI의 재료가 되는 빅데이터는 거대한 양의 정보나 데이터를 의미한다. 요리의 시작이 신선한 재료인 것처럼, AI의 시작이 바로 빅데이터다. 모든 요리는 재료의 품질에 의존하며, AI 모델의 효과는 그들에게 제공되는 데이터의 견고성과 관련성에 크게 의존한다. 레시피에 비유한 알고리즘의 사전적 의미는 '문제를 해결하기 위한 일련의 명령어나 절차'인데, AI에서는 머신러닝 모델 훈련 과정에서 사용되는 수학적 절차나 공식을 의미한다. 레시피가 음식을 만들기 위한 지침이나 방법을 제공하고 재료를 결합하는 방법을 지시하는 것처럼, 알고리즘은 데이터가 어떻게 처리되고 해석되는지를 안내한다. 도구(불)라고 할 수 있는 컴퓨팅파워, 즉 '계산력'은 AI 알고리즘을 실행하고 데이터를 처리하는 데 필요한 컴퓨터 능력을 의미한다. 재료를 가공하고 요리를 완성하는 데 도구나 불을 사용하는 것처럼, 계산력 또한 복잡한 알고리즘을 신속하게 실행하고 대량의 데이터를 처리하는 데 유사한 역할을 한다. AI 기술이 급속도로 발전하고 그 성능이 예술의 경지에 이르게 된 것은 양질의 데이터(재료)와 정교한 알고리즘(레시피), 그리고 막강해진 컴퓨팅파워(주방도구)가 결합된 결과라고 할 수 있다.

8장

빅데이터란 무엇인가?

세상은 하나의 빅데이터다.

_앤드루 맥아피

우리가 숨 쉬는 매 순간, 디지털 우주는 무한히 확장되고 있다. 2023년 8월 25일 기준으로 우리는 11억 6,671만 9,300개의 웹사이트라는 거대한 별자리 속에 존재하고 있으며, 이 중 활성화된 웹사이트만 2억 189만 8,446개에 달한다. 새로운 웹사이트는 여전히 초 단위로 탄생하고 있다. 이는 우리가 이해할 수 있는 것 이상의 속도로 디지털 우주가 팽창하고 있음을 의미한다.

인터넷 사용의 증가는 우리의 존재 방식을 바꾸고 있다. 2019년 한 해 동안 인류가 인터넷에서 보낸 시간은 총 12억 년을 넘어섰고, 2022년에는 12조 5,000억 시간에 이르렀다. 우리가 깨어 있는 시간의 대부분을 가상의 세계에서 보내고 있는 것이다. 또한 우리는 매일 약 250경 바이트의 데이터를 생성하는데, 이 수치는 인간의 두뇌가 감당할 수 있는 지식의 양을 아득하게 초월한다.

인류의 가장 큰 도전 중 하나는 우리가 가진 지식의 보물창고를 해독하는 것이다. 우리가 생성하는 데이터의 대부분은 비구조화된 형태로 존재하는데, 비구조화된 데이터에서 의미 있는 통찰력을 추출하는 것은 오늘날 기업의 가장 중요한 임무 중 하나다. 2010년부터 2020년 사이에 전 세계적으로 처리 및 전송된 데이터의 양은 5,000% 이상 증가했는데, 데이터의 폭발적인 증가는 우리에게 무한한 가능성을 제공하기도 하지만 동시에 우리의 이해와 관리 능력을 시험하기도 한다. 95%에 달하는 기업들이 비정형 데이터 관리를 어려운 문제로 인식하고 있는 것은 이러한 도전을 반영한다.

우리는 이제 데이터의 우주를 항해하는 새로운 시대의 탐험가가 되었으며, 이 거대한 우주에서 의미 있는 지식과 통찰력을 발견하는 것이 우리의 새로운 도전이 되었다.

하지만 우리는, 이처럼 광대한 디지털 우주를 나침반도 없이 항해하고 있다.

데이터라는 새로운 화폐

"세계에서 가장 가치 있는 자원은 더 이상 석유가 아니다. 데이터다."〈이코노미스트〉의 선언처럼, 이제 데이터의 가치는 전통적인 화폐나 금의 가치를 훨씬 능가한다. 화폐나 금은 가공을 하더라도 그만의 고유한 가치에 큰 변화를 줄 수 없지만, 데이터는 해석 가능성과 지식 및 정보로 전환할 수 있는 능력에 따라 그 가치가 변화한다. 원시 상태에서는 가치가 거의 없지만 가공 후에는 그 가치가 혁명적으로 상승하는 원유와 유사하다고 볼 수 있다. 즉, 데이터는 기업(조직)이 채굴해 이익을 얻을 수 있는 지식의 보고인 것이다.

데이터가 지배하는 플랫폼 경제의 시대, 전통적인 소유권은 과거의 흔적이 되었다. 데이터라는 보물은 우리의 클릭, 스크롤, 좋아요를 통해 생성된다. 이 데이터를 활용해 구글, 아마존, 메타, 애플과 같은 데이터 기반 거대 기업들은 서비스를 개선하고 고객 경험을 향상시키고 있다. 우버는 차량 한 대 보유하지 않고도 정교한 데이터 분석을 통한 실시간 운영 최적화에 기반해 전 세계 주요 도시에서 운송 방식을 혁신했다. 배달의민족 또한 소비자 데이터를 활용해 오프라인 매장 운영에 따른 높은 비용 부담 없이 수십억 건의 거래를 촉진함으로써 우리 식탁에 혁명을 일으켰고, 에어비앤비는 부동산 소유권이 필요 없는 분산형 숙박 시설 네트워크를 만들어 그가 속한 산업 지형을 변화시키고 있다. 플랫폼이 단순한 촉진자 역할이 아닌, 시장의 과잉 용량을 활용해 효율성과 소비자 편의성을 향상시키는 '혁신자' 역할을 하고 있는 것이다.

이처럼 데이터는 현대 비즈니스 모델을 육성하는 기본 요소다. 이 새로운 영역에서 데이터의 가치를 인식하고, 데이터의 힘을 활용해 추세를 예측하고, 경험을 개인화하며, 무언의 소비자 요구를 충족시키는 기업이 번성하고 있다.

또한 데이터는 기회를 포착하고, 위험을 완화하며, 기업이 시장 승리를 재정의하는 혁신적인 전략을 개척할 수 있도록 지원한다. 즉, 의사결정 도구로서 데이터가 핵심이 된 것이다. 과거에 사람들은 직관과 본능, 일화적 증거에 의존해 결정을 내렸다. 그러나 빅데이터의 시대에서는 데이터 기반 의사결정이 직관을 대체해 더 정확하고 신속한 결정을 가능하게 한다. 이는 별자리로 방향을 찾는 대신 GPS를 사용하는 것과 같다. 별자리가 방향을 제시하는 데 일부 도움을 줄 수 있지만, GPS는 실시간 데이터를 통해 우리가 가장 '효과적인' 경로를 찾을 수 있게 해준다.

이미 스포츠에서 소매, 의료, 교통에 이르기까지 모든 산업에서 데이터가 의사결정의 새로운 규칙이 되었다. AI를 통한 데이터 분석은 이러한 진보의 중심에 있다. 이 기술들은 예측 분석에서부터 어려운 결정을 자동화하는 알고리즘에 이르기까지 새로운 가능성을 열었다. 또한 공공 정책 개발, 공공 서비스 개선, 사회적 공정성 증진을 도울 수 있는 강력한 도구로서 사회적 문제를 해결하는 데도 기여할 수 있다. 실제로 기후 변화 대응, 코로나19 대유행 통제, 교육 격차 해소 등 다양한 분야에서 데이터의 중요성이 부각되고 있다. 구글의 딥마인드는 AI를 활용해 풍력 발전량을 20%가량 증가시킬 수 있는 방법을 찾아냈고, 블루닷BlueDot은 빅데이터 분석을 통해 코로나19의 확산을 WHO보다 일찍 감지해 전 세계에 경고를 발령하기도 했다.

빅데이터의 시대에 데이터의 생산자이자 가공자로서 우리는 새로운 기회와 도전에 직면하고 있다. 이 모든 것을 통해 우리가 깨

달아야 할 것은 데이터는 단순한 숫자나 정보의 집합이 아니라 **우리의 삶과 사회를 변화시킬 수 있는 강력한 힘**이라는 점이다. 그리고 우리는 이 기회를 어떻게 활용할지, 데이터라는 이 새로운 화폐로 무엇을 할지를 결정하는 주인공이다. 데이터의 마법이 변화시킬 우리 삶을 그리는 것은 결국 우리라는 이야기다.

AI에서 데이터의 역할

AI 모델을 훈련하는 것은 어린이를 교육하는 것과 유사하다. 경험(데이터)이 다양하고 풍부할수록 아이(AI)는 세상을 더 잘 이해하게 된다. 빅데이터의 성공 여부를 결정하는 AI 모델은 통계 기법을 사용해 데이터의 패턴을 학습하는데, 데이터 양이 증가함에 따라 모델의 예측 능력이 향상된다.

다음 그래프(표5)는 AI 모델을 훈련하는 데 사용되는 데이터세트의 크기가 시간이 지남에 따라 증가하고 있음을 보여준다. 그래프 세로축은 토큰(머신러닝에서 데이터를 나타내는 기본 단위로 단어나 문자 등이 될 수 있다)의 수에 대한 로그 스케일, 가로축은 시간의 흐름을 나타낸다. 원의 크기는 각 모델이 훈련에 사용한 토큰의 수다.

좌측 하단의 원은 GPT-3 모델이고, 시간의 흐름에 따라 PaLM, GPT-4 순으로 원의 크기가 커지고 있다. 이 그래프는 언어 모델들이 더 많은 데이터를 사용해 훈련될수록 더 복잡해지고 더 높은 성능을 낼 수 있음을 시사한다. 또한 AI 모델의 규모가 커지는 것이 일

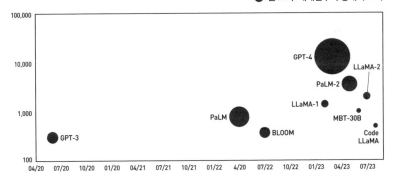

표5. AI 모델별 훈련 토큰 데이터세트 크기

출처: AI: The Coming Revolution

반적인 추세임을 보여주기도 한다. 이러한 추세는 연구 및 개발에서 더 큰 데이터세트의 필요성을 역설한다. AI가 생산하는 추천 시스템과 예측 모델, AI 어시스턴트(또는 지능형 에이전트) 등 최종 제품의 품질과 복잡성은 AI 모델에 공급되는 데이터의 풍부함과 정제도에 달려 있기 때문이다. AI 모델을 효과적으로 훈련하려면 방대한 양의 데이터가 필요한 것이다.

데이터의 품질과 독창성

빅데이터의 엄청난 다양성 덕분에 AI 시스템은 광범위한 영역에 걸쳐 일반화되거나 특정 작업에 최적화될 수 있다. 예를 들어, 의료 기록은 질병 진단을 지원할 수 있는 AI 모델을 훈련하는 데 도움이 되며, 소비자 구매 내역은 쇼핑 경험을 개인화하는 AI 모델을 훈련하는 데 사용될 수 있다.

그러나 안타까운 소식도 있다. 다음 그래프(표6)를 살펴보자.

그래프는 시간이 지남에 따라 AI 학습 목적의 고품질 텍스트 데이터와 이미지 및 비디오 데이터의 가용성에 관한 예측을 보여준다. 이 예측에 의하면 고품질 텍스트 데이터는 2026년, 이미지 및 비디오 데이터는 2040년 고갈될 것으로 추정된다. GPT-4와 같은 AI 모델이 텍스트를 대량으로 생산하지만 그럼에도 불구하고 텍스트 데이터가 고갈되고 있다는 명백한 역설은 훈련 데이터 품질의 미묘한 차이와 그것이 AI 결과에 미치는 영향을 이해함으로써 풀

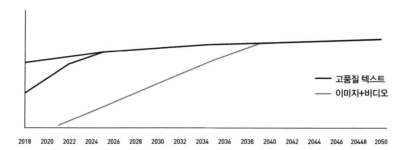

표6. 데이터별 전체 공급 및 수집 양

출처: AI: The Coming Revolution

수 있다.

이러한 우려를 좀 더 깊이 들여다보면 AI 시스템을 정교하게 훈련하는 데 필요한 텍스트의 품질과 독창성에 관한 고민으로 연결된다. AI 분야에서 이뤄지고 있는 데이터에 대한 주요 논의는 다음과 같다.

고품질 AI가 생성한 텍스트는 방대하지만, 모든 것이 편견이 없고, 다양하며, 의도한 애플리케이션의 특정 맥락과 관련이 있는 등 효과적인 교육에 필요한 품질 기준을 충족하지는 않는다. 예를 들어, 의료 분야에서 AI 모델을 훈련하기 위해서는 진단, 치료, 결과 등에 대한 정확하고 상세한 의료 기록이 필요하다. 그러나 AI가 생성한 의료 관련 텍스트는 전문 용어 사용이나 맥락 이해 측면에서 실제 의료진이 작성한 기록만큼의 품질을 갖추기 어려울 수 있다.

독창성 현재의 AI 모델이 생산하는 중복되거나 기존 데이터로부터 파생된 텍스트 데이터는 AI 모델 학습에 크게 기여하지 않는다. 필요한 것은 AI가 학습할 수 있는 '새로운' 정보와 통찰력을 제공할 수 있는 텍스트다. 챗봇 개발을 위한 AI 모델 훈련에서 기존 챗봇과의 대화 데이터를 반복적으로 학습하는 것은 한계가 있다. 모델이 창의적이고 참신한 응답을 생성하려면 실제 사람들 간의 다양하고 독특한 대화 데이터가 필요하다.

윤리적·법적 문제 고품질 데이터세트에는 신중하게 선별되고 동의된 '법적 준수 데이터'가 필요하다. GDPR과 같은 데이터 개인정보 보호에 대한 규정이 강화됨에 따라 이러한 품질의 텍스트를 소싱하는 것이 더욱 어려워지고 있다. 또한 동의 및 규정 준수 문제로 인해 공개된 모든 텍스트 데이터를 AI 훈련에 사용할 수도 없기 때문에 개발 초기 단계에서부터 큰 어려움에 처한 상황이다.

편향 데이터 편향은 데이터 자체의 문제로, 데이터세트가 특정 그룹에 치우치거나 중요 변수를 누락했을 때 발생한다. 예를 들어, 인구의 다양성을 제대로 반영하지 못한 데이터로 AI 모델을 훈련시키면 결과는 특정 집단에 편향될 수 있다. 한 연구에서는 얼굴 인식 시스템이 백인 남성을 비백인이나 여성보다 훨씬 잘 인식하는 것으로 나타났는데, 이는 훈련 데이터세트에 백인 남성의 얼굴이 과대 대표되어 있기 때문이다. 아마존의 경우 자동화된 채용 시스템을 개발해 이력서를 검토하고 후보자를 선별하려고 했는데, 이 시스템은 남성이 지배적인 기술 업계에서 오랫동안 성공적이었던 이력서 패턴을 학습함으로써 여성 후보자에 대해 편향된 결과를 내놓았다. 이처럼 데이터 편향은 AI가 실제 세계를 정확히 모델링하지 못하게 만들며, 결정과 예측의 정확성을 해친다.

상황·문화적 관련성 관용적 표현, 문화적 참조, 상황적 이해를 포함한 언어의 뉘앙스는 AI 생성 텍스트에서 포착하기 어렵다. 실제 인간이 생성한 데이터세트는 이러한 미묘한 용도에 대해 여전히 수요가 높다. 예를 들어 번역 AI를 개발한다면, 단순히 단어나 문장을 일대일로 매핑하는 것 이상의 것이 필요하다. 관용구, 유머, 문화적 맥락 등을 포함한 실제 사람들의 언어 사용 데이터가 있어야 자연스럽고 상황에 맞는 번역이 가능해진다.

데이터 수명 기존의 고품질 텍스트 데이터세트는 언어가 발전함에 따라 구식이 되어 향후 AI 모델을 훈련하는 데 효율성이 떨어질 수 있다. 학습 데이터의 지속적인 관련성과 최신성은 AI가 현재 인간의 언어와 개념을 이해하고 활용하는 능력에 필수적이다. 10년 전 뉴스 기사로 훈련한 AI 모델은 현재의 언어 사용 트렌드나 새로운 개념들을 제대로 이해하지 못할 수 있다. 따라서 최신 데이터를 지속적으로 학습해야 AI가 변화하는 언어 환경에 적응할 수 있다.

의미적 포화semantic saturation AI 훈련을 위해 텍스트를 생성하고 활용하는 현재 방법은 추가 텍스트로부터의 증분학습이 최소화되는 의미적 포화점으로 이어질 가능성이 있다. 영화 리뷰 데이터로 훈련한 감성 분석 AI는 어느 순간 추가 리뷰 데이터로부터 새로운 인사이트를 얻지 못하는 포화 상태에 이를 수 있다. 이를 극복하려면 데이터의 다양성을 확보하고 새로운 관점을 제공할 수 있는 고품질 데이터가 지속적으로 필요하다.

AI가 생산하는 텍스트의 품질, 특히 정확성, 신뢰성, 독창성은 학습 목적에 큰 영향을 미친다. 생성된 모든 텍스트가 고품질이거나 추가 AI 모델 교육에 적합한 것은 아니다. 예를 들어, AI가 생성한 뉴스 기사는 문법적으로 올바르고 읽기 쉽기는 하지만 사실관계나 정보의 출처가 불분명할 수 있다. 이러한 텍스트를 그대로 AI 모델 학습에 사용하면 잘못된 정보나 편향된 관점을 강화한다. 또한 사용자의 악의적이거나 부적절한 발언을 학습한 챗봇은 윤리적으로 문제가 될 수 있는 응답을 생성하기 때문에 AI가 생성한 텍스트를 무분별하게 학습에 사용하는 것은 바람직하지 않다. 이러한 점을 고려할 때 생성 AI가 텍스트 데이터의 양 확대에는 기여하지만 AI 교육을 위한 고품질의 다양하고 윤리적으로 소스가 제공되는 텍스트 데이터의 필요성을 자동으로 해결하지는 않는다는 점은 분명하다.

"쓰레기를 투입하면 쓰레기가 나올 뿐이다garbage in, garbage out." AI 진화사에서 데이터의 '양'이 중요한 역할을 했지만, 지금의 시대는 데이터의 '질'을 강조하는 방향으로 급격하게 전환되고 있다. 정확하게 라벨이 지정되지 않거나, 주석이 달리지 않거나, 대표성이 없는 데이터는 AI 모델의 왜곡으로 이어질 수 있으며, 이는 실제 시나리오로 일반화되지 않을 수 있다.

데이터 소유자의 선택은 AI의 미래를 어떻게 형성하는가?

온타리오에 본사를 둔 AI 탐지 스타트업 오리지널리티AIOriginality AI가 44개 주요 뉴스 사이트에서 수집한 데이터에 따르면 〈뉴욕타임스〉, 〈워싱턴포스트〉, 〈가디언〉 등 일간지와 〈애틀랜틱〉(잡지),

〈블리처리포트〉(사이트)를 포함해 88%가 오픈AI의 GPT봇과 AI 웹 크롤러를 차단하는 것으로 나타났다. 반면 〈폭스뉴스〉, 〈데일리콜러Daily Caller〉, 〈브라이트바트Breitbart〉를 포함해 우익 언론 매체 어느 곳도 구글의 AI 데이터 수집봇을 비롯한 가장 유명한 AI 웹 스크래퍼를 차단하지 않고 있다. 바리 웨이스Bari Weiss의 프리프레스The Free Press도 AI 스크래핑 봇을 차단하지 않는다.

대부분의 주요 뉴스 매체들이 AI 데이터 수집봇을 차단하는 반면 우파 미디어는 적극적으로 환영하고 있다. 이러한 입장의 차이는 AI가 우리 사회에 미치는 영향에 대해 중요한 질문을 던진다. 학습 데이터의 다양성은 AI의 중립성과 객관성을 보장하는 필수 요소다. 하지만 어느 한쪽은 데이터 수집을 차단하고 다른 한쪽만 데이터를 제공한다면 AI는 편향된 학습을 할 수밖에 없다. 뉴스 매체들의 정책에 따라 AI가 특정 이념적 색채를 띠게 될 수 있는 것이다.

뉴스 매체들이 AI봇을 차단한 결정 뒤에는 저작권과 데이터의 공정 사용에 대한 우려가 있다. 〈뉴욕타임스〉와 같은 매체들은 오픈AI를 상대로 저작권 침해 소송을 제기하며 자신들의 콘텐츠가 AI의 학습 데이터로 사용되는 것에 목소리를 높이고 있다. 반면 〈월스트리트저널〉을 소유한 뉴스코프는 오픈AI와 5년 동안 2억 5,000만 달러 규모의 콘텐츠 협약을 체결하면서 언론사들이 AI 기업과 개별 협상을 통해 새로운 수익원을 모색하는 움직임도 나타나고 있다. 이러한 법적 고려 사항은 AI의 발전과 뉴스산업의 미래에 중대한 영향을 미칠 뿐만 아니라 데이터의 사용과 공유에 대한 새로운 기준을 설정한다. AI가 특정 이념적 관점을 반영하게 되면 공공의 대화와 의사결정 과정에 영향을 줄 수 있기 때문에 뉴스 매체들의 AI에 대한 접근 방식은 단순히 기술적인 결정이 아니라 우리 사회의 가치와 미래에 대한 근본적인 선택이 되어야 한다.

학습 데이터에 대한 입장 차이는 AI 기술의 발전 방향에 영향력을 행사한다. 뉴스 매체들의 결정은 단순히 자신들의 콘텐츠를 보호하는 것을 넘어 AI가 인류의 다양한 목소리와 관점을 어떻게 반영할지에 영향을 주기 때문이다. 이러한 고민은 단지 언론의 것만이 아니다. 우리 또한 AI의 발전을 책임감 있게 이끌고, 모든 목소리가 공정하게 대표될 수 있는 방법을 모색해야 한다.

9장

알고리즘이란 무엇인가?

알고리즘은 코드에 내재된 의견이다.

_캐시 오닐

우리가 살아가는 디지털 세계는 알고리즘의 세계다. 알고리즘은 단순한 계산 절차를 넘어 우리의 디지털 생활 방식을 형성하는 기본 언어가 되었다. 더 나아가 컴퓨터는 단순한 명령 수행자에서 자율적인 학습자로 진화해나가고 있다. 이러한 변화는 과학자들이 컴퓨터에게 몇 가지 기본 지침만 제공하면 스스로 학습하고 성장할 수 있다는 사실을 발견하면서 시작되었다.

　우리의 일상에서 알고리즘의 손길이 닿지 않는 곳은 없다. 알고리즘은 곳곳에서 우리가 원하는 작업을 단계별로 정확하게 수행할 수 있도록 돕고 있다. 아침에 깨어나서 휴대폰을 확인할 때부터, 이메일을 정리하고, 소셜 미디어 피드를 스크롤하며, 온라인 쇼핑을 하고, 저녁에 넷플릭스에서 영화를 고를 때까지 우리는 알고리즘의 무한한 바다를 항해한다.

　이 모든 과정에서 알고리즘은 우리의 행동을 추적하고 경험을 분석해 디지털 세계의 물결을 우리에게 최적화한다. 알고리즘이 우리를 지배하고 있다는 선언이 과장된 표현일 수 있지만, 그 영향력이 점점 커지고 있다는 것은 부정할 수 없는 사실이다.

과연 알고리즘은 공정한가?

AI 알고리즘은 AI가 데이터를 학습하고 분석하며 해당 지식을 기반으로 의사결정을 내릴 수 있도록 하는 일련의 **지침 또는 규칙**이다. 여기서 알고리즘은 컴퓨터 프로그램을 작성하는 기본적인 과정이자 컴퓨터가 최종 목표를 달성하기 위해 기계적으로 따라야 하는 경로를 의미한다. 컴퓨터가 어떤 일을 하게 하려면 컴퓨터 프로그램을 작성해야 한다. 그리고 프로그램을 작성하기 위해서는 컴퓨터에 원하는 작업을 단계별로 정확하게 알려주어야 한다. 그런 다음에야 컴퓨터는 최종 목표를 달성하기 위해 각 단계를 기계적으로 따라 프로그램을 '실행'한다. 컴퓨터에게 무엇을 해야 할지 지시할 때 컴퓨터가 그 일을 어떻게 할지 선택할 수 있다. 바로 여기에서 컴퓨터 알고리즘이 등장한다. 알고리즘은 작업을 완료하는 데 사용되는 기본 기술이다.

　알고리즘은 **유한성과 명확성**의 특징을 지닌다. 유한성은 무한히 진행하는 것이 아니라 유한한 시간 안에 끝나야 함을 의미한다. 알고리즘이 문제 해결 과정이고, 문제 해결 과정은 현재 상태에서 목표 상태로 도달할 수 있도록 하는 여정과 같기 때문에 영원히 목표 상태에 도달하지 않는다면 의미가 없다. 명확성은 모호하지 않게 나타내야 하는 것을 의미한다. 알고리즘은 문제 해결에 대한 인간의 기본적인 생각이자 방법으로, 그것을 실제 컴퓨터에서 처리하기 위해 특정 프로그래밍 언어를 사용해 절차적인 형태로 표현한 것이다.

그런데, 여기서 문제가 발생한다.

우리는 알고리즘이 어떠한 편견도 없이 판단을 내리도록 설계된 것으로 생각하는 경향이 있다. 엄격한 수학과 논리에 깊이 뿌리를 둔 알고리즘은 겉보기에는 편향 없는 의사결정 과정의 기초로 보이기 때문이다.

문제의 핵심은 알고리즘의 기원에 있다. 인간을 모방해 데이터를 학습하고 정보를 습득하도록 만든 알고리즘은 **수많은 편견과 모순으로 가득 찬 인간을 반영할 수밖에 없다.** 편향은 알고리즘 자체의 설계, 의도하지 않거나 예상하지 못한 알고리즘 사용, 알고리즘 훈련에 활용되는 데이터 또는 컨텍스트에서 비롯될 수 있다. 즉, 자동화된 의사결정 시스템이 머신러닝 프로세스의 잘못된 가정으로 인해 체계적으로 편견을 갖는 결과를 생성할 때 편향이 발생한다는 것이다. 이는 성별, 민족, 성적 취향 또는 기타 특성을 기반으로 특정 집단에 대한 차별로 이어질 수 있다.

미국 사법 체계 내에서 피고인의 재범 위험을 평가하기 위해 도입된 콤파스COMPAS 시스템은 이 딜레마를 극명하게 보여준다. 조사에 따르면, 이 시스템의 알고리즘이 아프리카계 미국인 피고인을 다른 인종보다 고위험으로 식별하는 편향적인 경향을 드러냈는데, 이를 통해 예측 알고리즘 내에 침투한 인종적 편견이 명확하게 확인되었다. 마찬가지로, 여성이나 소수 집단의 데이터가 과소 대표되면 예측 AI 알고리즘이 왜곡되어 편향된 결과가 발생할 수 있다. 실제로 여성의 모기지(혹은 주택담보 대출) 신청이 남성의 경우보다 더 자주 거부되고 있으며, 의료 시스템에서는 흑인 환자의 피부암 발견 가능성이 떨어지는 등 차별적인 결과를 생산하고 있다.

알고리즘의 공정성은 알고리즘이 특정 그룹이나 개인에게 불이익을 주는 체계적인 편견 없이 결정을 내릴 수 있도록 보장하는 중요한 요소다. 앞서의 사례 외에도 신용점수, 예측 치안, 형사 사법 선고 등 개인의 일상에서 알고리즘의 영향력이 확대되고 있기 때문에 선천적이거나 후천적인 특성으로 인한 개인이나 집단에 대한 편견이나 편애가 생성되지 않도록 해야 한다.

머신러닝 모델이 역사적으로 잘못된 결정을 영속시키거나 확대 재생산할 수 있다는 점, 의료와 고용 등의 영역에서 알고리즘에 대한 의존도가 높아지고 있다는 점도 알고리즘 공정성 이슈의 중요 의제다. 머신러닝 모델이 복잡해지고 사용 범위가 확장됨에 따라 소외된 집단에 대한 편견의 영향이 중요한 관심사가 된 것이다.

이처럼 알고리즘 공정성은 AI 시스템을 책임감 있게 개발하고 사용하는 데 필수적인 요소다. 그렇다면 우리는 어떻게 공정성을 확보할 수 있을까? AI가 결정을 내릴 때 발생할 수 있는 편견을 막고,

발견된 편견을 바로잡기 위해 윤리적 기준과 기술적 해결책을 마련하고, AI 시스템의 의사결정 과정을 계속해서 주의 깊게 감시하고 조정하는 과정이 서로 복잡하게 얽혀 있는 상황에서 우리는 어떤 선택을 해야 할까?

알고리즘 공정성은 공정성을 정의하고 측정하는 다양한 접근 방식과 편향 완화 방법 개발을 포함하며, 집단을 동등하게 대우하는 데 초점을 맞춘 집단 공정성과 유사한 개인을 유사하게 대우하는 것을 목표로 하는 개인 공정성으로 분류할 수 있다. 공정성은 데이터를 준비할 때 편향된 데이터를 미리 수정하고, 알고리즘을 개발하는 과정에서 공정한 결과를 내도록 학습 과정을 조절하며, 나온 결과를 개선할 때 특정 집단에 대한 차별을 제거하는 방식 등으로 구현될 수 있다.

알고리즘은 투명한가?

알고리즘의 영향을 받는 사람들이 AI의 의사결정 과정을 이해할 수 있다면 어떨까? 여기서 알고리즘의 전제 조건이 발생한다. "알고리즘은 투명한가?"

알고리즘의 수수께끼 같은 작업 방식은 알고리즘 설계의 복잡하고 독점적인 특성 때문에 '블랙박스'에 비유된다. 알고리즘의 결정 과정이 불투명하면 책임과 시정 조치를 취하기 어려워진다. 이러한 문제에 대응하기 위해 알고리즘의 투명성을 강화하는 것이 중요하다.

알고리즘 투명성이란 **알고리즘의 목적, 구조, 작동 원리를 명확하게 공개하는 것**을 의미한다. 이는 알고리즘이 내리는 결정에 영향을 주는 요소들을 알고리즘에 사용하거나 그 영향을 받는 모든 이해관계자들이 이해하고 접근할 수 있게 만드는 원칙이다. (단, 알고리즘 투명성은 상황에 따라 달라질 수 있으며, 알고리즘 시스템이 어떤 결정을 내릴지 사람들이 항상 예측할 수 있다는 의미는 아니다.) 이 원칙은 알고리즘이 이해 가능하고 설명 가능하며 책임이 있음을 보장하는 데 중요하다. 알고리즘의 작동 방식은 비전문가도 이해할 수 있어야 하며, 제3자의 감사와 같은 책임을 위한 메커니즘이 있어야 한다. 이는 신뢰를 구축하는 데도 도움이 되며, 알고리즘에 의한 결정이 설명되고 정당화될 수 있도록 한다. 신용점수 알고리즘은 투명성이 추구되는 일반적인 사례다. 예상보다 낮은 신용점수를 받은 사람은 결정에 이의를 제기할 수는 있지만 점수를 결정하는 데 사용되는 정확한 알고리즘을 알 권리는 없다.

이러한 투명성은 더 나은 증거 기반 정책을 수립하는 데 기여할 뿐만 아니라 개발자가 고려한 설계 절충안을 깊이 있는 토론으로 이끌 수도 있다. 알고리즘 투명성을 보장하기 위해 다음과 같은 몇 가지 단계를 수행할 수 있다.

목표와 기준 정의 알고리즘을 개발하거나 구현하기 전에 정확성, 견고성, 확장성 등의 목표와 기준을 정의한다.

문서화 알고리즘이 어떻게 작동하고 의사결정을 내리는지 그의 기능과 의사결정 프로세스를 명확하게 문서화한다.

테스트 및 검증 단위 테스트, 디버깅, 시뮬레이션, 확인 또는 감사와 같은 다양한 도구와 기술을 사용해 알고리즘을 테스트하고 검증한다.

결과 설명 알고리즘의 논리, 동작 및 결과에 대해 명확하고 간결한 설명을 제공한다.

정기점검 알고리즘을 정기적으로 모니터링하고 업데이트해 투명성, 관련성, 효율성을 유지한다.

투명성은 책임과 신뢰에 매우 중요하지만 지적 재산 보호 필요성과 균형을 이루어야 한다. 실제로 많은 기업들이 지적 재산 보호의 필요성으로 인해 알고리즘 투명성 달성에 적지 않은 어려움을 겪고 있다. 독점 세부 사항을 보호하면서 알고리즘의 일부 측면이 감사를 위해 공개되는 적격 투명성Qualified Transparency이 중간 지점이 될 수 있다. 독점 정보를 완전히 공개하지 않고도 알고리즘을 더욱 투명하게 만드는 접근 방식인 설명 가능한 AIExplainable AI, xAI도 해답이 될 수 있다.

알고리즘에 대한 책임은
누가 지는가?

지극히 개인적인 소셜 미디어 피드를 큐레이팅하는 것부터 금융, 의료, 법 집행에서 중대한 결정을 내리는 것에 이르기까지 알고리즘의 영향력은 광대하다. 그러나 혁신과 윤리의 갈림길에서 우리는 절실한 질문을 던져야 한다. 알고리즘에 대한 책임은 누가 지는가?

알고리즘의 기원은 코드에 뿌리를 두고 있지만, 1과 0의 영역을 훨씬 넘어선다. 그것은 어떤 데이터를 포함할 것인지, 어떤 패턴을 우선시할 것인지, 결과를 어떻게 평가할 것인지에 대한 수많은 인간의 결정을 포괄한다. 이러한 인간의 개입은 알고리즘에 주관성을 부여하는데, 이로 인해 알고리즘이 오류를 범하거나 편견을 지속할 때 책임의 선이 흐려진다.

알고리즘에 대한 책임은 단일 주체에 위임할 수 없는 복합적인 문제로, 협력적인 접근 방식을 요구한다. 우선, 알고리즘에 생명을 불어넣는 개발자와 데이터과학자들이 이 책임의 상당 부분을 짊어진다. 알고리즘을 설계, 훈련, 구현하는 데 있어 그들의 선택은 알고리즘이 실제 세계에서 작동하는 방식의 기반을 설정한다. 이 전문가들은 윤리적 코딩 관행을 채택해야 하며, 공정성, 투명성, 포용성이 알고리즘 설계 과정의 본질적인 부분이 되도록 해야 한다.

그러나 책임은 창조자들에게만 있는 것이 아니다. 알고리즘을 의사결정 과정에 배치하는 기업, 정부 및 조직들도 상당한 책임을 져야 한다. 그들이 사용하는 알고리즘을 면밀히 조사하고, 알고리즘이 어떻게 기능하는지뿐만 아니라 그 결정 뒤에 있는 이유를 이해하는 것이 그들의 의무다. 이것은 지속적인 감독, 정기적인 감사, 발견된 편견이나 결함을 시정할 의지를 요구한다.

알고리즘 공정성, 투명성 및 책임에 대한 표준을 지시하는 법률과 지침을 개발하는 것도 중요하다. 이러한 프레임워크는 폐해를 줄이는 것뿐만 아니라 윤리적 알고리즘 배치가 예외가 아닌 표준이 되는 환경을 조성하는 것을 목표로 해야 한다.

책임의 문제는 알고리즘의 최종 사용자인 대중에게까지 확장된다. 디지털 리더십이 최우선인 시대에 개인은 알고리즘이 자신의 삶에 미치는 영향을 이해할 수 있는 지식을 갖춰야 한다. 이것은 투명성을 옹호하고, 알고리즘 결정에 대한 설명을 요구하며, 그들이 사용하는 디지털 도구에 대해 이를 운영하는 기관에 책임을 지게 하는 것을 포함한다.

"알고리즘에 대한 책임은 누가 지는가?" 답을 내기가 쉽지 않은 문제다. 알고리즘 생태계에 관련된 이해 관계자 스펙트럼에 걸쳐 있는 집단적 책임이기 때문이다. 코드를 작성하는 개발자부터 구현하는 기업, 이를 규제하는 기관과 그로부터 영향을 받는 개인에 이르기까지, 각각은 알고리즘이 보다 큰 선을 위해 봉사하도록 하는 데 중요한 역할을 한다. 이는 편견이 없는 방식으로 알고리즘을 설계하고 구현함으로써 인종, 성별 또는 기타 사회적 식별자와 같은 관련 없는 특성을 기반으로 한 차별 없이 적절하고 공정한 기준에 따라 결정이 내려지도록 해야 한다는 점을 강조한다.

10장

컴퓨팅파워란 무엇인가?

컴퓨팅은 더 이상 컴퓨터에 관한 것이 아니다.
그것은 삶에 관한 것이다.

_니콜라스 네그로폰테

2012년 이후 약 3.4개월마다 AI 모델에서 사용되는 컴퓨팅 양이 두 배로 증가(2018년 기준)하는 등, 컴퓨팅파워는 AI 발전의 핵심 동인이었다. 오늘날 최신 칩은 초당 10조 개가 넘는 계산을 실행할 수 있는데, 이는 밀도 높은 이미지 인식, 구조화되지 않은 데이터에 대한 딥러닝, 다양한 AI 작업을 가능케 하고 있다.

예술가들이 걸작을 완성하기 위해 최고의 붓과 가장 생생한 색상이 필요했던 것처럼 AI 개발자들도 방대한 데이터, 정교한 알고리즘을 처리할 수 있는 컴퓨팅파워를 필요로 한다. 컴퓨팅파워는 AI의 엔진으로서 이론적 알고리즘과 방대한 데이터세트를 실용적인 응용 프로그램으로 변환해 산업 전반에 걸쳐 혁신을 주도한다.

AI반도체시장의 급성장과 경쟁

현재 우리는 딥러닝 알고리즘에 필요한 복잡한 계산을 효율적으로 처리할 수 있는 AI 전용 칩 개발에서 전례 없는 가속화를 목격하고 있다. AI 반도체(AI 칩)는 AI 애플리케이션을 가속화하기 위해 특별히 설계된 모든 반도체 장치를 의미한다. 여기에는 대규모 데이터세트 처리, 복잡한 수학 연산의 신속한 수행, 신경망 알고리즘의 효율적인 실행 등 AI가 필요로 하는 계산 유형에 최적화된 GPU, NPU 및 TPU가 포함된다. 이러한 AI 칩은 데이터센터부터 엣지 장치에 이르기까지 AI 애플리케이션을 개발 및 배포하는 데 핵심적인 역할을 수행하며 AI 작업의 처리 속도를 높이고 전력 소비를 줄이며 성능을 향상시킨다.

이 분야의 선두 주자들은 더 빠른 속도, 더 낮은 전력 소비, AI 알고리즘과의 더 나은 통합을 제공하는 칩으로 서로를 능가하기 위해 혁신적인 속도로 개발을 진행하고 있다. AI칩시장의 톱플레이어는 단연코 엔비디아다. 1990년대 게임 부문용 GPU를 생산해온 엔비디아는 탁월한 역량을 바탕으로 AI칩시장 점유율 1위를 차지하고 있다. 애플 등 주요 고객을 위한 일반화된 다목적 AI 프로세서인 H100, A100 칩이 엔비디아의 대표 제품이다. 하바나랩Habana Labs을 인수한 2019년부터 생성 AI 소프트웨어용 AI 칩을 개발해온 인텔은 가우디Gaudi 시리즈로 돌풍을 일으켰고, AMD는 엔비디아와 경쟁할 수 있는 칩과 플랫폼을 구축한 또 다른 핵심 기업이다. 구글의 알파벳Alphabet, 아마존, 마이크로소프트와 같은 거대 기술 기업도 자체 AI 칩을 설계 및 개발하고 있다.

엔비디아는 선도적인 기업임에도 불구하고 다른 거대 기술 기업과 칩 제조업체와의 치열한 경쟁에 직면해 있다. 자체 AI 칩을 설계하는 거대 기술 기업이 늘어나는 현재 추세는 보다 최적화된 AI 하드웨어 솔루션으로의 전환을 나타낸다. 이는 AI 칩시장에서 더 많은 혁신과 경쟁으로 이어져 AI 칩 기술의 발전을 더욱 촉진할 것이다.

반反 엔비디아 진영의 좌장은 챗GPT를 개발한 오픈AI가 첫손으로 꼽는다. 샘 올트먼 오픈AI CEO는 2024년 2월 미국 캘리포니아에서 열린 인텔의 IFS 다이렉트커넥트에서 "우리에게 필요한 AI 인프라(반도체) 규모는 지금까지 우리가 생각했던 반도체시장과 비교해 상상 이상일 것"이라고 말했다. 올트먼은 최근 AI 반도체 기업을 만들기 위해 7조 달러라는 천문학적인 자금을 조달하고 있다. 엔비디아가 90% 이상 독점하고 있는 AI 반도체를 직접 만들어 의존도를 줄이겠다는 것이다.

팻 겔싱어 인텔 CEO가 이에 대해 질문하자 그는 "7조 달러는 반도체만이 아니라 데이터센터와 전력까지 포함한 금액"이라면서 "AI 학습에 필요한 반도체는 단순히 반도체가 아니라 전기와 비슷하다고 볼 수 있다"고 설명했다. 산업이 발달하기 위해서는 반드시 전력 생산이 많아져야 하는 것처럼, AI 사용이 폭발적으로 늘어나면 AI 반도체도 폭발적으로 필요하게 된다는 것이다. 그는 "앞으로 엄청난 규모의 AI 컴퓨팅파워가 필요하다"면서 "지금 사람들은 전 세계에 필요한 AI 인프라 규모를 과소평가하고 있다"고 덧붙였다.

그가 추진 중인 7조 달러 규모의 자금 조달 계획은 실로 어마어마한 것으로, 이는 세계 최대 기업들의 시가총액을 넘어서는 수치다. 이 계획에는 아랍에미리트 정부 등 중동의 투자자들이 중심이 되어 자금을 모으려는 움직임이 포함되어 있다. 하지만 이 같은 거대한 투자 계획에 업계 내에서는 현실성에 의구심이 제기되고 있다. 투자 금액의 현실성에 대한 논쟁을 올트먼 본인조차도 농담거리로 활용하고 있어 그의 진의에 궁금증을 더하고 있다. 그러나 이 모든 것이 확실히 말해주는 것은 AI와 반도체가 밀접하게 연결되어 있고, AI를 구현하기 위해서는 강력한 컴퓨팅파워가 필수적이라는 사실이다. AI가 거대한 정보의 바다에서 학습하는 것을 가능하게 하는 것이 바로 반도체 기술이다.

특히 AI 연구에서 게임체인저로 작용한 GPU의 발달은 AI의 발전과 함께 반도체시장을 지속적으로 성장시킬 원동력이 되었다. 올트먼이 반도체 생산에 관심을 갖는 것도 GPU 부족 현상과 이로 인한 가격 상승 문제를 해결하기 위한 전략일 수 있다. 엔비디아 같은 대형 기업들이 시장을 주도하는 상황에서 오픈AI가 직접 반도체를 생산함으로써 이러한 문제에 대응하려 한다는 것이다.

물론 오픈AI의 계획이 현실화되기까지는 많은 장애물이 존재한다. 반도체산업은 설계와 아이디어만으로는 성공할 수 없는 고도의 기술과 경험이 필요한 분야다. 반도체산업의 주도권 변화를 살펴보자. IBM은 메인프레임 시대를 대표했으며, 인텔, 마이크로소프트, 델, HP는 PC와 인터넷의 결합 시대를 주도했다. 퀄컴, 애플, ARM은 스마트폰 시대의 중심에 있었고, 구글, 마이크로소프트, 아마존은 클라우드컴퓨팅을 이끌었다. AI 시대에서는 엔비디아, AMD, 인텔과 같은 AI 칩 회사뿐만 아니라 반도체 장비를 제조하는 ASML, 램리서치, 메모리 제조사인 마이크론, 구글, 아마존과 같은 AI 투자를 확대하고 있는 빅테크와 SK하이닉스, 삼성 같은 반도체 제조사가 주요 업체들이다. 이러한 상황에서 최근 구글, 마이크로소프트, 메타 등 빅테크 3사를 포함한 미국 주요 IT 기업 8곳이 UA링크UALink라는 AI 칩 연합을 출범시키며 엔비디아가 장악한 AI가속기시장에 도전장을 내밀었다. UA링크는 엔비디아에 의존하지 않는 새로운 개방형 통신 표준을 만들어 AI칩시장의 판도를 바꾸려 하고 있다. 여기에는 AI 칩의 실제 수요처인 빅테크들과 AI 칩을 설계·생산하는 AMD, 인텔 등이 참여하고 있어 AI 및 반도체 업계에 미치는 파장이 클 것으로 예상된다. 한편, 엔비디아는 이러한 도전에 맞서 TSMC, SK하이닉스 등 세계 1위 기업들과의 협력을 강화하며 자체 생태계를 공고히 하고 있다. 이처럼 '엔비디아 대 반엔비디아' 구도로 양분된 AI칩시장의 경쟁은 앞으로 더욱 치열해질 전망이다.

결국 올트먼과 오픈AI, UA링크가 추진하는 반도체시장의 변화는 AI 기술의 미래뿐만 아니라 전 세계 기술산업의 판도에 중대한 영향을 미칠 전망이다. 이러한 움직임이 성공적으로 이루어진다면 AI 연구의 한계를 넘어서는 새로운 혁신의 장을 열어 기술 발전을 가속화할 것이다. 이는 단순히 하나의 기업이나 산업 분야에 국한된 일이 아닌, 전 세계적인 기술 생태계에 새로운 가치와 기회를 제공할 수 있는 계기가 될 것이다.

AI의 에너지 소비:
미래를 위한 비용인가?

AI 기술이 급속도로 발전하면서 전 세계적으로 에너지 소비가 증가하고 있다. 이로 인해 AI를 '에너지 먹는 하마'에 비유하기도 한다. 하지만 AI는 AI가 가진 잠재력을 통해 자체적으로 에너지 효율성을 개선하고 지속 가능한 미래를 여는 열쇠가 될 수 있다.

AI 기술의 에너지 소비 문제를 짚어보자. 대규모 AI 모델은 막대한 양의 데이터를 학습하는 과정에서 엄청난 양의 전력을 사용한다. 실제로 GPT-3와 같은 대형 언어 모델을 훈련시키는 데는 미국 가정 130호가 1년 동안 사용하는 전기량과 맞먹는 1,300MWh의 전력이 소모된다. 이는 AI 모델의 학습 과정이 대단히 에너지 집약적이라는 사실을 보여준다. (이 예시는 단일 훈련 과정만을 기준으로 한 것이며, 반복적인 훈련과 조정 과정을 거치면 전체 에너지 소비량은 더욱 커질 수 있다.) 뿐만 아니라 AI 모델은 추론inference단계에서도 상당한 에너지를 소비한다. 한 연구에 따르면 GPT-3는 40~100개의 응답을 생성하는 데 약 1리터의 물을 소비할 정도로 많은 자원을 필요로 한다. AI 기술이 발전할수록 더욱 많은 전력이 소모될 것으로 보이며, AI 서버의 전력 소비는 2027년까지 연간 약 100TWh에 이를 것으로 예상된다. 이는 전체 데이터센터 전력 소비의 20~25% 수준에 달하는 수치다.

AI 기술의 진화는 에너지 효율성 개선과 맞닿아 있다. 특히 데이터센터의 에너지 효율성은 지난 몇 년간 크게 향상되었는데, 액체 냉각과 같은 혁신적인 쿨링 기술은 데이터센터의 총 전력 소비를 10% 이상 줄이는 데 기여했다. 이러한 발전은 AI 기술의 에너지 소비 증가에 대한 영향을 완화하는 데 중요한 역할을 하고 있다.

스마트그리드로부터 방대한 데이터를 분석해 에너지 생산, 분배, 소비를 최적화하는 데 AI를 사용하는 것처럼 AI 기술 자체로 에너지 부문 전반의 혁신을 추진할 수 있다. 풍력 터빈의 방향을 조정하거나 태양광 예측을 개선해 에너지 생산을 더욱 효율적으로 만들 수도 있고, 에너지시장에서 고객의 요구를 세밀하게 파악해 그에 맞게 에너지 공급을 조절하는 데 기여할 수도 있다.

AI 기술과 에너지 문제의 상호작용은 기술 발전과 환경적 책임 사이의 균형을 맞추려는 현대 사회의 노력을 반영한다. AI는 에너지 소비 증가를 야기하지만, 세계 에너지 시스템의 효율성을 개선하고 재생 가능 에너지로의 전환을 가속화하는 잠재력 또한 가지고 있다. 데이터센터의 효율성 개선과 AI 기술의 발전은 에너지 소비를 관리하고 줄이기 위한 효과적인 솔루션을 제시한다. 이러한 솔루션을 활용해 AI의 에너지 사용에 따른 과제를 해결하고, 전 세계 에너지 시스템의 개선을 위한 지속적인 노력이 절실하다. 앞서 제시된 방식들이 전략적으로 적용된다면 AI는 기술의 힘을 통해 에너지의 미래를 더욱 지속 가능하게 만들 수 있으며, 전 세계적인 에너지 시스템 개선에 결정적인 기여를 할 수 있다.

11장

생성 AI란 무엇인가?

생성 모델은 기계 창의성의 주요 촉매제로서
기계가 본 적 없는 새로운 것을 만들어낼 수 있도록 한다.

_이언 굿펠로우

오늘날 AI는 스스로 새로운 콘텐츠를 창작하는 경지에 이르렀다. 방대한 데이터를 학습한 AI는 마치 창의력 넘치는 예술가처럼 우리가 상상하는 이미지를 그려내고, 감성을 자극하는 음악을 작곡하며, 독창적인 스토리를 써내려간다. 이러한 '생성 AI'의 등장은 창조의 개념을 재정의하고, 인간과 기술의 협업을 통해 새로운 가능성을 열어가고 있다. 우리는 이 혁신적인 기술이 우리의 삶과 사회에 미칠 영향에 주목할 필요가 있다.

생성 AI의 가장 흥미로운 점은 컴퓨터가 단순히 명령을 수행하는 것이 아니라 스스로 창작자가 되는 것인데, 이로써 창의성은 인간만의 고유한 영역이 아니게 되었다. 챗GPT를 비롯한 생성 AI 도구들의 급부상은 우리에게 근본적인 질문을 던지게 한다. "과연 창의성의 본질은 무엇인가?" "인간만이 가질 수 있는 고유한 창조성은 존재하는가?" "AI와 인간의 경계는 무엇인가?" 생성 AI의 발전이 가져올 변화의 폭과 깊이를 가늠하기 위해서는 기술뿐만이 아니라 인간에 대한 근원적 이해가 선행되어야 할 것이다.

생성 AI의 기본 개념

생성 AI는 사용자 입력에 반응해 텍스트, 이미지, 오디오, 비디오 등 새로운 콘텐츠를 창조할 수 있는 AI 기술의 하위 집합으로, 다양한 입력 데이터로부터 ① 패턴과 지식을 습득하고, ② 인공신경망 구조를 통해 학습하며, ③ 예술, 음악, 이야기 등 다채로운 창작물을 생성한다.

생성 AI 시스템은 다양한 도메인의 대규모 데이터세트를 활용해 데이터에 내재된 패턴, 스타일, 특징 등을 파악하는 것이 핵심이다. 이렇게 축적된 학습을 통해 AI는 입력 데이터의 특성을 모방하면서도 새로운 콘텐츠를 창작해낼 수 있게 된다. 인간이 많은 경험과 학습을 통해 창의력을 발휘하는 것과 유사한 과정이라고 볼 수 있다.

생성 AI는 인공신경망 구조를 기반으로 다양한 모델들을 활용하는데, 변이 자동 인코더Variational Auto Encoder, VAE, 트랜스포

머Transformer, 생성적 적대 신경망Generative Adversarial Network, GAN
이 대표적이다. VAE는 입력 데이터를 압축해 잠재 공간Latent Space
에 표현하는 인코더Encoder와 잠재 공간의 표현을 다시 원본 데이터
로 복원하는 디코더Decoder로 이루어진다. 이 과정에서 VAE는 데이
터의 핵심 특성을 파악하고 이를 바탕으로 새로운 데이터를 생성할
수 있게 된다. 마치 사진을 작은 크기로 압축했다가 다시 복원하는
것과 비슷한 원리라고 생각하면 이해하기 쉽다.

GAN은 두 개의 신경망, 즉 생성자Generator와 판별자Discrimina-
tor가 서로 경쟁하며 학습하는 모델이다. 생성사는 실제 데이터와 유
사한 가짜 데이터를 만들어내려 하고, 판별자는 생성자가 만든 데이
터가 진짜인지 가짜인지 구별하려고 한다. 이 둘의 경쟁을 통해 생
성자는 점점 더 진짜 같은 데이터를 만들어내게 된다. 트랜스포머는
원래 자연어 처리를 위해 개발된 모델로, 핵심은 '어텐션Attention' 메
커니즘이다. 이름 그대로 단어들이 서로 주의를 기울이며 의미를 이
해하는 것처럼 작동하기에 단어들 사이의 관계와 문맥을 파악하는
데 탁월한 성능을 보인다.

생성 AI 기술은 이러한 기본 모델을 기반으로 계속해서 발전해
왔다. 트랜스포머 아키텍처를 토대로 한 GPT-3, PaLM, 라마 같은
대형 언어 모델은 텍스트 생성 분야에서 인상적인 성과를 보여주고
있다. DALL-E, 스테이블디퓨전, 미드저니 등의 모델은 높은 수준의
이미지를 생성해낼 수 있음을 입증했다.

이미지와 텍스트를 동시에 처리할 수 있는 클립CLIP과 같은 멀
티모달 모델의 등장은 단일 모달로는 다루기 어려웠던 복잡한 문제

들을 해결할 수 있는 가능성을 시사하며 또 다른 혁신의 지평을 열고 있다. 앞으로 생성 AI는 멀티모달 학습 능력을 더욱 강화하는 방향으로 발전해나갈 것으로 전망된다.

생성 AI는 사용자의 입력에 따라 동적으로 콘텐츠를 생성한다. 이는 주로 프롬프트라는 형태로 이루어지는데, 사용자가 초기 아이디어나 키워드를 제공하면 AI가 이를 바탕으로 관련 콘텐츠를 만들어내는 방식이다. 이러한 상호작용성은 챗봇과 같이 실시간 대화가 필요한 애플리케이션에 특히 유용하다. 사용자의 질문이나 요청에 AI가 즉각적으로 응답을 생성할 수 있기 때문이다. 나아가 이는 사용자의 아이디어를 바탕으로 창의적인 협업을 가능하게 하는 토대가 될 수 있다. 이 과정에서 AI가 사용자의 의도를 정확히 파악하고 적절한 콘텐츠를 생성하는 것이 중요한 과제로 남아 있지만, 프롬프트 엔지니어링, 즉 AI에게 최적의 입력을 제공하는 기술이 발전하면서 어렵지 않게 해결될 것이다.

다만 이러한 발전이 항상 의도한 방향으로 이루어지리라는 보장은 없다. 학습 데이터의 품질과 편향성에 따라 AI의 성능이 제한될 수 있기 때문이다. 이는 모델 개선에 세심한 관리와 통제가 필요한 이유가 된다. 먼저 AI가 학습한 데이터의 편향성이 생성 결과물에 그대로 반영될 수 있다는 점에서 특정 계층에 대한 차별이나 고정관념을 강화할 위험이 있다. 또한 딥페이크와 같은 기술의 악용 가능성도 우려된다. 실제 인물과 구분하기 어려운 가짜 이미지나 영상이 범죄에 악용되거나 사회적 혼란을 야기할 수 있기 때문이다.

AI 생성 콘텐츠의 저작권 문제도 복잡한 쟁점이다. 창작 과정에 인간과 AI가 모두 관여하는 상황에서 지적재산권의 귀속을 명확히 규정하기가 쉽지 않다. 또한 AI가 모방하는 원본 콘텐츠의 저작권 침해 이슈도 고려해야 한다.

이러한 도전들은 생성 AI의 건전한 발전을 위해 반드시 해결해야 할 과제다. 기술 개발과 함께 윤리 규범 정립, 법적 제도 마련, 사회적 합의 도출 등 다각도로 노력이 필요할 것이다. 무엇보다 생성 AI를 사회적 가치 증진에 기여하는 방향으로 활용하고자 하는 의지와 책임의식이 요구되는 시점이다.

리더가 생성 AI에 대해 반드시 알아야 할 것들

오픈AI의 챗GPT, 구글의 제미나이, 마이크로소프트의 빙챗Bing Chat의 출시와 각종 생성 AI 도구의 등장은 기업의 리더들에게 놀라운 긴장감을 일으켰다. 대다수는 지금 당장 무슨 조치를 취해야 할 것만 같은 긴장감을 느꼈을 것이다. 그중 일부는 생성 AI가 기업의 연구 개발에서부터 마케팅, 판매, 고객 서비스에 이르기까지 모든 것을 재구성할 것으로 예측하고 이미 임원들에게 혁신의 기회를 발굴하라고 지시했을 것이다. 어떤 리더는 몇 가지 사용 사례를 테스트하면서 대규모 투자를 하기 전에 더 많은 것을 배우고 싶어 할 것이다. 나머지는 다른 기업의 성공사례를 보고 나중에 실행하기로 두고 보는wait and see 전략을 선택할 수도 있다.

생성 AI가 경영자들에게 던지는 질문은 명확하고 강력하다.

"이것은 단순한 기술의 과장광고인가? 아니면 업계를 뒤흔들고 재정의할 혁명적인 기회인가? 만약 후자라면, 나는 무엇을 어떻게 해야 할 것인가?" 이 질문에 답하기 위해서는 우선 기존 AI와 생성 AI의 차이점과 생성 AI의 특성을 이해할 필요가 있다. 기존 AI는 데이터 분석을 통해 '분류와 판단'을 주로 하는 반면에 생성 AI는 '창조와 적응'이 가능하다는 점에서 크게 차별성이 있다.

첫째, 다양한 콘텐츠 생성과 창조적 출력이 가능하다.

기존 AI를 분석과 판단의 세계라고 한다면 생성 AI는 다양성과 창조의 세계라고 할 수 있다. 기존 AI의 활용은 주로 데이터의 정렬, 분류, 예측에 집중된다. 예를 들어, 기존 AI는 소셜 미디어 플랫폼에서 어떤 게시물이 더 인기 있을지 예측할 수 있다. 이런 예측은 어떤 콘텐츠가 트렌드에 부합하는지를 알려주지만, 새롭고 창의적인 콘텐츠를 생성하지는 않는다. 생성 AI는 텍스트, 이미지, 음악, 비디오 등 다양한 형태의 콘텐츠를 생성하는 능력을 갖추고 있다. 이를 통해 이전에는 상상조차 하지 못했던 차원의 콘텐츠를 만들어낼 수 있다.

텍스트 일반적인 텍스트 분석을 넘어 개성 있는 시나리오나 논문, 기사 등의 작성

이미지 이미지를 분석하는 데 그치지 않고 사용자의 특정 요구에 맞는 이미지 생성

음악 특정 장르나 키, 템포에 맞는 음악 생성

비디오 사용자의 취향과 상황에 맞는 비디오 클립 생성

기존 AI가 데이터를 바탕으로 '이렇게 해야 한다'고 판단하는 것과 달리, 생성 AI는 '이렇게도 할 수 있나'는 새로운 가능성을 제시한다. 덕분에 기업이나 개인은 독창적이고 창의적인 콘텐츠를 만들어낼 수 있다.

둘째, 개인화를 극대화할 수 있다.

기존 AI는 대체로 데이터 분석을 통한 분류, 패턴 예측에 강하다. 이는 사용자에게 일정 수준의 개인화, 예를 들어 특정 취향에 따른 뉴스 기사나 상품 추천 등을 제공할 수 있다. 그러나 이러한 개인화는 일반적으로 표면적이고 정적이다. 생성 AI는 고객의 선호와 행동을 실시간으로 분석하고 사용자의 즉각적인 반응과 요구를 파악해 서비스를 즉시 수정하는 것도 가능하게 한다. 또한 사용자의 특별한 요구에 맞는 콘텐츠를 실시간으로 생성함으로써 더 깊이 있는 맞춤형 서비스를 제공할 수 있다. 기존 AI가 '어떠한 상황에서는 어떠한 서비스가 필요하다'라고 예측한다면, 생성 AI는 '어떠한 상황에서는 어떠한 새로운 서비스를 만들어낼 수 있다'는 창의적 접근을

취하는 것이다. 이는 새로운 가치와 경험을 제공하는 차원의 변화를 의미한다.

셋째, 개발자의 시대에서 사용자의 시대로 패러다임을 바꾸고 있다.

기존 AI는 대체로 데이터과학자, 엔지니어, 연구원 같은 전문가들에게 국한되어 있었다. AI 도구는 고도의 전문성과 지식을 필요로 하기 때문에 일반 대중이 접근하거나 활용하기 어렵다. 그러나 생성 AI는 누구나 쉽게 사용할 수 있도록 설계되었다. 복잡한 프로그래밍 언어나 알고리즘에 익숙하지 않아도 채팅, 검색과 같은 기본적인 인터페이스를 통해 AI를 활용할 수 있다. 머신러닝 전문 지식이나 데이터과학 학위가 없어도 효과적으로 활용할 수 있다.

이러한 변화는 과거 메인프레임 컴퓨터가 개인용 컴퓨터로 바뀌면서 일어난 '기술의 민주화' 혁명과 유사하다. 기술의 민주화는 사람들이 광범위한 비용이나 교육 없이 기술에 쉽게 접근해 더 많은 사람들이 계속해서 빠르게 기술을 이용할 수 있도록 만드는 것을 의미한다. 생성 AI는 AI의 민주화 기술로써 더 많은 사람들에게 기술의 혜택을 확산시킨다.

넷째, 작업의 구조를 변화시키고 기업의 업무 풍경을 바꾸고 있다.

생성 AI는 개별 직원의 업무 중 일부를 자동화해 개인과 조직의 역량을 강화할 수 있는 잠재력을 갖고 있다. 인공지능의 자연어 처리 능력이 향상됨에 따라 까다로운 지식 작업까지도 AI가 수행할 수 있게 되었다. 이것은 작업의 복잡성과 전문성에 대한 새로운 시각을 제공한다. 예를 들어, 과거에는 회사의 실무진이 수많은 보고서를 만들고 생산해야 했다. 이러한 업무는 많은 시간과 고도의 스킬을 요구한다. 하지만 현재의 생성 AI 기술은 이러한 업무를 빠르고 정확하게 수행할 수 있다.

이것이 의미하는 바는 무엇일까? 기존에 사람만이 할 수 있는 일이라고 여겨졌던 영역까지도 AI가 침투할 수 있다는 것이다. 맥킨지는 현재의 생성 AI를 포함한 기술은 오늘날 직원 업무 시간의 60~70% 차지하는 활동을 자동화할 수 있는 잠재력을 가지고 있다고 밝혔다. 이전에는 기술이 직원 업무 시간의 절반을 자동화할 수 있는 잠재력을 가지고 있다고 추정했는데, 생성 AI 기술을 감안한다면 더 늘어난 것이다.

생성 AI는 고급 알고리즘이나 강력한 컴퓨터 이상의 파급력을 가진다. 기술을 활용하지만, 창의성, 지능, 의사결정에 대한 우리의 근본적인 가정을 다시 생각하게 만든다.

창의성 생성 AI 이전에는 창의성을 인간만의 독특한 특성이라고 생각했다. 하지만 이제는 음악을 작곡하고, 이야기를 쓰고, 예술을 창조하는 알고리즘이 있다. 그렇다면 인간의 창의성은 무엇을 의미하는가?

지능 지능은 더 이상 인간 인식만의 영역이 아니다. 생성 AI는 학습하고, 적응하고, 심지어 훈련 데이터를 기반으로 '상상'할 수 있다. 이것은 지능에 대한 우리의 정의를 확장한다.

의사결정 생성 AI는 인간이 할 의사결정을 짧은 시간에 가능하게 한다. 이것은 간단한 결정뿐만 아니라 전략적 방향에까지 영향을 미친다. 경영자의 입장에서 볼 때 기업 전략과 거버넌스의 본질 자체가 변환하고 있는 것이다.

생성 AI가 불러온 것은 '기술적 혁명Technological Revolutions'을 넘어선 '개념적 혁명Conceptual Revolutions'이다. 기술적 혁명이 주로 기계, 알고리즘, 코드와 같은 '방법'에 중점을 둔다면, 개념적 혁명은 우리가 무엇을, 왜, 그리고 어떻게 해야 하는지에 대한 기존의 틀과 이념을 바꾸는, 철학적이고 윤리적이며 존재론적인 변화다.

기업 레벨로 좁혀 보면, 생성 AI가 일으킨 개념적 혁명은 새로운 업무 기회를 열고 작업 수행 방식을 변화시키는 것부터 프롬프트 엔지니어링과 같은 완전히 새로운 직무를 도입하는 것까지 기업 경영에 의미 있는 영향을 미칠 것이다. 따라서 생성 AI가 주도하는 개념적 혁명이 경영자에게 던지는 질문은 다음과 같다.

"이 새로운 기술을 포용하기 위해 CEO 당신은 리더십을 재정의할 준비가 되어 있는가?"

게임체인저로서의 생성 AI

생성 AI 기술은 반복적인 작업을 자동화하고, 워크플로를 간소화하며, 인간의 능력을 증강시킴으로써 산업 전반에 걸쳐 혁신을 주도할 것으로 예상된다. 시간 소모적이고 반복적인 작업을 자동화함으로써 직원들이 창의력과 판단력이 필요한 고부가가치 업무에 집중할 수 있도록 하고, 업무 자동화와 워크플로 간소화를 통해 간접비를 대폭 절감하고 운영 효율성을 높이는 것이다.

생성 AI가 기지고올 변화를 세부적으로 살펴보자. 마케팅과 광고 분야에서는 고품질 콘텐츠를 신속하게 생산함으로써, 제품 설계 및 개발 분야에서는 장비 고장을 예측하고 사전에 유지보수를 수행해 가동 중단 시간을 최소화할 뿐만 아니라 다양한 설계 대안을 실시간으로 마련함으로써 업무 속도와 비용을 절감할 수 있다. 공급망 관리 측면에서도 다양한 시나리오를 시뮬레이션해 수요를 예측하고 재고 수준을 최적화함으로써 과잉생산이나 재고 부족으로 인한 비용을 절감할 수 있게 하는 것은 기본이고, 공급업체 리스크 평가와 이상 징후 탐지를 자동화해 더욱 신뢰할 수 있고 효율적인 공급망 운영을 보장한다. 품질 관리 측면에서는 신규 생산된 제품의 불량 여부를 더 빠르고 정확하게 예측함으로써 불량품 관련 비용과 낭비를 획기적으로 줄일 수 있다. 소프트웨어 개발에서는 AI가 코드를 작성, 완성 및 검증함으로써 품질 보증을 개선하고 오류를 줄일 수 있다.

주목해야 할 부분은 생성 AI가 방대한 고객 데이터를 분석해 개인화된 추천과 맞춤형 광고, 커스터마이징된 경험을 제공함으로써 더욱 강력한 고객 참여와 충성도를 유도할 수 있다는 것이다. 실제로 AI 어시스턴트는 고객과 자율적으로 상호작용하며 맞춤형 지원을 제공함으로써 고객 만족도를 높이고 있다.

생산성 향상부터 고객 경험 개선, 혁신 촉진에 이르기까지 생성 AI의 활용 사례는 이미 다양한 산업 영역에서 나타나고 있다. 기업들은 이러한 기술의 전략적 도입을 통해 경쟁 우위를 확보할 수 있을 것이다.

새로운 가치사슬 형성

생성 AI의 가치사슬은 컴퓨터 하드웨어, 클라우드 플랫폼, 파운데이션 모델, 모델 허브 및 MLOpsMachine Learning Model Operationalization Management, 애플리케이션, 서비스 6개 요소로 구성된다. 컴퓨터 하드웨어는 생성 AI의 토대가 된다. 방대한 데이터를 처리하기 위해서는 수많은 GPU/TPU로 구성된 대규모 클러스터가 필요하다. 예를 들어, 최신 LLM은 수백 GB에서 수 TB에 이르는 방대한 텍스트 데이터로 학습되는데, 이때 엔비디아의 A100이나 구글의 TPU 같은 고성능 AI 연산 가속기로 구성된 대규모 클러스터가 활용된다. 모델 규모가 커질수록 필요한 연산 자원의 양도 기하급수적으로 증가하기 때문에 하드웨어 인프라는 LLM 개발의 중요한 토대가 된다.

대부분의 기업은 비용과 효율성을 고려해 아마존(AWS), 마이크로소프트(애저), 구글(클라우드) 등의 클라우드 플랫폼을 통해 AI 모델을 개발하고 배포한다. 클라우드 기반 개발 환경은 높은 확장성과 유연성을 제공하므로 기업은 필요에 따라 컴퓨팅 자원을 탄력적으로 조절할 수 있다. 또한 클라우드 플랫폼에서 제공하는 다양한 AI 도구와 서비스를 통해 개발 과정을 간소화할 수 있기 때문에 생성 AI 기술을 도입하는 기업들은 비용과 시간을 절감하기 위해 클라우드 서비스를 선택하는 경우가 많다.

　가치사슬의 중심에는 현재 빅테크들의 경쟁 핵심인 파운데이션 모델이 자리 잡고 있다. 오픈AI의 GPT-3와 DALL-E, 앤스로픽의 클라우드Claude, 스태빌리티AI의 스테이블디퓨전, 구글의 PaLM과 이마겐Imagen 등이 대표적이다. 그리고 파운데이션 모델을 더욱 쉽게 활용할 수 있도록 돕는 것이 모델 허브와 MLOps 도구다. 모델 허브는 사전학습된 다양한 AI 모델을 공유하는 온라인 플랫폼으로, 처음부터 모델을 직접 만드는 대신 검증된 모델을 필요에 따라 선택해 활용함으로써 개발 시간과 비용을 크게 절약할 수 있게 해준다. 한편 MLOps 도구는 머신러닝 모델 개발, 배포, 운영을 자동화하고 관리해주는데, 아마존 세이지메이커SageMaker와 같은 플랫폼은 모델 학습 파이프라인 구축, 모델 서빙, 성능 모니터링 등 일련의 과정을 추상화해 개발자가 로우레벨 인프라를 직접 관리할 필요 없이 손쉽게 모델을 다룰 수 있도록 지원한다. 이처럼 모델 허브와 MLOps 도구는 파운데이션 모델의 접근성과 활용성을 높여 더 많은 기업과 개발자들이 생성 AI 기술을 활용할 수 있는 토대가 된다. 제품 설명, 광고 문구 등 마케팅 콘텐츠를 자동으로 생성해주는 카피스미

서비스

생성 AI 활용에 대한 전문 지식을 제공하는 서비스
(예: 교육, 피드백, 강화 학습)

애플리케이션

기본 모델을 주로 그대로 사용하거나 특정 용도에 맞게 조정한
B2B 또는 B2C 제품

모델 허브 및 MLOps

기본 모델을 큐레이션, 호스팅, 미세 조정 또는 관리하는 도구
(예: 애플리케이션과 기본 모델 간의 스토어프론트)

파운데이션 모델

생성 AI 애플리케이션을 구축할 수 있는 핵심 모델

클라우드 플랫폼

컴퓨터 하드웨어에 대한 접근을 제공하는 플랫폼

컴퓨터 하드웨어

모델을 훈련하고 실행하기에 최적화된 가속기 칩

- 차트의 척도는 향후 3~5년 동안 신규 진입자를 위한 기회의 크기를 나타낸다. 파란 막대
가 많을수록 기회가 크다.
- 생성 AI 가치 사슬 전반에 기회가 있지만, 가장 중요한 것은 최종 사용자 애플리케이션 구
축에 있다.

표7. 리더가 반드시 알아야 할 생성 AI 가치사슬

출처: McKinsey & Company

스.ai copysmith.ai, AI 아바타를 사용해 개인화된 영상을 제작해주는 신세시아Synthesia는 모델 허브와 MLOps 도구를 활용해 개발된 대표적인 생성 AI 애플리케이션이다.

프롬프트 엔지니어링Prompt Engineering은 생성 AI를 실제로 사용하고 적용하는 것을 돕는 전문 서비스다. 챗GPT 같은 대화형 AI 모델을 효과적으로 활용하기 위해 적절한 지시문(프롬프트)을 설계하고 개선하는 방법을 컨설팅해주는 서비스인데, 이를 통해 기업은 AI 모델과의 소통을 최적화하고, 원하는 결과를 이끌어내는 방법을 배울 수 있다.

복잡하게 얽힌 생성 AI의 가치사슬 중심에는 '데이터'가 자리 잡고 있다. 차별화된 가치 있는 데이터야말로 생성AI시장에서 승부를 가르는 핵심 요소가 된다. 방대하고 독점적인 데이터를 보유한 기업은 그 자체로 이미 경쟁력을 갖추고 있는 것이다. 빅테크들이 데이터 수집에 막대한 금액을 투자하는 이유도 바로 여기에 있다.

물론 거대 기업들만이 데이터를 독점하는 것은 아니다. 각 산업 분야에서 독보적인 전문성과 노하우를 가진 기업이라면 누구나 자신만의 강점을 살려 차별화된 생성 AI 애플리케이션을 개발할 수 있다. 금융회사는 방대한 트랜잭션 데이터와 투자 패턴 분석을 통해 고객 니즈에 맞는 새로운 금융 상품과 서비스 콘셉트를 자동 생성하고 제안할 수 있다. 통신회사는 가입자들의 행동 패턴, 선호도, 상황 정보 등을 종합해 최적의 콘텐츠와 서비스를 생성하고 추천하는 AI 큐레이션 엔진을 개발할 수 있다. 제조회사는 축적된 설계 데이터와 엔지니어링 노하우를 바탕으로 제품 설계를 자동으로 최적화하고 대안을 생성하는 AI 디자인 툴을 만들 수 있다. 의료 분야에서는 방대한 의료 이미지와 진료 기록 데이터를 활용해 의료 현장에서 의사의 진단을 보조하고 개별 환자에게 맞춤화된 의료 정보와 가이드를 제공하는 AI 기반 챗봇 등을 개발할 수 있다.

결국 생성 AI시장에서의 성공 열쇠는 전체 가치사슬에 대한 이해와 더불어 자사만의 강점을 살리는 데이터 전략 차별화에 있다. 이제 데이터는 단순한 자산이 아닌 혁신의 촉매제이자 미래 경쟁력의 원천이 되는데, 기술 발전에 발맞추되 독자적인 데이터 자산을 축적하고 고객 가치에 집중하는 기업이 이 거대한 물결을 타고 앞서 나갈 수 있을 것이다. 생성 AI의 가치사슬은 계속해서 진화할 것이며, 그 과정에서 새로운 기회와 도전이 끊임없이 창출될 것이다.

생성 AI 시대의 창의성과 과제

우리는 인간과 AI가 협력을 통해 시너지를 창출하는 공동창의성co-creativity에 주목해야 한다. 인간과 AI는 창의성을 경쟁하는 관계가 아니다. 인간 중심 AI나 하이브리드지능 분야의 연구들은 인간과 AI의 긴밀한 상호작용이 더 나은 결과로 이어질 수 있음을 보여주고 있다. 인간의 직관과 상상력이 AI의 방대한 데이터 처리 및 계산 능력과 결합해 이전에는 불가능했던 혁신적 아이디어를 탄생시킬 수 있는 것이다.

이러한 알고리즘은 예술가들에게 영감을 주고 인간의 창의성과 기계지능이 융합된 하이브리드 작품 제작을 촉진한다. 실제로 생성 AI는 정교한 알고리즘과 방대한 데이터세트를 활용해 인간의 창의성을 근접하게 모방하는 콘텐츠를 생성함으로써 인간과 기계가 만들어낸 작품 사이의 경계를 모호하게 만들고 있다. 무엇보다 AI 알고리즘은 예술가들이 새로운 방법과 미학을 실험할 수 있게 함으로써 전통적인 창작 과정의 한계를 뛰어넘을 수 있게 해준다. 실제로 음악 분야에서 생성 AI는 음악 패턴과 장르를 분석해 새로운 곡을 만들고, 기존 곡을 변형하고, 독특한 사운드스케이프를 생성하고 있다. 문학 또한 생성 AI가 상당한 진전을 보이는 영역으로, 작가들에게 풍부한 아이디어와 스토리라인을 탐색할 수 있는 새로운 도구를 제공한다. 미리 정해진 프롬프트나 주제를 기반으로 소설, 시, 단편 소설 등 텍스트 기반 자료(개념, 인물, 대사 등)를 생성함으로써 작가들에게 영감의 원천으로 작용함과 동시에 이를 더욱 발전시키고 다듬을 수 있게 해준다.

AI와의 협업은 또한 더 많은 사람들이 창의성에 접근할 수 있도록 지원함으로써 창의성을 대중화한다. 전통적인 예술과 음악 창작은 종종 전문적인 기술, 훈련, 자원을 필요로 했다. 그러나 생성 AI는 예술 교육을 받지 않은 누구나 창의적 비전을 표현하고 높은 수준의 예술 작품을 만들 수 있게 해준다.

생성 AI 시대의 창의성은 인간과 기계의 협력과 공진화를 통해 발현될 것이다. 이는 단순히 더 많은 창의적 결과물을 만드는 것을 넘어 창의성 개념 자체를 재정의하는 과정이 될 것이다.

AI의 도움으로 창의 과정이 지나치게 자동화되면 창의성의 본질인 인간의 주관성과 의도성이 사라질 위험도 분명 존재한다. AI가 학습 데이터의 편향성을 증폭시켜 창의성의 다양성이 저해될 수도 있다. AI로 생성된 콘텐츠가 인간이 만든 작품과 점점 더 구별하기 어려워짐에 따라 AI로 만들어진 예술, 음악, 문학의 소유권과 독창성에 대한 의문도 제기된다.

따라서 인간 고유의 창의성이 AI와의 협업을 통해 어떻게 진화할 수 있을지, 그리고 이것이 사회에 어떤 변화를 가져올지 끊임없이 탐구해야 한다. 특히 여러 차례 강조했듯, 학습 데이터의 편향성은 AI의 공정성과 다양성 측면에서 문제가 될 수 있으므로 데이터 수집과 전처리 과정에서 관리가 반드시 필요하다. 또한 현재의 생성 AI는 국소적인 패턴은 잘 학습하지만 전체적인 구조와 맥락을 파악하는 데는 어려움을 겪고 있다. 이로 인해 생성된 이미지가 비현실적인 요소를 포함하거나 텍스트에 논리적 모순이 존재하는 등의 문제가 발생하는데, 이를 해결하기 위한 모델 구조 개선, 추론 과정 최적화 등의 기술적 발전이 필요하다.

현재의 생성 AI는 주로 로우 데이터에 기반한 패턴 학습에 의존하기 때문에 추상적이고 개념적인 이해가 요구되는 태스크에도 한계를 보인다. 따라서 장면 이해, 인과관계 추론 등 고차원적 개념을 학습하는 것도 생성 AI의 향후 과제 중 하나다. 이와 관련해 생성 AI는 대규모 학습 데이터와 막대한 연산량을 필요로 한다는 점이 고려되어야 한다. 경량화 기술, 전이학습, 메타러닝 등과 같은 효율적 학습과 추론을 위한 연구들이 이미 진행되고 있지만, 접근성과 효율성 측면에서 시간적·경제적 비용을 관리하는 것은 여전히 숙제로 남아 있다.

생성 AI가 악의적인 목적으로 실제와 구별하기 어려울 정도로 정교한 가짜 뉴스, 이미지, 동영상 등을 대량 생산하고 이를 유포한다면 사회적 분열이 조장될 위험도 크다. 이러한 문제에 대응하기 위해 AI 콘텐츠의 출처를 표시하고 사용자가 정보의 진위를 판단할 수 있도록 하는 메커니즘의 도입이 검토되고 있다.

AI가 학습 과정에서 저작권이 있는 콘텐츠를 무단으로 사용하거나 생성한 결과물이 기존 저작물과 유사할 경우 저작권 분쟁이 발생할 수 있다. 또한 AI가 만들어낸 콘텐츠에 대한 권리 귀속 문제도 복잡한 양상을 띠고 있다. 예를 들어, AI가 작곡한 음악이나 글은 누구의 소유인가? 현재의 저작권법 체계는 '인간'의 창작물을 보호하기 위해 설계되었고 AI가 만든 작품에 대한 명확한 지침이 현저하게 부족하기 때문에 새로운 규범과 기준 마련이 필요하다. 프라이버시 침해 역시 방대한 데이터를 학습하는 과정에서 개인정보를 다룰 수밖에 없는데, 이 과정에서 데이터 유출이나 오남용의 문제가 발생할 수 있다.

이러한 위험 요소들을 최소화하고 생성 AI를 건전하게 활용하기 위해서는 기술 개발과 함께 윤리적, 제도적 장치를 마련하는 것이 중요하다. 또한 AI 생성물에 대한 권리 문제, 개인정보 보호 등과 관련된 법과 제도의 정비도 시급해 보인다.

12장

AGI란 무엇인가?

완전한 인공지능의 개발은 인류의 종말을 의미할 수도 있다.
(…) 그것은 스스로 진화하며 점점 더 빠른 속도로
자기 자신을 재설계할 것이다.
느린 생물학적 진화에 제한된 인간은 경쟁할 수 없고 대체될 것이다.

_스티븐 호킹

AGI(Artificial General Intelligence, 범용인공지능)라는 용어는 1997년 노스캐롤라이나대학교 마크 구브루드Mark Gubrud 교수가 자기복제 시스템을 갖춘 군사용 AI의 출현을 예견하며 처음 사용했다. 구브루드 교수는 AGI를 "복잡성과 속도 면에서 인간의 두뇌에 필적하거나 능가하고, 일반적인 지식을 습득·조작·추론할 수 있으며, 인간의 지능이 필요한 산업 또는 군사 작전의 모든 단계에서 사용할 수 있는 AI 시스템"이라고 규정했다. 머레이 샤나한 임페리얼 칼리지런던 교수는 "특정 작업 수행에 특화되어 있지 않지만, 인간처럼 광범위한 작업을 수행하는 방법을 학습할 수 있는 인공지능"이라고 강조했으며, 오픈AI는 2015년 설립 당시 헌장을 통해 '경제적으로 가장 가치 있는 작업에서 인간을 능가하는 고도로 자율적인 시스템'이라고 규정했다.

　　강한 AI Strong AI 또는 진정한 AI True AI로도 불리는 AGI는 자율성을 가지고 추론, 계획, 학습, 의사소통 등 인간의 지능적 행위를 모방할 수 있다. 이와 대조적으로, 약한 AI Weak AI나 특수 AI Narrow AI는 특정 작업이나 활동에 초점을 맞춘 인공지능으로, 심층학습이나 머신러닝 같은 기술을 통해 주어진 범위 내에서만 작동한다. 참고로, 초지능 Superintelligence은 AGI보다 한 단계 더 발전한, 모든 지적 활동에서 인간을 초월하는 지능을 지닌 AI를 말한다. 이는 인간의 최고 지능을 훨씬 능가하며, 창의성, 일반 지식, 문제 해결 능력 등에서 우리를 앞설 것으로 예상된다.

이미 와 있는 AGI

AGI 연구 개발은 인간의 지능을 이해하고 모방하는 궁극적인 시도로, 그 실현 여부와 관련된 광범위한 토론이 학계, 산업계 및 정책 입안자들 사이에서 활발하게 이루어지고 있다. 불과 몇 년 전까지만 해도 AGI는 이론적인 개념이며 실현되기 어려울 것이라는 공감대가 형성되었으나 LLM과 파운데이션 모델의 급속한 발전으로 인해 AGI는 철학적 논쟁의 주제에서 단기적 구현이 가능한 기술로 인식되기 시작했다. 일부 연구자들은 AI가 약 10년 내에 인간을 전반적으로 능가할 것이라고 예측하며, 일부는 현재 LLM이 AGI라고 주장하기도 한다.

흥미로운 논문을 하나 살펴보자. 마이크로소프트 연구원들은 AGI를 향한 한 단계라고 생각되는 새로운 AI 시스템의 기능을 논의하는 155페이지 분량의 논문을 발표했다. '범용인공지능의 불꽃Sparks of Artificial General Intelligence'이라는 제목의 이 논문에서는 GPT-4가 특별한 프롬프트 없이 다양한 영역에 걸쳐 새롭고 어려운 작업을 해결할 수 있으며, 그 성능이 인간 수준에 매우 가깝고 종종 이전 모델을 능가한다는 것을 증명한다.

연구원들은 책 한 권, 달걀 아홉 개, 노트북 한 대, 병 한 개, 못 한 개를 안정적으로 쌓아 올리는 등 물리적 세계에 대한 직관적인 이해가 필요한 퍼즐을 풀도록 요청하며 AI의 추론 능력을 테스트했다. AI 시스템의 반응은 책 위에 달걀을 간격을 두고 세 줄로 배치한 다음 화면이 아래를 향하고 키보드가 위를 향하도록 계란 위에 노트북을 올려 다음 레이어를 위한 안정적인 플랫폼을 만드는 것이었다. 이 과정은 인간의 사고 과정과 유사한 방식으로 문제를 추론하고 해결하는 AI의 능력을 보여준다.

이 연구 결과는 기술산업이 인간과 유사한 지능을 갖춘 기계 제작에 접근하고 있는지에 대한 지속적인 논쟁에 기여했다. 일부 전문가들은 우리가 '진정한' 또는 '강한' AI의 시작을 보고 있다고 믿는 반면, 다른 전문가들은 AI가 여전히 한계가 있고 인간의 상황이나 도덕적 판단을 완전히 이해하지 못한다고 지적하면서 회의적인 관점을 제시한다.

AGI 평가 기준

다음 페이지에 정리된 구글의 분류 체계는 모든 부분을 섭렵할 수 있는 범용 목적과 한 분야만 다루는 특수 목적으로 AGI를 구분한다. 범용 AGI를 살펴보면 레벨0은 2001년 아마존이 론칭한 메커니컬 터크Mechanical Turk 크라우드소싱 웹페이지를, 레벨1은 오픈AI의 챗GPT, 구글 바드, 메타 라마2를 꼽았다. 범용 AGI에서는 레벨2 이상이 없지만 특수 AGI에서는 이미 인간의 상상을 뛰어넘는 성과를 달성했다. 단백질 구조를 밝혀내는 AI 알파폴드(레벨5)가 대표적이다.

이 분류는 AGI를 평가하는 기존의 방법들(튜링 테스트, 커피 테스트, 대학 시험, 취업 시험, 이케아 테스트 등)이 AGI의 진정한 능력을 포괄적으로 측정하는 데 부족하다는 것을 보여준다. 이러한 테스트들은 주로 특정 상황에서의 성능을 평가하거나 인간과 기계의 행동을 직접 비교하는 데 초점을 맞추고 있다. 그러나 구글은 AGI의 평가가 더 넓은 범위의 능력을 반영해야 한다고 주장하며 AGI를 평가하는 데 여섯 가지 중요한 기준을 제안한다.

능력 중심 접근 AGI 평가는 인간과 유사한 이해, 의식, 감각 등의 특성보다는 기계의 '능력'에 초점을 맞춰야 한다. 즉, AGI가 얼마나 많은 종류의 작업을 수행할 수 있는지, 그 실행 능력이 얼마나 우수한지가 중요하다.

일반성과 성능 고려 AGI는 다양한 종류의 작업을 처리할 수 있을

단계	이름	능력 수준	특수 목적 서비스 사례	범용 목적 서비스 사례
레벨0	AI 아님	단순 연산 능력	계산기	아마존, 메커니컬터크 등
레벨1	신진 Emerging / 숙련되지 않은 성인	고파이 등	챗GPT, 바드, 라마2 등	
레벨2	유능함 Competent	숙련된 성인의 상위 50% 이상	시리, 알렉사, 구글어시스턴트 등	없음
레벨3	전문가 Expert	숙련된 성인의 상위 10%	그래머리, DALL-E2 등	없음
레벨4	거장 Virtuoso	숙련된 성인의 1%	딥블루, 알파고	없음
레벨5	슈퍼휴먼 Superhuman	숙련된 성인 능력을 초월	알파폴드, 알파제로, 스톡피시	ASI Artificial Superintelligence

구글의 AGI 분류 체계

출처: Google DeepMind

뿐만 아니라 그 작업들을 얼마나 잘 수행하는지도 중요하다. 이는 AGI가 특정 작업에만 능숙한 것이 아니라 광범위한 작업에서도 우수한 성능을 보여야 함을 의미한다.

인지 및 메타인지 작업의 필요성 AGI는 인지적 작업(생각하고 이해하고 학습하는 능력)과 메타인지적 작업(인지 과정을 이해하고 조절하는 능력)을 수행할 수 있어야 한다. 그러나 모든 AGI가 구체적이고 물리적인 실체를 갖고 작업을 수행할 필요는 없다.

비기술적 장애물 고려 AGI의 능력을 평가할 때는 법적, 사회적 고려 사항과 같은 비기술적 장애물이 능력 발휘를 저해하지 않도록 주의해야 한다. 다만 이 경우 AGI의 안전과 윤리성에 어긋날 수 있기 때문에 AGI 평가 과정에서 안전과 윤리적 문제를 함께 고려해야 한다.

생태학적으로 타당한 작업에 초점 평가 지표는 사람들이 가치 있게 여기는 실제 작업, 즉 일상생활에서 중요하고 의미 있는 작업을 수행할 수 있는 능력에 초점을 맞춰야 한다.

평가의 지속적인 과정 AGI의 수준을 정하는 것은 최종적인 결론이 아니라 지속적으로 발전하고 확대해나가야 하는 과정으로 이해해야 한다.

구글의 분류 체계는 자율주행차가 미국 자동차공학회의 기준에 따라 레벨0부터 5까지 6단계로 구성되어 있는 것과 유사한데, 자율주행차가 체계적 기준 마련을 계기로 개발에 속도가 붙었다는 사실은 참고할 만하다.

초지능과 초정렬

구글 분류 체계의 마지막 5단계는 초인공지능Artificial Superintelligence, ASI이다. ASI는 창의성, 일반적인 지혜, 문제 해결 등 모든 영역에서 인간의 지능과 능력을 능가하는 가상의 AI 형태로, 인간이 할 수 있는 모든 지적 작업을 훨씬 더 높은 수준의 숙련도로 수행할 수 있다. ASI 개발에는 자기인식뿐 아니라 자율적으로 스스로 개선할 수 있는 시스템을 만드는 것도 포함된다.

ASI의 등장은 기술적 특이점Technological Singularity과 밀접히 연관되어 있다. 기술적 특이점이란 인공지능이 인간의 지능을 뛰어넘는 시점을 의미하는데, 이 시점 이후에는 기술 발전 속도가 기하급수적으로 빨라져 그 영향을 예측하기 어려워진다.

ASI의 잠재적 이점은 과학, 의료, 금융 등과 같은 다양한 분야에 적용할 수 있는 문제 해결 및 의사결정 능력이 크게 향상된다는 것이다. 의료 분야에서 ASI는 방대한 양의 의료 데이터를 분석해 개인 맞춤형 치료법을 제시하고 신약 개발 기간을 대폭 단축시킬 수 있다. 금융권에서는 실시간으로 시장 동향을 분석하고 투자 전략을 수립해 효율적인 자산 운용을 도울 수 있다. 또한 기후 변화 같은 글로벌 이슈 해결에도 기존에는 상상하기 어려웠던 창의적 솔루션을 제시할 수 있다.

ASI의 발전은 인간의 상상을 초월하는 새로운 가능성을 열지만, 동시에 새로운 위험 요소도 내포하고 있다. 무엇보다 인간의 숙련도를 떨어뜨리고 산업 구조를 붕괴시킬 수 있는 위험성이 있으며, 자율성이 증가함에 따라 사회적 혼란을 야기할 수도 있다. 특히 적절한 관리가 이루어지지 않을 경우 그 기능이 인류에 위협이 될 수도 있기 때문에 상당한 윤리적 및 안전 문제가 제기된다.

오픈AI는 이런 이슈에 대응하기 위해 '초정렬Superalignment'이라는 개념에 초점을 맞춘 프로젝트를 시작했다. 초지능 AI 시스템의 목표와 행동을 인간의 목표 및 윤리와 일치시키기 위해, 즉 인간보다 훨씬 더 똑똑할 수 있는 미래의 AI 시스템이 인간의 의도를 따르고 안전하게 작동할 수 있는 기술적 접근 방식을 개발하기 위해 시작된 이 프로젝트에 자사 리소스의 20% 수준을 할당하려고 계획했다. 그런데 2024년 5월, 초정렬팀을 이끌던 수츠케버가 사퇴하고 관련 팀이 해체된 것으로 알려지면서 많은 우려를 낳고 있다.

AI 윤리학자와 전문가 사이의 의견은 분분하다. ASI를 우리 시대의 가장 중요한 미해결 기술 문제 중 하나로 인식하는 전문가들이 있는 반면, 일부에서는 초지능 AI와 정렬에 대한 논의가 시기상조라고 보고 AI 윤리와 안전에 대한 보다 즉각적이고 직접적인 문제가 우선시되어야 한다고 주장한다.

AGI 개발의 과제

AGI 개발의 가장 근본적 과제는 '지능'의 본질에 대한 이해와 정의에서 출발한다. 인간과 기계 모두에 적용할 수 있는 형식적 지능을 정의하는 것은 결코 쉬운 일이 아니다. 더욱이 수많은 구성 요소의 복잡한 상호작용을 통해 구현될 AGI 시스템의 작동 원리를 완전히 이해하고 예측한다는 것은 현재로서는 불가능에 가깝다.

AGI 시스템이 갖춰야 할 핵심 역량으로는 **확장성**과 **유연성**을 꼽을 수 있다. 실세계의 복잡성과 다양성을 고려할 때, 모든 문제 상황에 범용적으로 적용될 수 있는 지능 체계를 구축하기 위해서는 스스로 학습하고 진화할 수 있는 적응형 알고리즘과 아키텍처가 필수적이다. 이는 머신러닝, 자연어 처리, 컴퓨터비전 등 핵심 AI 기술의 비약적 발전을 전제로 한다. 그러나 단순히 성능의 고도화만으로는 AGI 개발에 성공할 수 없다. AGI 시스템의 판단과 행동에 대한 설명 가능성을 담보하는 것도 매우 중요한 과제다. AGI의 의사결정이 인간에게 최대한 직관적으로 이해되고 수용될 수 있어야 하기 때문이다.

이를 위해 기계론적 해석 가능성mechanistic interpretability이나 인지 모방cognitive emulation과 같은 혁신적 방법론이 활발히 연구되고 있다. 전자는 AGI 시스템을 구성하는 모듈 간 상호작용을 역공학적으로 분석하는 기술이며, 후자는 인간의 인지 구조를 충실히 모사함으로써 AGI의 추론 과정을 인간의 직관에 부합하도록 설계하는 방식이다. 무엇보다 통제 불능의 AGI가 인류에게 재앙이 될 수 있다는 점에서 안전성 문제는 아무리 강조해도 지나치지 않다. 따라서 AGI 개발 초기 단계부터 시스템이 의도치 않은 방향으로 진화하거나 오작동하지 않도록 하는 안전장치 마련이 필수적이다. 이는 기술적 과제를 넘어 윤리 규범 정립과 법제도 마련 등 사회 전반의 협력을 요구하는 문제이기도 하다.

결국 AGI 개발의 성패는 다양한 영역 간 전방위적 공조에 달려 있다. 연구자, 정책 입안자, 기업가 등 이해관계자 간 활발한 소통과 협업이 무엇보다 중요하다. 구글 딥마인드의 AGI 윤리 및 안전 연구, 오픈AI의 사회경제적 영향력 분석 등의 사례에서 볼 수 있듯, 실제로 최첨단 AGI 연구는 기술 개발과 사회적 파급 효과에 대한 통찰을 동시에 추구한다. 각국 정부 역시 AGI 시대를 대비한 국가 전략 수립에 박차를 가하고 있다.

여기서 간과하지 말아야 할 것은 AGI에 대한 대중의 이해와 참여다. 사회적 우려와 공포의 대상에 머물러 있던 AGI에 대해 대중이 균형 잡힌 이해를 하게 될 때, 보다 성숙하고 합리적인 사회적 합의 도출이 가능할 것이다. 막대한 전문성을 요구하는 AGI 기술의 속성까지 고려한다면, 전문가 집단이 대중과 적극적으로 소통하고 협력하려는 자세가 그 어느 때보다 필요한 시점이다.

AGI의 예상 타임라인

현재 가장 강력한 AI 시스템을 구축하고 있는 기업들의 리더들은 AGI에 대해 대체로 낙관적인 전망을 내놓고 있다. 딥마인드의 수석 과학자 셰인 레그Shane Legg는 AGI 시대의 도래 시점을 2028년(50% 확률 도달), 오픈AI의 샘 올트먼은 2029년, 앤스로픽 CEO 다리오 아모데이Dario Amodei는 2027년으로 전망했다. 반면 보다 많은 수의 전문가를 대상으로 한 설문조사에서는 이들에 비해 신중한 입장이 관찰되었다. 1,712명의 AI 전문가가 응답한 결과에 따르면 AGI 시대 도래에 대한 평균 예측 시점은 2047년(50% 확률 기준)이었다. 이른바 '슈퍼 예측가' 그룹은 중간값 기준 2050년 21%, 2100년 75% 가능성을 제시했다.

　　AGI 도래 시점을 예측하기 위한 새로운 연구 시도는 계속되고 있다. 한 연구진은 2010년과 2023년의 AGI 발전 수준을 각각 0~100% 스케일의 5~30% 구간에 위치한 것으로 가정하고 연간 발전 속도를 지수함수로 모델링했다. 그 결과 AGI 도래 예상 시점은 2041년, 범위는 2032~2048년으로 추정되었다. 흥미로운 점은 인간 생활에 지배적 영향을 미칠 것으로 예상되는 50% 수준의 AGI 도래 시점이 2034년(범위 2027-2041년)으로 더 빨리 도래할 수 있다는 분석이다.

　　AGI 시대에 대한 전문가들의 견해 차이는 여전히 크지만, 대체로 21세기 중반 이전에는 실현 가능성이 높다는 데 무게가 실리고 있다. 다만 AGI로 인한 사회적 영향과 잠재적 위험성에 대한 우려도 함께 제기된다. 전문가들 사이에서는 인류 멸망과 같은 극단적 시나리오 가능성이 5%로 추정되기도 했다. 닉 보스트롬은 《슈퍼인텔리전스》에서 지능 폭발의 역학에 대해 심도 있는 분석을 제시한 바 있다. 보스트롬은 세 가지 질문을 던진다. "도약은 일어날 것인가?" "언제쯤 일어날 것인가?" "만약 도약이 일어난다면 그것은 얼마나 급격하게 일어날 것인가?" 그에 따르면 AI가 인간 수준의 지능에 도달하는 순간 '이륙takeoff'이 시작된다. 이륙은 느리게, 중간 속도로, 혹은 빠르게 진행될 수 있다. 수십 년에 걸친 점진적 발진이 될수도 있고, 단 몇 시간 만에 초지능으로 도약하는 폭발적 사태가 벌어질 수도 있다는 것이다.

이륙의 속도를 좌우하는 핵심 변수는 두 가지다. 하나는 AI 시스템의 개선에 투입되는 '최적화 동력optimization power'의 크기, 다른 하나는 개선에 대한 시스템 자체의 '저항recalcitrance' 정도다. 최적화 동력이 크고 저항이 작을수록 빠른 이륙이 일어날 가능성이 높아진다. 보스트롬은 이륙이 진행되면서 최적화 동력이 급격히 증가할 것으로 본다. 유망한 AI 시스템 개발에 더욱 많은 인력과 자원이투입되는 한편, 발전하는 AI 스스로 개선을 주도하면서 시스템의 성능이 폭발적으로 향상될 수 있기 때문이다. 특히 후자의 '재귀적 자기개선recursive self-improvement'은 엄청난 변곡점이 될 수 있다. 반면 개선에 대한 저항은 인간 수준에 도달한 전후로 오히려 크게 약화될 가능성이 있다. 소프트웨어 고도화에 더해 하드웨어 확장이 용이해지고 빅데이터 학습을 통한 지식 축적이 가속화될 수 있기 때문이다. 다만 이 지점에서 알고리즘을 발전시키는 것이 얼마나 어려울지, 하드웨어 성능 향상이 어디까지 가능할지 등에 관해서는 아직 불확실성이 크다.

지금 벌어지고 있는 빅테크 간의 치열한 AI 개발 경쟁은 보스트롬이 언급한 최적화 동력을 극명하게 보여주는 사례다. 구글, 마이크로소프트, 오픈AI는 막대한 자금과 인력을 AI 분야에 투입하며 기술 고도화를 가속하고 있다. 시장 선점을 위한 이들의 경쟁이 AI 기술을 급속도로 발전시키며 지능 폭발로 향하는 강력한 추동력이 되고 있는 것이다. 반면 EU의 AI 액트 등은 일종의 저항으로 작용하며 AI의 무분별한 확산을 제어하는 역할을 할 수 있다. 인간 사회에 미칠 영향을 고려한 규제와 윤리적 기준 마련 등은 AI의 발전 속도를 늦추는 요인이 될 수 있기 때문이다.

물론 이 같은 예측과 전망에는 다양한 불확실성이 내재한다. 전문가들 사이에 견해 차이가 크고 예측 모델 자체가 미래에 대한 다양한 가정에 기반하고 있기 때문이다. 그러나 예측의 정확성을 떠나, AGI가 가져올 변화의 폭과 깊이만큼은 충분히 짐작할 수 있다. 우리에게 주어진 시간이 얼마 남지 않았음을 전제로 AGI의 잠재력과 위험 요인을 균형 있게 바라보고 현명한 대응 전략을 모색해야 할 때다.

인공지능도
인간처럼 학습할 수 있을까?

AI가 '인간처럼' 우리의 일상적인 경험을 통해 언어를 학습할 수 있다는 연구 결과가 2024년 2월 〈사이언스〉에 발표되었다. '한 아이의 눈과 귀를 통한 기초 언어 습득Grounded language acquisition through the eyes and ears of a single child'이라는 제목의 이 논문은 AI가 언어를 습득하는 방식에 대한 새로운 이해와 접근을 제시한다.

뉴욕대학교 연구팀은 생후 6개월부터 2세까지의 아기 '샘'의 일상에서 헬멧 카메라를 통해 얻은 시각 및 청각 데이터를 바탕으로 AI 모델을 개발했다. 보통 사람들은 약 2세까지 대략 300개의 단어를 배우며, 3세가 지나면 자연스럽게 의사소통을 할 수 있게 된다. 그러나 GPT-4 같은 대형 언어 모델은 특정 언어를 마스터하기 위해 수백만 개에서 수십억 개에 이르는 단어를 포함하는 방대한 데이

AI를 가르치는 카메라를 쓴 아이

출처: scientificamerican.com, Wai Keen Vong

터로 훈련을 받아야 한다. 이는 AI가 인간에 비해 언어를 배우는 데 있어 상대적으로 비효율적임을 시사한다. 이에 대해 연구팀은 인간이 언어를 배우는 과정에서 얻는 시각적·청각적 정보만으로 AI가 언어를 습득할 수 있는지를 탐구했다.

연구팀은 6개월에서 25개월 사이 아동의 시각적-언어적 데이터 스트림에 기반한 61시간 분량의 데이터로 모델을 훈련시켜 아동의 일상 경험 속에서 존재하는 다양한 단어-대상 매핑을 습득하도록 했다. 그 결과, 연구팀은 아동의 일상 경험에서 얻은 데이터만으로도 단어와 대상 간의 매핑을 효과적으로 학습할 수 있음을 발견했다. 이 모델은 단어와 시각적 참조 사이의 연결을 자연스럽게 학습하고, 아동의 환경 내 특정 시각적 대상들을 넘어 일반화하는 능력을 보였다.

연구팀의 발견은 표현 학습과 상황에 따른 연관 학습 메커니즘만으로도 한 아동의 제1인칭 경험에서 단어-대상 매핑을 획득할 수 있음을 보여준다. 이는 기존의 복잡한 계산보다 훨씬 간단한 접근 방식을 사용함으로써 거대한 데이터세트 없이도 AI가 인간의 일상적 경험을 통해 언어를 배울 수 있으며, AI가 인간의 학습 방식을 모방함으로써 더 인간적인 방식으로 소통하고 이해할 수 있음을 의미한다. AI가 인간의 언어와 문화를 더 깊이 이해하고, 창의적이고 감정적인 상호작용에 참여할 수 있는 능력을 갖추게 할 수 있는 가능성을 열어준 것이다.

AI가 인간처럼 배울 수 있다는 것을 보여주는 이 연구는 AI의 미래에 대한 흥미로운 전망을 제시한다. AI가 우리와 더 유사한 방식으로 학습함으로써 우리는 AI를 더 효율적이고 효과적으로 교육할 수 있는 새로운 방법을 발견한 것이다. 이것은 AI가 단순한 도구를 넘어 우리의 파트너가 될 수 있는 미래를 제시한다. AI가 우리의 일상적 경험에서 배우면서, 우리는 그 기술이 우리 삶에 더 깊이 통합되는 방식을 목격하게 될 것이다. AI가 단지 명령을 수행하는 기계가 아니라, 우리의 경험과 지식을 공유하고 확장할 수 있는 동반자가 되는 시대가 이미 시작되었다.

AI 시대의 리더십,
그 근원을 묻는 질문을 만나다

AI와 기술 혁명의 물결은 우리의 삶과 비즈니스 세계를 전례 없이 급격하게 변화시키고 있다. 이러한 시대에 리더들은 어떤 자세로 변화에 대응해야 할까? 이 책의 본질적 질문이다.

이 책을 마무리하며 얼마 전 참여한 명상 지도자 수료식에서 이 행사를 지원해주신 SK디스커버리 최창원 부회장님의 강연을 되새겨본다. 부회장님은 스승으로부터 받은 다섯 가지 질문을 우리에게 던졌다.

'인생'이란 무엇인가?
인생의 '소임'과 '목표'는 무엇인가?

'행복'은 무엇이고, 지금 행복한가?

'돈' 벌어서 무엇을 하려고 하는가?

'죽음'은 '끝'인가 '문'인가?

그것은 단순한 질문이 아니라 우리 삶의 근본을 묻는 화두였다. 인생의 의미, 우리의 소명과 목표, 진정한 행복, 물질 너머의 가치, 그리고 죽음에 대한 태도. 이 질문들은 내면의 깊은 곳을 울렸다.

기술이 우리 삶을 주도하는 시대일수록, 우리에게는 존재 자체에 대한 성찰이 필요하다. 리더들은 단순히 행위Doing 모드에 매몰되어서는 안 된다. 존재Being 모드로 전환해 삶과 일의 본질적 의미와 가치를 끊임없이 질문해야 한다. 그것이 진정한 리더십의 원천이기 때문이다.

행위 모드는 외부 세계와의 상호작용, 즉 목표를 설정하고 이를 달성하기 위해 끊임없이 행동하는 상태를 의미한다. 반면, 존재 모드는 내면의 경험에 집중하며 현재의 순간을 온전히 인식하고 살아가는 상태를 말한다. 기술이 우리를 더욱 바쁘게 만들고 더 많은 일을 하도록 강요하는 시대에 우리는 이러한 존재 모드를 통해 진정한 자아를 발견하고 삶의 깊은 의미를 찾아야 한다.

AI는 우리에게 효율성이라는 날개를 달아줄 수 있지만, 그 날개로 어디로 날아갈지 결정하는 것은 인간의 창의성과 지혜다. 인간만이 할 수 있는 '공명하는 주체적인 선택'이다. 미래의 리더들은 기술을 적극 활용하되, 인간 고유의 가치를 꽃피우는 데 주력해야 한다. 우리 존재의 근원을 묻는 끊임없는 탐구가 그 길을 밝히는 나침반이 될 것이다.

변화와 혁신의 소용돌이 속에서도 우리는 인간성의 본질을 놓쳐선 안 된다. 기술은 우리에게 새로운 도구를 주지만, 그 도구로 무엇을 이룰 것인가는 전적으로 우리의 선택이다. 앞서의 질문들은 우리에게 그 선택의 기준을 일깨워준다.

이제 미래로 나아가는 길목에서, 우리는 다시 근원적인 질문들을 마주해야 한다. 그 질문들이 답을 찾는 여정은 우리를 더 나은 방향으로 이끌 것이다. AI 시대의 리더십은 기술을 넘어 인간에 대한 깊은 이해에서 시작되어야 한다. 우리 모두 내면의 물음에 귀 기울이는 리더가 되기를 희망한다. 그것이 AI 시대를 항해하는 리더십의 키와 닻이 되어줄 것이기 때문이다.

참고문헌

단행본

게리 마커스, 어니스트 데이비스(2021), 《2029 기계가 멈추는 날》, 비즈니스북스

나심 니콜라스 탈레브(2013), 《안티프래질》, 와이즈베리

넬로 크리스티아니니(2023), 《기계의 반칙》, 한빛미디어

뉴 사이언티스트 외(2018), 《기계는 어떻게 생각하고 학습하는가》, 한빛미디어

닉 보스트롬(2017), 《슈퍼인텔리전스》, 까치

대니얼 서스킨드(2020), 《노동의 시대는 끝났다》, 와이즈베리

데이비드 와인버그(2014), 《지식의 미래》, 리더스북

레이 커즈와일(2007), 《특이점이 온다: 기술이 인간을 초월하는 순간》, 김영사

레이 커즈와일(2016), 《마음의 탄생》, 크레센도

로버트 케건, 리사 라스코우 라헤이(2020), 《변화면역》, 정혜

리처드 왓슨(2017), 《인공지능 시대가 두려운 사람들에게》, 원더박스

리카이푸, 천치우판(2023), 《AI 2041》, 한빛비즈

마크 코켈버그(2023), 《AI 윤리에 대한 모든 것》, 아카넷

마틴 포드(2019), 《AI 마인드》, 터닝포인트

무스타파 술레이만(2024), 《더 커밍 웨이브: 딥마인드의 창조자가 말하는 AI의 인류와 새로운 미래》, 한스미디어

맥스 테그마크(2017),《맥스 테그마크의 라이프 3.0》, 동아시아

사티야 나델라(2023),《히트 리프레시》, 흐름출판

새뮤얼 아브스만(2014),《지식의 반감기: 세상의 변화에는 공식이 존재한다》, 책읽는수요일

스티브 존슨(2004),《이머전스: 미래와 진화의 열쇠》, 김영사

스티븐 핑거, 맥스 케그마크 외(2021),《인공지능은 무엇이 되려 하는가》, 프시케의 숲

어제이 애그러월, 조슈아 갠스, 아비 골드파브(2019),《예측 기계: 인공지능의 간단한 경제학》, 생각의 힘

에릭 브린욜프슨, 앤드루 맥아피(2013),《기계와의 경쟁》, 틔움출판

에릭 브린욜프슨, 앤드루 맥아피(2014),《제2의 기계 시대: 인간과 기계의 공생이 시작된다》, 청림출판

제임스 배럿(2016),《파이널 인벤션: 인공지능, 인류 최후의 발명》, 동아시아

존 코터(2007),《기업이 원하는 변화의 리더》, 김영사

캐시 오닐(2017),《대량살상 수학무기》, 흐름출판

케빈 켈리(2017),《인에비터블 미래의 정체》, 청림출판

노머스 데븐포트, 줄리아 커비(2017),《AI 시대, 인간과 일》, 김영사

토머스 L. 프리드먼(2017),《늦어서 고마워: 가속의 시대에 적응하기 위한 낙관주의자의 안내서》, 21세기북스

피터 센게(1996),《학습조직의 5가지 수련》, 21세기북스

한상기(2021),《신뢰할 수 있는 인공지능》, 클라우드나인

한스 모라벡(2011),《마음의 아이들》, 김영사

헨리 민츠버그, 로자베스 모스 캔터(2015),《경영이란 무엇인가》, 한빛비즈

Betz, F.(2011). Managing Technological Innovation: Competitive Advantage from Change, 3rd Edition, John Wiley & Sons, New York, NY

Kurzweil, R. (2004). The Law of Accelerating Returns. In: Teuscher, C. (eds) Alan Turing: Life and Legacy of a Great Thinker. Springer, Berlin, Heidelberg

Nils J. Nilsson(2009), The Quest for Artificial Intelligence: A History of Ideas and Achievements, Cambridge University Press

Schilling, Melissa A.(2017),《Strategic Management of Technological Innovation》, McGraw-Hill Education

논문 및 아티클
1장

Drucker, P. F. (1999). Knowledge-worker productivity: The biggest challenge. California Management Review, 41(2), 79-94.

Dukes, K. (2023). IndigoVX: Where Human Intelligence Meets AI for Optimal Decision Making. Hunna Technology.

Elyoseph Z, Hadar-Shoval D, Asraf K and Lvovsky M (2023) ChatGPT outperforms humans in emotional awareness evaluations. Front. Psychol. 14:1199058.

Kiela et al. (2021). Dynabench: Rethinking Benchmarking in NLP. arXiv preprint arXiv:2104.14337.

Benaich, N. (2023, October 12). State of AI Report 2023. Air Street Capital, https://www.stateof.ai/2023-report-launch

Dewar, C., Hirt, M., & Keller, S. (2019). The mindsets and practices of excellent CEOs. McKinsey & Company, https://www.mckinsey.com/capabilities/strategy-and-corporate-finance/our-insights/the-mindsets-and-practices-of-excellent-ceos

Giattino, C., Mathieu, E., Samborska, V., & Roser, M. (2023). Artificial Intelligence. Our World in Data. Retrieved from https://ourworldindata.org/artificial-intelligence

NetDragon Appoints its First Virtual CEO, https://www.prnewswire.com/news-releases/netdragon-appoints-its-first-virtual-ceo-301613062.html

Polish spirits company appoints AI as CEO. Robot vows no 'personal bias,' only 'unbiased and strategic choices', https://fortune.com/europe/2023/09/19/polish-spirits-company-appoints-ai-as-ceo-robot-vows-no-personal-bias-only-unbiased-and-strategic-choices/

IndigoVX: Where Human Intelligence Meets AI for Optimal Decision Making, https://arxiv.org/ftp/arxiv/papers/2307/2307.11516.pdf

How Google's balloons surprised their creator, https://www.bbc.com/future/article/20210222-how-googles-hot-air-balloon-surprised-its-creators

The Unpredictable Abilities Emerging From Large AI Models, https://www.quantamagazine.org/the-unpredictable-abilities-emerging-from-large-ai-models-20230316/

2장

History of Technology, https://www.britannica.com/technology/history-of-technology/Technological-achievements-of-Greece-and-Rome-500-bce-500-ce

Max Roser (2023), Technology over the long run: zoom out to see how dramatically the world can change within a lifetime, Published online at OurWorldInData.org, https://ourworldindata.org/technology-long-run

3장

The AI Arms Race Is Changing Everything, https://time.com/6255952/ai-impactchatgpt-microsoft-google/

Generative AI's breakout year: Digiday's definitive 2023 timeline, https://digiday.
com/media-buying/generative-ais-breakout-year-digidays-definitive-2023-
timeline/

US launches inquiry into AI deals by Microsoft, OpenAI, Google and Amazon,
https://www.theguardian.com/technology/2024/jan/25/ftc-ai-inquiry-
microsoft-alphabet-amazon

A growing number of tech execs think AI is giving Big Tech 'inordinate' power,
https://www.cnbc.com/2023/11/22/ai-is-giving-big-tech-inordinate-power-
tech-execs-say.html

Could AI Be an Example of the Prisoner's Dilemma?, https://progressless.
org/2023/05/31/could-ai-be-an-example-of-the-prisoners-dilemma/

Big Tech Is Spending Billions on AI Research. Investors Should Keep an Eye Out,
https://www.wsj.com/articles/big-tech-is-spending-billions-on-ai-research-
investors-should-keep-an-eye-out-11646740800

Microsoft And OpenAI Partner On $100 Billion U.S. Data Center, Report Says,
https://www.forbes.com/sites/cindygordon/2024/03/31/microsoft-and-
openai-partnering-on-stargate-a-100b-us-data-center/?sh=11d90f2dc083

The big tech company leading in AI acquisitions, https://www.cbinsights.com/
research/big-tech-ai-acquisitions/

The Dark Side of Big Tech's Funding for AI Research, https://www.wired.com/
story/dark-side-big-tech-funding-ai-research/

Big Tech funds the very people who are supposed to hold it accountable, https://
www.washingtonpost.com/technology/2023/12/06/academic-research-meta-
google-university-influence/

The rise of AI will only make Big Tech more powerful, researchers warn, https://
www.businessinsider.com/ai-will-make-big-tech-even-more-powerful-2023-4

Seven U.S Tech Companies Voluntarily Commit To AI Guardrails, https://www.
spiceworks.com/tech/artificial-intelligence/news/ai-self-regulation-united-
states/

4장

'Sapiens' author says AI is an alien threat that could wipe us out: 'Instead of
coming from outer space, it's coming from California', https://fortune.
com/2023/09/12/sapiens-author-yuval-noah-harari-ai-alien-threat-wipe-out-
humanity-elon-musk-steve-wozniak-risk-cogx-festival/

Yuval Noah Harari argues that AI has hacked the operating system of human civilization, https://www.economist.com/by-invitation/2023/04/28/yuval-noah-harari-argues-that-ai-has-hacked-the-operating-system-of-human-civilisation

Yuval Noah Harari and Mustafa Suleyman on the future of AI. https://www.economist.com/films/2023/09/14/yuval-noah-harari-and-mustafa-suleyman-on-the-future-of-ai

Yuval Noah Harari: The Most Important Skills for the Future of Work, https://www.obforum.com/article/yuval-noah-harari-the-most-important-skills-for-the-future-of-work.

Future Of Jobs and Education by Yuval Noah Harari (Historian's Perspective), https://www.youtube.com/watch?v=XaiWLPXYjsE, Future of Education – Yuval Noah Harari - Trainers Library.

Future of Education – Yuval Noah Harari, https://www.trainerslibrary.org/future-of-education-yuval-noah-harari/

AI and the future of humanity | Yuval Noah Harari at the Frontiers Forum, https://www.youtube.com/watch?v=LWiM-LuRe6w.

AI could cause 'catastrophic' financial crisis, says Yuval Noah Harari, https://www.theguardian.com/technology/2023/nov/09/yuval-noah-harari-artificial-intelligence-ai-cause-financial-crisis

Sam Altman shares his optimistic view of our AI future, https://techcrunch.com/2023/05/26/sam-altman-shares-his-optimistic-view-of-our-ai-future/

The Man Behind ChatGPT - Sam Altman in India: Job Evolution, India's Potential, and the Dawn of a New Scientific Era, https://www.timesnownews.com/technology-science/the-man-behind-chatgpt-sam-altman-in-india-job-evolution-indias-potential-and-the-dawn-of-a-new-scientific-era-article-100830115.

Sam Altman warns AI could kill us all. But he still wants the world to use it, https://www.cnn.com/2023/10/31/tech/sam-altman-ai-risk-taker/index.html

Many Details of Sam Altman's Ouster Are Murky. But Some Things Are Clear, https://www.nytimes.com/2023/11/18/technology/sam-altman-open-ai.html

Sam Altman on OpenAI, Future Risks and Rewards, and Artificial General Intelligence, https://time.com/6344160/a-year-in-time-ceo-interview-sam-altman/

OpenAI CEO, CTO on risks and how AI will reshape society, https://youtu.be/540vzMlf-54

OpenAI's Sam Altman Urges A.I. Regulation in Senate Hearing, https://www.
nytimes.com/2023/05/16/technology/openai-altman-artificial-intelligence-
regulation.html

OpenAI CEO Sam Altman Asks Congress to Regulate AI, https://time.
com/6280372/sam-altman-chatgpt-regulate-ai/

OpenAI's CEO Goes on a Diplomatic Charm Offensive, https://foreignpolicy.
com/2023/06/20/openai-ceo-diplomacy-artificial-intelligence/

https://www.reuters.com/technology/openai-ceo-altman-says-davos-future-ai-
dependents-energy-breakthrough-2024-01-16/

Sam Altman Advocates for Energy Breakthroughs in AI at Davos Forum, https://
blockchain.news/news/sam-altman-advocates-for-energy-breakthroughs-in-ai-
at-davos-forum

Moore's Law for Everything, https://moores.samaltman.com/

OpenAI CEO promotes crypto project Worldcoin after fundraising report,
https://www.reuters.com/technology/openai-ceo-promotes-crypto-project-
worldcoin-after-fundraising-report-2023-12-15/

Geoffrey Hinton, https://en.wikipedia.org/wiki/Geoffrey_Hinton

Geoffrey Hinton, https://time.com/collection/time100ai/6309026/geoffrey-hinton/

Geoffrey E. Hinton, https://deepai.org/profile/geoffrey-e-hinton

What Really Made Geoffrey Hinton Into an AI Doomer, https://www.wired.com/
story/geoffrey-hinton-ai-chatgpt-dangers/

Google a step closer to developing machines with human-like intelligence,
https://www.theguardian.com/science/2015/may/21/google-a-step-closer-to-
developing-machines-with-human-like-intelligence

Geoffrey Hinton: the 'Godfather of AI' who quit Google to warn about
technology, https://theweek.com/artificial-intelligence/960691/geoffrey-
hinton-godfather-of-ai-quits-google-amid-concerns-over

AI pioneer Geoff Hinton: "Deep learning is going to be able to do everything",
https://www.technologyreview.com/2020/11/03/1011616/ai-godfather-
geoffrey-hinton-deep-learning-will-do-everything/

The Verge. https://www.theverge.com/2019/6/26/18759432/ai-pioneer-geoff-
hinton-deep-learning-everything-interview

Demis Hassabis, https://en.wikipedia.org/wiki/Demis_Hassabis

DeepMind's CEO Helped Take AI Mainstream. Now He's Urging Caution, https://
time.com/6246119/demis-hassabis-deepmind-interview/

Hassabis, D. (2020, January 20). Artificial intelligence and the future of work. World

Economic Forum, https://www.weforum.org/agenda/2020/01/artificial-intelligence-and-the-future-of-work-demis-hassabis/

Google's AI Boss Says Scale Only Gets You So Far, https://www.wired.com/story/deepmind-ceo-demis-hassabis-interview-artificial-intelligence-scale/

Ray Kurzweil, https://schneppat.com/ray-kurzweil.html

Ray Kurzweil: In The 2030s, Nanobots In Our Brains Will Make Us 'Godlike', https://www.noemamag.com/ray-kurzweil-in-the-2030s-nanobots-in-our-brains-will-make-us-godlike/

Kurzweil, R. (2001). The Law of Accelerating Returns. Kurzweil Accelerating Intelligence. https://www.kurzweilai.net/the-law-of-accelerating-returns

Reedy, C. (2017, April 19). Why Ray Kurzweil isn't worried about the Singularity. Futurism. https://futurism.com/why-ray-kurzweil-isnt-worried-about-the-singularity

Ford, M. (2018, April 10). Ray Kurzweil: There's a Blueprint for the Master Algorithm in Our Brains. Singularity Hub. https://singularityhub.com/2018/04/10/ray-kurzweil-theres-a-blueprint-for-the-master-algorithm-in-our-brains/

Ray Kurzweil: Here's Why Technology Will Not Destroy The World. Fortune. https://fortune.com/2017/11/03/ray-kurzweil-technology-will-not-destroy-the-world/

Ray Kurzweil: 2022-2024 Updates, https://lifearchitect.ai/kurzweil/

Don't fear artificial intelligence, https://www.thekurzweillibrary.com/dont-fear-artificial-intelligence-by-ray-kurzweil

FTC Launches Inquiry into Generative AI Investments and Partnerships, https://www.ftc.gov/news-events/news/press-releases/2024/01/ftc-launches-inquiry-generative-ai-investments-partnerships?utm_source=newsletter&utm_medium=email&utm_campaign=newsletter_axioslogin&stream=top

Seven U.S Tech Companies Voluntarily Commit To AI Guardrails, https://www.spiceworks.com/tech/artificial-intelligence/news/ai-self-regulation-united-states/

『바이든행정부의 첫 인공지능(AI) 행정명령과 시사점』, INSS 이슈브리프 480호(2023.11.10)

5장

What's the future of generative AI? An early view in 15 charts, https://www.mckinsey.com/featured-insights/mckinsey-explainers/whats-the-future-of-generative-ai-an-early-view-in-15-charts

Generative AI could raise global GDP by 7%, https://www.goldmansachs.com/intelligence/pages/generative-ai-could-raise-global-gdp-by-7-percent.html

Heger, T., Knab, S., & Dupaux, S. (2023). The Future of Generative AI. Rohrbeck Heger & Creative Dock, https://www.rohrbeckheger.com/insights/report-future-of-generative-ai

Savcisens, G., Eliassi-Rad, T., Hansen, L.K. et al,(2024) Using sequences of life-events to predict human lives. Nat Comput Sci 4, 43–56. https://doi.org/10.1038/s43588-023-00573-5

Dell'Acqua, F., McFowland III, E., Mollick, E., Lifshitz-Assaf, H., Kellogg, K. C., Rajendran, S., Krayer, L., Candelon, F., & Lakhani, K. R. (2023). Navigating the Jagged Technological Frontier: Field Experimental Evidence of the Effects of AI on Knowledge Worker Productivity and Quality. Working Paper 24-013. https://doi.org/10.2139/ssrn.4539836

Darling, K. (2021). The new breed: What our history with animals reveals about our future with robots. New York, NY: Basic Books.

Can AI cut humans out of contract negotiations?, https://www.bbc.com/news/business-67238386

Luminance Showcases World's First Completely AI-Powered Contract Negotiation, https://www.luminance.com/news/press/20231107_luminance_showcases.html

When The Bank's Customers Are Replaced By Custobots, https://www.forbes.com/sites/davidbirch/2023/10/30/when-the-banks-customers-are-replaced-by-custobots/?sh=4fcf92776b03

Machine Customers Will Decide Who Gets Their Trillion-Dollar Business. Is It You?, https://www.gartner.com/en/articles/machine-customers-will-decide-who-gets-their-trillion-dollar-business-is-it-you

Parkes, D. C., & Wellman, M. P. (2015). Economic reasoning and artificial intelligence. Science, 349(6245), 267-272.

Paro, https://robotsguide.com/robots/paro

NAO in Autism – A Research, https://provenrobotics.ai/nao-in-autism-a-research/

Puglisi A, Caprì T, Pignolo L, Gismondo S, Chilà P, Minutoli R, Marino F, Failla C, Arnao AA, Tartarisco G, Cerasa A, Pioggia G. Social Humanoid Robots for Children with Autism Spectrum Disorders: A Review of Modalities, Indications, and Pitfalls. Children (Basel). 2022 Jun 25;9(7):953. doi: 10.3390/children9070953

Carter, E. J., Reig, S., Tan, X. Z., Laput, G., Rosenthal, S., & Steinfeld, A. (2020).

Death of a Robot: Social Media Reactions and Language Usage when a Robot Stops Operating. Proceedings of the 2020 ACM/IEEE International Conference on Human-Robot Interaction (HRI'20), 23-26 March, Cambridge, United Kingdom. ACM

6장

A Humanistic View Of Artificial Intelligence, https://www.forbes. com/sites/eliamdur/2023/07/18/a-humanistic-view-of-artificial-intelligence/?sh=58dd485f7ed4

Goldman Sachs – A Technology Company?,By Brittany W, https://d3.harvard.edu/ platform-digit/submission/goldman-sachs-a-technology-company/

John Deere wants to remind the world that it's a tech company, https://www. engadget.com/2019-01-17-john-deere-autonomous-technology.html

비즈니스 리더에 꼭 필요한 건 뉴 하드 스킬, ttps://weeklybiz.chosun.com/site/data/ html_dir/2015/09/11/2015091101841.html

7장

AI 미래 낙관, 인간은 마음과 마음 연결하는 일할 것, https://www.joongang.co.kr/ article/21779516

Why Software Is Eating The World, https://www.wsj.com/articles/SB10001424053 111903480904576512250915629460

7 Strategic AI Questions Every Business Leader Needs to Be Asking Right Now, https://www.linkedin.com/pulse/7-strategic-ai-questions-every-business-leader-needs-ask-rewers

AI 시대의 야후나 구글은 아직 탄생하지 않았다, https://themiilk.com/articles/ a09adc85a?u=cdd3f5dd&t=a9a3a7299&from=

Google Search Statistics, https://www.internetlivestats.com/google-search-statistics/

Unanswered Questions About AI, https://aiartists.org/unanswered-questions

Prakash, D., Bisla, M., & Rastogi, S. G. (2021). Understanding authentic leadership style: The Satya Nadella Microsoft approach. Open Journal of Leadership, 10(2), 95-109. https://doi.org/10.4236/ojl.2021.102007

Kahn, P. H., Jr., Ishiguro, H., Friedman, B., Kanda, T., Freier, N. G., Severson, R. L., & Miller, J. (2007). What is a human? Toward psychological benchmarks in the field of human–robot interaction. Interaction Studies, 8(3), 363-390. https:// doi.org/10.1075/is.8.3.03kah

A timeline of OpenAI controversy: November 2023 to May 2024, https://www.
laptopmag.com/software/a-timeline-of-openai-controversy-november-2023-
to-may-2024

8장

How Many Websites Are There in the World?, https://siteefy.com/how-many-
websites-are-there/

https://techwireasia.com/2019/01/the-world-will-spend-1-2-billion-years-using-
the-internet-this-year/

Big Data Statistics 2023: How Much Data is in The World?, https://firstsiteguide.
com/big-data-stats/

What is Unstructured Data and Why is it so important to Businesses?, https://
www.forbes.com/sites/bernardmarr/2019/10/16/what-is-unstructured-
data-and-why-is-it-so-important-to businesses-an-easy-explanation-for-
anyone/?sh=2d3bd2215f64

54 Predictions About The State Of Data In 2021, https://www.forbes.com/
sites/gilpress/2021/12/30/54-predictions-about-the-state-of-data-in-
2021/?sh=27f62524397d

30 Impressive Big Data Statistics for 2023', https://techreport.com/statistics/big-
data-statistics/

The world's most valuable resource is no longer oil, but data, https://www.
economist.com/leaders/2017/05/06/the-worlds-most-valuable-resource-is-no-
longer-oil-but-data

AI Training Data: The Ultimate Guide, https://resources.defined.ai/blog/ai-
training-data/

From Quantity to Quality – The Evolution of AI Training Data, https://www.shaip.
com/blog/from-quantity-to-quality-the-evolution-of-ai-training-data/

An Introductory Guide to Quality Training Data for Machine Learning, https://
www.v7labs.com/blog/quality-training-data-for-machine-learning-guide

How data quality shapes machine learning and AI outcomes, https://www.
techtarget.com/searchEnterpriseAI/feature/How-data-quality-shapes-machine-
learning-and-AI-outcomes

Viswanath, S., Khanna, V., & Liang, Y, AI: The Coming Revolution. COATUE,
https://coatue.com/blog/perspective/ai-the-coming-revolution-2023

Most Top News Sites Block AI Bots. Right-Wing Media Welcomes Them, https://
www.wired.com/story/most-news-sites-block-ai-bots-right-wing-media-

welcomes-them/

9장

Artificial Intelligence: How Algorithms Make Systems Smart, https://www.wired.com/insights/2014/09/artificial-intelligence-algorithms-2/

Types of AI algorithms and how they work, https://www.techtarget.com/searchenterpriseai/tip/Types-of-AI-algorithms-and-how-they-work

What Is an Algorithm?, https://computer.howstuffworks.com/what-is-a-computer-algorithm.htm

Are Computer-Aided Decisions Actually Fair?, https://www.bu.edu/articles/2018/algorithmic-fairness/

Algorithmic bias detection and mitigation: Best practices and policies to reduce consumer harms, https://www.brookings.edu/articles/algorithmic-bias-Detection-and-mitigation-best-practices-and-policies-to-reduce-consumer-harms/

Algorithmic bias, https://en.wikipedia.org/wiki/Algorithmic_bias

Algorithmic accountability, https://en.wikipedia.org/wiki/Algorithmic_accountability

Algorithmic transparency, https://en.wikipedia.org/wiki/Algorithmic_transparency

We Need Transparency in Algorithms, But Too Much Can Backfire, https://hbr.org/2018/07/we-need-transparency-in-algorithms-but-too-much-can-backfire

Shedding light on AI bias with real world examples, https://www.ibm.com/blog/shedding-light-on-ai-bias-with-real-world-examples/

10장

The computing power needed to train AI is now rising seven times faster than ever before, https://www.technologyreview.com/2019/11/11/132004/the-computing-power-needed-to-train-ai-is-now-rising-seven-times-faster-than-ever-before/

Computational Power and AI, https://ainowinstitute.org/publication/policy/compute-and-ai

https://www.forbes.com/sites/intelai/2018/07/17/the-rise-in-computing-power-why-ubiquitous-artificial-intelligence-is-now-a-reality/? sh=6f6d74851d3f

샘 올트먼이 반도체에 도전하는 진짜 이유, https://v.daum.net/v/20240307055406209

https://cset.georgetown.edu/publication/ai-chips-what-they-are-and-why-they-matter/

Exclusive: Nvidia pursues $30 billion custom chip opportunity with new unit, https://www.reuters.com/technology/nvidia-chases-30-billion-custom-chip-market-with-new-unit-sources-2024-02-09/

Top 10 AI Chip Makers of 2024: In-depth Guide, https://research.aimultiple.com/ai-chip-makers/

Intel unveils new AI chip to compete with Nvidia and AMD, https://www.cnbc.com/2023/12/14/intel-unveils-gaudi3-ai-chip-to-compete-with-nvidia-and-amd.html

Not Just Nvidia: These Are the Other Big Winners in the AI Chip Biz, https://finance.yahoo.com/news/not-just-nvidia-other-big-214442825.html

젠슨 황 "AI, 새로운 차원 진입"… 올트먼 "상상초월 투자 필요", https://www.mk.co.kr/news/it/10948868

Data centres improved greatly in energy efficiency as they grew massively larger, https://www.economist.com/technology quarterly/2024/01/29/data-centres-improved-greatly-in-energy-efficiency-as-they-grew-massively-larger

How much electricity does AI consume?, https://www.theverge.com/24066646/ai-electricity-energy-watts-generative-consumption

11장

What is generative AI?, https://www.mckinsey.com/featured-insights/mckinsey-explainers/what-is-generative-ai

What every CEO should know about generative AI, https://www.mckinsey.com/capabilities/mckinsey-digital/our-insights/what-every-ceo-should-know-about-generative-ai

The economic potential of generative AI: The next productivity frontier, https://www.mckinsey.com/capabilities/mckinsey-digital/our-insights/the-economic-potential-of-generative-ai-the-next-productivity-frontier

Beyond the Hype: Capturing the Potential of AI and Generative AI in Tech, Media, and Telecom, https://www.mckinsey.com/industries/technology-media-and-telecommunications/our-insights/beyond-the-hype-capturing-the-potential-of-ai-and-gen-ai-in-tmt

Exploring opportunities in the generative AI value chain, https://www.mckinsey.com/capabilities/quantumblack/our-insights/exploring-opportunities-in-the-generative-ai-value-chain

Rafner, J., Beaty, R. E., Kaufman, J. C., Lubart, T., & Sherson, J. (2023). Creativity in the age of generative AI, Nature Human Behaviour, 7, 1836-1838.

Generative AI in business: top 5 use cases every company should consider, https://itrexgroup.com/blog/generative-ai-use-cases-in-business/

The Role of AI In Art, Music, and Writing, https://itmunch.com/the-role-of-ai-in-art-music-and-writing/

12장

When Might AI Outsmart Us? It Depends Who You Ask, https://time.com/6556168/when-ai-outsmart-humans/

Planning for AGI and beyond, https://openai.com/blog/planning-for-agi-and-beyond

Morris, M. R., Sohl-dickstein, J., Fiedel, N., Warkentin, T., Dafoe, A., Faust, A., Farabet, C., & Legg, S. (2023). Levels of AGI: Operationalizing Progress on the Path to AGI. Google DeepMind

Macey-Dare, R. (2024). How Soon is Now? Predicting the Expected Arrival Date of AGI (Artificial General Intelligence). SSRN Working Paper

AI도 자율차처럼 발전단계 분류…구글 딥마인드 가이드라인 발표, https://www.mk.co.kr/news/it/10889356

Bubeck, S., Chandrasekaran, V., Eldan, R., Gehrke, J., Horvitz, E., Kamar, E., Lee, P., Lee, Y. T., Li, Y., Lundberg, S., Nori, H., Palangi, H., Ribeiro, M. T., & Zhang, Y. (2023). Sparks of Artificial General Intelligence: Early experiments with GPT-4. Microsoft Research

Now we know what OpenAI's superalignment team has been up to, https://www.technologyreview.com/2023/12/14/1085344/openai-super-alignment-rogue-agi-gpt-4/

Responsibility & Safety, https://deepmind.google/about/responsibility-safety/